아카데믹 글쓰기

Basic
Liberal Arts
Courses of
HYU

아카데믹 글쓰기

한양대학교 ERICA 국어교육위원회 편

한양대학교 출판부

머리말

한양대학교의 교육이념은 학생들로 하여금 사랑을 이해하고 실천할 수 있도록 교육하여 근면, 정직, 겸손, 봉사할 수 있는 인간 형성을 도모하고, 숭고한 학문정신을 드높여 나만을 위한 것이 아니라 지역사회, 나라와 겨레, 나아가 인류를 위해 이바지하는 '위대한 사랑의 실천자'를 기르는 데 있다. 이러한 교육이념을 구현하기 위해 다섯 가지 인재상—교양인, 전문인, 실용인, 세계인, 봉사인—을 정립하였으며, 우리 대학의 모든 교육은 그것을 기반으로 하여 이루어지고 있다.

이 다섯 가지 인재상 중에서 교양인은 인간과 세계를 폭넓게 이해하고 깊이 있게 탐구하는 인재를 기르는 데에 그 목적이 있다. 이것은 대학이 인간정신을 계발하여 풍부하게 하고 온전한 인격을 형성하기 위한 교육의 장이 되어야 한다는 것을 의미한다. 대학이 인간으로서 갖추어야 할 가장 기본적이고 보편적인 것을 가르친다는 것은 인류 사회를 위해 대학이 존재해야 하는 이유를 말해주고 있는 것이라고 할 수 있다. 이런 점에서 볼 때 대학교육에서 교양의 중요성은 실로 크다고 하지 않을 수 없다. 대학의 교양은 전통적으로 문학, 역사, 철학을 중심으로 하여 수행되어 왔으며, 최근에는 여기에 외국어, 소프트웨어 같은 분야가 더해져 수행되고 있다.

시대의 흐름에 따라 교양교육도 변화를 거듭할 수밖에 없다. 하지만 교양이 인간으로서 지녀야 하는 기본적이고 보편적인 품격과 지식을 필요로 한다는 점은 변할 수 없는 진리이다. 인간이 지녀야 하는 이 품격과 지식은 교육, 특히 교양교육을 통해 얻어질 수 있는 것이다. 교육은 일정한 수행을 필요로 하며, 그러한 효과를 낼 수 있는 가장 중요한 양식 중의 하나가 바로 '글쓰기'이다. 글쓰기는 오랜 역사와 전통을 지닌 이미 충분히 검증된 교양의 한 양식이다. 이런 점에서 그것은 클래식(classic)한 것인 동시에 아카데믹(academic)한 것이라고 할 수 있다. 우리가 이번 교재를 '아카데믹 글쓰기'로 명명한 이유가 바로 여기에 있다.

이 《아카데믹 글쓰기》는 글쓰기의 기본적인 조건에 대한 자세한 설명과 분석은 물론 다양한 분야의 요구와 쓰임을 반영하여 보다 실용적인 차원에서 교재를 구성하고 또 서술하였다. 무엇보다도 이 교재는 학습자 중심에서 글쓰기를 이해하고 판단할 수 있도록 '워크북(work book)' 형태로 만들어졌다. 각각의 장이나 절마다 몇 개씩의 연습문제가 주어져 있고 문제의 아래나 옆에 적당한 여백이 남겨져 있어서, 학습자가 그 여백에다 자신의 생각을 써 넣도록 하였다. 이것은 워크북을 통한 학습자의 자율적인 학습활동을 강조한 것이라고 할 수 있다. 학습자의 이 자율적인 활동은 글쓰기 전반의 학습효과를 판정하기 위한 자료로 활용하여 보다 양질의 교육 서비스를 제공하는 데 사용할 것이다.

4차산업혁명 시대에 우리가 더 깊이 고민해야 할 것은 '인간의 자율성과 주체성에 관한 문제'라고 할 수 있다. 테크놀로지의 발달로 인해 자율성과 주체성을 상실한 채 점점 자동화되고 매끄러워지는 인간의 의식을 회복하는 길이야말로 우리 대학 교육이 나아가야 할 방향이라고 생각한다. 인간이 스스로 세계를 이해하고 판단하는 주체로 거듭날 때 우리가 배우는 지식과 경험도 의미를 가질 수 있는 것이다.《아카데미 글쓰기》는 우리 대학에 주어진 이러한 시대적인 소명을 일깨워주고 실천할 수 있는 좋은 교양이 되리라고 본다.

한양대학교 ERICA 국어교육위원회 위원장

이재복

차례

1

좋은 글의 요건

1

글쓰기는 왜 필요한가?

많은 사람들이 글쓰기에 자신 없어 한다. 평소에 글을 써볼 기회가 많지 않아서 글쓰기가 어렵다는 것이다. 읽기도 어렵고, 쓰기는 더 어렵다. 그래서 "나는 글이랑 안 친해!" 이렇게 말하는 사람들도 많다. 그러나 과연 그럴까? 우리는 하루에도 몇 번씩 글을 쓴다. 카톡으로 친구들과 못 다한 이야기를 나누고, 상태 메시지로 상대의 안부를 파악한다. 어제 본 영화의 감동을 트위터에서 공유하고 오늘 찍은 멋진 사진을 감성적 글과 함께 인스타그램에 올리며, 이웃의 글에 공감의 '좋아요'를 누른다. 이렇듯 우리는 늘 글로 누군가와 소통하고, 공감을 구한다. 글쓰기를 "자신의 생각과 느낌을 문자언어로 '표현'하여 사회 구성원끼리 '소통'하도록 하는 의사소통 행위"라 한다면, 우리의 일상은 생각보다 꽤나 글쓰기와 친근한 셈이다.

오늘날 글쓰기에 대한 사회적 요구는 점점 커지는 추세이다. 한국을 비롯한 세계의 많은 대학들은 글쓰기를 대학 교양 교육의 필수 과목으로 지정하고 있다. 또한 제도 교육 외에서도 '글쓰기'는 상시적으로 설강되는 시민강좌 중 하나이다. 단적으로 "회사는 글과 말로 채용한다."고 말하는 사람이 있을 정도로, 글쓰기는 현대 사회에서 필수적인 능력이기 때문이다.

> 회사는 글과 말로 채용한다. 자기소개서와 면접이 채용 프로세스에 있는 지원자의 글과 말이다. 조직에서는 글로 보고서를 작성하고, 말로 보고하기 때문에 무엇보다 중요한 능력이 바로 글과 말이다. 글과 말 모두 노출하고 싶지 않아도 노출되는 능력이기도 하다. 이 중 글쓰기는 말하기보다 많은 영역에서 노출된다. 회의록, 보고서 등의 문서 작성뿐만 아니라 사내 인트라넷에 글을 올리고, 외부에 메일을 발송하는 일 역시 글쓰기 능력이 요구된다. 메모도 비즈니스 글쓰기에 포함된다.
>
> – 유재천, 직장 생활의 품격을 높이는 글쓰기 능력 , 〈매일경제〉, 2019.2.5.

글을 쓴다는 것은 자신의 생각과 느낌을 문자언어로 '표현'하여 사회 구성원끼리 '소통'하도록 하는 의사소통 행위이다. 그런데 이 소통이 되지 않으면 아무리 전문적인 식견을 갖추었다 하더라도 그 능력이 제대로 발휘되기가 어렵다. '글쓰기가 중요하다'는 말에는 전문 업무능력 못지않게 소통의 네트워크를 잘 짜는 능력도 중요하다는 의미가 담겨 있다.

대학 생활에서도 글쓰기 능력은 필요하다. 과제물을 제출하거나 시험을 칠 때에도 글쓰기 능력은 중요하다. 아무리 좋은 아이디어가 있다 하더라도 그것이 제대로 표현되지 않는다면 아이디어는 빛을 발할 수 없다. 보고서 제출 뿐 아니라 시험지 답안 구성에 이르기까지 좋은 내용을 갖춰야 하는 것은 물론이거니와 정확한 언어와 어법, 잘 짜인 체계 등 적절한 형식 요건을 갖추어야 좋은 평가를 받을 수 있다.

또한 글쓰기는 '지식의 대중화'를 지향하는 현 시대에 매우 필요한 능력이다. 몇 년 전부터 출판계에 등장하기 시작한 지식 커뮤니케이터들(comunicators)은 대중매체로 진출하여 성공을 거두고 있다. 가령, 예능 프로그램 '알쓸신잡'이나 '책 읽어드립니다'의 성공은 현 시대가 지식의 생산 뿐 아니라 전달과 공유 역시 중요한 시대임을 보여주는 예이다. 지식의 나눔 역시 생산만큼 중요하고 '지식을 얼마나 소유하고 있는가?' 못지않게 '얼마나 효과적으로 전달하는가?' 가 중요하다는 것이다.

효과적인 지식 전달을 위해서 필요한 역량 중 대표적인 것으로 글쓰기 능력을 들 수 있다. 지식 커뮤니케이터 중에는 유독 파워라이터들이 많다. 전공 분야의 최신 연구 성과들을 대중들이 쉽게 이해할 수 있도록 풀어써서 독자들의 큰 호응을 얻었기 때문이다. 이들의 글을 읽어보면 글의 소재, 어휘, 서술 방식 등 집필 전반에 있어서 대중 독자들에게 쉽게 다가가기 위해 고심한 흔적이 역력하다. 이처럼 쓰는 능력은 지식사회의 필수품이며, 현대 비즈니스 현장에서 요구되는 가장 중요한 능력이자, 핵심적인 커뮤니케이션 능력으로 여겨지고 있다.

많은 작가들은 쓰기를 천부적 재능이 아니라 기술을 통해 연마 가능한 능력이라 말한다. 작가 유시민은 글쓰기 능력을 '사람이 가진 여러 능력 또는 기능 가운데 하나'로 규정하며 작문학자인 린다 플라워(Linda Flower)는 글쓰기를 '사고 과정과 마찬가지로 잘 조직된 일련의 문제해결과정'으로 간주하기도 한다. 이에 따르면 한 편의 글은 천부적 재능을 가진 천재 작가의 영감에서 비롯된 것이 아니라 글을 잘 쓰고자 하는 평범한 사람들이 반복적인 훈련을 통해 이루어낸 노력의 결과라고 보는 것이 타당하다.

이 장에서는 대학 글쓰기에서는 무엇을 배워야 하는지부터 알아보도록 한다. 다음으로는 좋은 글의 요건을 익히고, 실제 집필에 앞서 검토해야 할 두 가지 사항으로 글쓰기의 윤리와 독자 분석을 살펴보고자 한다.

학습목표

1. 글쓰기에 필요한 기술이 무엇인지 안다.

2. 좋은 글의 요건이 무엇인지 안다.

3. 글의 윤리성을 이해하고 표절이 무엇인지 안다.

4. 독자 분석이 왜 필요한지 이해하고 실제 글쓰기에 적용한다.

2

글쓰기에 필요한 기술

글쓰기 능력은 글쓴이의 사고(思考) 결과를 정확하게 표현할 수 있는 능력이자, 독자에게 자신이 쓰고자 하는 사실과 생각을 잘 전달하는 능력이며, 나아가 글쓴이인 나와 독자 사이의 뜻(意思)이 잘 통할 수 있도록 소통의 장을 잘 짜는 능력이다. 이때 '사고력', '언어 표현력', '구성력'은 글쓰기를 구성하는 기본이다. 이 세 영역을 조화롭게 충족시킬 수 있도록 연습을 거듭하면 좋은 글을 쓸 수 있다. 그러면 글쓰기에서 필요한 기술은 구체적으로 무엇인가?

첫째, 쓰고자 하는 글의 목적이 무엇인지를 알고 구분하는 기술이다. 이 글이 설명을 위한 것인지, 설득을 위한 것인지, 아니면 독자의 공감을 기대하는 글인지 구분할 수 있어야 한다. 목적이 무엇인지 정하고 난 후에는 글의 형식과 장르를 알아야 한다. 글의 내용은 형식과 밀접히 연관된다. 같은 소재라 하더라도 설득을 위한 글과 설명을 위한 글은 소재의 쓰임이 다르다. 의견을 진술해야 할 것인지, 사실을 설명해야 할 것인지도 다르며 그에 따라 글의 구성도 달라진다. 예술적인 글이라고 하더라도 시의 언어와 소설의 언어, 시의 구조와 소설의 구조는 다르다.

둘째, 한 편의 글에 담길 내용을 찾아내는 기술이다. 글에 담길 핵심 내용을 '주제'라고 한다. 우리는 흔히 글감(소재)과 주제를 혼동하곤 한다. 다음 장에서 자세히 살펴보겠지만 글을 쓰려면 글감을 주제화하는 과정이 필요하다. 주제 잡기에서 가장 필요한 것은 생각의 힘이다. 고민이 깊을수록 좋은 주제를 찾아낼 수 있다. 주제를 잡기까지 사고의 과정에는 창의적 사고와 비판적 사고가 요구된다. 창의적 사고와 비판적 사고는 글쓰기의 두 근육이다. 마땅한 주제를 찾아낸 다음에는 주제와 연관된 풍부하고 통일성 있는 내용을 마련할 수 있어야 한다. 시나 소설과 같은 문학적 글이든 업무용 보고서와 같은 실용적 글이든 그 안에는 글의 형식에 맞는 충분한 내용이 들어 있어야 한다.

셋째, 독자를 고려하는 능력이 필요하다. 독자 분석은 글의 계획 단계부터 실제 집필에 이르기까지의 전 과정에 걸쳐 계속되어야 한다. 누가 읽을 것인지에 따라서 글의 형식과 문체가 달라질 수 있다. 독자가 요구하는 것이 무엇인지 알아야 정확한 정보와 메시지를 줄 수가 있다. 자신의 글이 영향력을 발휘할 대상이 누군지를 알고 그에게 필요한 내용을 쓸 때 그 글은 비로소 힘을 가지게 된다.

넷째, 언어를 사용하는 능력이 필요하다. 언어는 소통에 기여해야 하는데, 그러기 위해서는 글쓴이의 생각과 느낌을 정확히 전달할 수 있는 어휘와 이를 적재적소에 배치할 수 있는 문장력이 필요하다. 정확한 어휘 구사와 간결한 문장 쓰기는 글쓰기의 기본이다. 간결한 문장을 짜임새 있게 이어가는 것이 다음에 익힐 기술이다. 일단 이상의 네 가지 기술을 충분히 익혔다면 글쓰기의 기본 능력을 갖춘 셈이다.

3
좋은 글의 요건

좋은 글이란 무엇인가? 좋은 글은 위에서 열거한 조건들이 잘 배합된 글이다. 글쓴이의 생각이 정확하게 표현되어 있는 글, 문제의식이 뛰어난 글, 짜임새 있는 구성을 지닌 글, 표현이 정확하고 문장이 잘 구성되어 이해하기 쉬운 글이 좋은 글이다.

하지만 엄밀히 말하자면 좋은 글의 요건은 글의 유형에 따라 다르다. 글은 크게 심미적인 글과 실용적인 글로 나눌 수 있다. 시, 소설, 희곡, 수필 등 문학작품이 심미적인 글에 속한다. 일반적으로 심미적 글은 창의적 사고에 기초하여 개성적이고 미적인 언어를 지향하는 경향이 있다. 작가는 작품을 통해 독자에게 카타르시스나 감동을 제공하고자 한다. 따라서 심미적인 글에서 작가와 독자 사이의 커뮤니케이션의 목적은 대개 정서적인 공감에 있다고 하겠다. 그러나 예외도 있다. 예컨대 어떤 작가들은 실험 정신을 지향하여 기존의 언어 질서를 파괴하고 새로운 언어 세계를 창조하는 데 작가적 공력을 기울이기도 한다. 이럴 경우 작품의 초점은 독자와의 소통이 아니라 매체로서의 언어 그 자체에 맞춰진다. 그렇기에 심미적인 글의 평가는 텍스트의 주제만큼이나 언어 표현력이나 텍스트 자체의 미적인 감각을 중요하게 보아 이루어져야 한다.

이에 비해 설명문, 토론문, 논설문, 업무용 보고서, 학술 보고서, 제안서 등은 실용적 목적을 지닌 글이다. 정보를 정확하게 전달하는 글이 있는가 하면, 학문적인 연구를 담아내는 글도 있다. 실용적인 글 중 설명문은 정보를 정확하게 전달하려는 목적을 지니며, 논설문은 자신의 주장을 명징하게 드러내고 이를 통해 독자를 설득하려는 목적을 지닌다. 학술적인 글의 경우에는 문제의식이 타당하고 유용해야 하며, 연구 대상도 다룰 가치가 충분히 있어야 한다.

특히, 실용적인 글은 글쓰기의 목적을 잘 담고 있는지에 주안점을 두고 글을 써야 한다. 설명문이라면 제공하는 정보가 정확해야 하며 논설문이라면 주장이 논리적이어야 한다. 근거는 풍부하고 진실해야 하며 언어는 간결하고 명확해야 한다. 실용적인 글은 독자에게 정확한 정보를 제공하거나, 논리적이고 명확한 주장을 전달하는 데에 커뮤니케이션의 목적이 있다. 따라서 글의 평가는 글쓰기 목적의 부합성, 정보의 정확성과 충분성, 논리의 타당성과 주장의 설득력 등을 기준으로 하여야 한다. 여기에서는 실용적인 글을 전제로 하여, 좋은 글의 요건을 제시하고자 한다. 좋은 글의 요건을 사고(인식), 구성, 표현의 측면에서 살펴보면 다음과 같다.

인식 측면

창의적 사고(creative thinking) : 새로운 사고뿐만 아니라, 문제 해결에 기여하는 유용한 사고를 의미한다.

비판적 사고(critical thinking) : 합리적인 의사결정을 내리려는 사고와 연관된다. 어떤 대상에 대해 자신의 감정이나 영향력 있는 타인의 의견 등에 의존한 성급한 판단을 유보하고, 탐구심을 가지고 새로운 정보를 충분히 수집하고 고려하여 개방적이고 공정한 자세로 문제의 본질을 파악하려는 사고를 의미한다.

구성 측면

통일성 : 단락들이 전체 주제와 통일되어야 하며, 단락의 소주제와 뒷받침 문장들도 통일성 있게 구성해야 한다.

연결성 : 단락들이 일정한 순서로 배열되어 서로 유기적으로 긴밀하게 연결되어야 하며 한 단락의 소주제문과 뒷받침 문장들도 서로 긴밀히 연결되어야 한다.

완결성 : 글쓴이의 생각을 완결된 하나의 구조로 만들어야 한다. 한 단락에서도 소주제문을 뒷받침하는 문장들을 충분히 제시하여 소주제를 완결해야 한다.

표현요건

정확성 : 어법에 맞고 문맥에 적합한 문장과 어휘를 써야 한다.

명료성 : 주어와 서술어, 목적어, 보어 등 문장성분들을 올바로 사용하여 뜻이 분명하게 드러나야 한다.

간결성 : 간단명료한 문장이 메시지를 분명하게 드러낸다. 간결성이란 짧은 문장을 의미하는 것이 아니라 문장을 효과적으로 구성하는 것을 말

한다. 불필요한 동어반복이나 수식 대신 반드시 필요한 표현인지 검토하고 사용해야 한다.

연습문제 1

어떤 글이 좋은 글일까? 교재에서 제시한 좋은 글의 요건에 대해 의견을 나누어 보고, 추가하거나 빼야 할 요건이 있으면 얘기해보자.

연습문제 2

신문 기사나 잡지, 저서 등에서 자신이 생각하기에 좋은 글을 찾아서 준비해오자. 어떤 점에서 좋은 글이라고 생각하는지 각자 의견을 나누어 보자.

4

글의 윤리성과 '표절'

최근 들어 우리 사회는 글의 윤리성에 더욱 엄정한 잣대를 요구하게 되었다. 글의 윤리성은 흔히 글쓴이의 생각과 표현 등의 '고유성'과 관련되는 것으로 쓰이지만, 사실 글의 내용 측면에서도 지켜야 할 윤리가 있다.

1) 사회적 발화로서의 글

우리 사회에는 같은 현상이나 사건에 대해서도 수많은 다양한 의견과 태도가 존재한다. 나의 생각이 존중받으려면 우선 타인의 생각을 존중하는 마음을 가져야 한다. 글의 내용이 갖춰야 할 윤리성은 글의 내용, 표현 면에서 자신과 다른 견해를 가진 사람의 의견을 존중하고, 윤리적으로 책임 있게 사고하여 쓰는 것을 의미한다.

그 중에 언어가 있다. 말과 글은 의식의 반영이다. 말과 글을 통해 그 사회의식 수준을 알 수 있다. 커뮤니케이션 수단으로서 우리 언어 안에 담긴 문명성, 양식, 의식의 현 주소를 짚어보고 싶었다. 극단적 이념의 시대, 대결과 배타 문화가 자리 잡으면서 '공존과 평등의 언어'는 설 땅이 좁아졌다. 극단적 효율의 시대, 경쟁과 속도 문화가 자리 잡으면서 '배려와 존중의 언어'도 설 땅이 좁아졌다. 우리가 쓰는 말과 글에는 이기적·비인간적·일상적 무례가 꽤나 많다.

노엄 촘스키, 에드워드 사피어, 벤자민 리 워프 같은 언어학 석학들은 '언어가 의식과 사고를 지배한다'고 말했다. 언어가 의식과 사고를 지배한다는 명제에 우리가 동의한다면, 민주주의로 가는 지난한 과정에서 언어 민주화를 이루는 것은 바로 민주주의를 채우는 일이다. 물론 민주주의 틀과 구조와 시스템은 행정을 통해 바꿔야 한다. 그러나 민주주의는 생활 속에서 시작한다. 또한 민주주의는 디테일에 있다. 우리 생활 속 작은 일, 작은 생각, 작은 언어부터 바꿔야 한다. 배려, 존중, 공존, 평등 같은 민주주의적 가치는 배려의 언어, 존중의 언어, 공존의 언어, 평등의 언어를 쓰는 말에서 시작한다.

– 양정철, 《민주주의로 나아가는 말과 글의 힘》, 메디치미디어, 2019, pp.20–21.

글쓴이는 왜 언어를 성찰하면서 사용해야 하는가에 대한 적절한 답변을 들려준다. 우선, 말과 글이 사용자 스스로를 반영하기 때문이다. 나는 내가 쓰는 말과 글로써 드러난다. 내가 쓰는 언어가 나를 규정하는 것이다. 동시에 언어는 내가 속한 공동체 안에서 살아 숨쉬고 움직인다. 공동체가 가진 이데올로기와 편견을 그대로 따르기도 하고, 그 사회가 지닌 차별적 시선을 강화하기도 하며 반대로 공동체에 선한 영향력을 행사하기도 한다. 따라서 언어를 사용할 때는 내가 그 언어를 책임질 수 있는지를 먼저 고려해야 한다. 정보를 제공할 때는 그 정보가 과연 사실인지를 먼저 검토하고 써야 한다. 의견을 밝힐 때는 충분한 논거가 있는지를 검토하고 제시하라. 나의 의견을 밝힐 때는 사실과 의견을 구분하라. 사실을 의견인 것처럼 말하거나 의견을 마치 사실처럼 진술하면 거짓 글이 된다. 더불어 의견이나 주장을 제시할 때는 객관적 논거로서 증명하라. 비판과 비난은 다르다. 비판에는 객관적 자료와 지적인 분석이 포함되지만 비난에는 주관적이고 논증할 수 없는 감정이 깃들어 있을 뿐이다. 진실과 거짓이 뒤섞인 글은 서로 간의 소통에 혼선을 줄 뿐 아니라 서로 간의 불신을 초래해 소통을 막게 된다. 또한 내가 별생각 없이 쓴 단어나 표현이라 하더라도 결과적으로 공동체의 누군가를 겨냥해 상처를 준다면 그것 역시 경계해야 한다. 글을 쓰기 전에 스스로에게 질문하라.

자신과 다른 가치관이나 의견, 신념을 가진 사람의 글을 정당하게 비판하고 있는가? 혹시 무조건 비난하고 있는 건 아닌가?

인종, 민족, 지역, 성별, 취향, 신체, 종교, 직업 등 개인적 차이를 차별하고 있지는 않은가?

자신이 무심코 쓴 언어 속에 차별이나 혐오적 시선이 포함되어 있지는 않은가?

연습문제 3

다음 글을 참고하여, 우리 일상에서 사용하는 언어 중에서 차별이나 혐오를 포함하고 있는 단어가 있는지 찾아보고, 있다면 이를 어떻게 바꾸면 좋을지 얘기해 보자.

'결정장애' 이 말을 처음 들었을 때 나는 재미있다고 생각했다. 우물쭈물 이러지도 저러지도 못하며 너무 많이 고민하는 나의 부족함을 꼬집는 간명한 말 같았다. 나 스스로를 비하하는 의미를 담아 많은 대화에서 수없이 사용했다. 그리고 이 말이 어느 날 사고를 쳤다.

혐오표현에 관한 토론회가 있던 날이었다. 사람들의 관심이 많아 장소를 급하게 큰 곳으로 바꿔가며 열린 토론회였다. 토론자로 함께 한 나는 토론 중에 이 결정장애라는 말을 했다. 이러지도 저러지도 못하는 상황에서 우리 모두 결단을 내리자는 말을 하던 와중이었다. 토론회가 끝나고 식사를 하러 가는 버스 안에서 참석자 중 한분이 나에게 조용히 물었다.

"그런데 왜 결정장애라는 말을 쓰셨어요?"

짧은 한마디였다. 그건 질문이 아니었다. 나의 잘못을, 더 정확하게는 혐오표현을 하지 말자던 사람이 결정장애라는 말을 사용하는 모순을 지적한 것이었다. 많은 장애인들이 참석해서 듣고 있던 자리에서 나는 내가 '장애'라는 말을 어떻게 사용하고 있는지 의식조차 못하고 있었다.

나는 얼른 그에게 나의 잘못을 시인하고 부끄러워했다. 하지만 이미 토론회는 끝났고, 그 자리에 참석했던 사람들에게 사과할 기회는 사라졌다. 어떻게 해야 할까. 그런데 동시에 나의 마음 한쪽에서는 희한한 생각이 자라고 있었다. '그 말이 왜? 뭐가 문제인 거지?' 문제가 아니라고 애써 부인하고 사소하게 생각하려는 방어기제가 작동하기 시작했다.

결정장애라는 말이 왜 문제인지 제대로 이해하기 위해 장애인 인권운동을 하는 활동가에게 전화를 걸어 물어보았다. 그는 우리가 일상에서 얼마나 습관적으로 장애라는 말을 비하의 의미로 사용하고 있는지를 설명해주었다. 무언가에 '장애'를 붙이는 것은 '부족함', '열등감'을 의미하고, 그런 관념 속에서 '장애인'은 늘 부족하고 열등한 존재로 여겨진다.

- 김지혜, 《선량한 차별주의자》, 창비, 2019, pp.11-12.

2) 글쓰기의 윤리성과 '표절'

글쓰기의 윤리성은 전달하려는 내용과 그 표현이 자료의 정직성과 표현의 고유성에 입각해야 한다는 것을 의미한다. 표절은 대표적으로 글의 윤리성을 위반하는 행위이다. 표절은 해당 분야의 일반 지식이 아닌 타인의 저작물 또는 아이디어를 적절한 출처표기 없이 자기 것처럼 부당하게 사용하는 행위를 말한다.

- 이미 발표(게재)된 타인의 저작물이나 독창적인 아이디어를 활용하면서 출처를 표기하지 않은 경우
- 타인의 저작물을 번역하여 활용하였으면서도 출처를 표기하지 않은 경우
- 재인용 표기를 해야 함에도 그렇게 하지 않고 직접 원문을 본 것처럼 1차 문헌에 대한 출처 표기를 한 경우
- 출처표기를 제대로 했음에도 불구하고 인용된 양 또는 질이 적절한 범위를 넘어 피인용물과 인용물이 주종(主從)의 관계에 있는 경우
- 타인(1인 또는 다수)의 저작물을 활용한 경우 그에 대해 모두 출처표기를 해야 하지만 어느 일부에만 하는 경우
- 타인의 저작물 상당 부분을 참조했다고 표기했지만, 자신의 말로 바꾸어 쓰지 않았거나 요약하지 않고 그대로 가져다 쓴 경우

이상의 경우는 다 표절에 해당한다. 글 속에 글쓴이의 고유한 아이디어가 담겨 있느냐, 즉 아이디어의 창의성 여부가 표절 판단의 기준이 되는 것이다. 대학생의 경우 표절은 과제 제출을 위한 글쓰기에서 흔히 발생한다. 다음은 대학생들이 과제를 쓸 때 자주 범하는 표절 유형이다. 과제 작성 시 해당하는 항목이 없는지 검토해보자.

- 출처를 밝히지 않고 타인의 글, 전개 구조, 아이디어, 그래프, 그림을 가져다 쓰는 경우
- 유료사이트에서 과제를 구매하여 제출하는 경우
- 타인이 쓴 글의 전개 구조를 본떠 출처 없이 과제를 작성하는 경우
- 다른 과목에 제출했던 과제를 다른 과목에 그대로 혹은 약간의 수정을 거쳐 중복 제출하는 경우
- 과제물을 타인에게 양도하거나 양도 받는 경우
- 공동 과제를 단독 과제로 명기하거나 단독 과제를 공동 과제로 명기하는 경우
- SNS 등 신뢰하기 어려운 내용을 토대로 과제를 작성하는 경우

처음부터 의도적으로 표절을 하려는 사람은 드물다. 그러나 우리 주변에는 너무나 많은 자료들이 개방되어 있어서 마음만 먹으면 금방이라도 쉽게 타인의 자료에 접근할 수 있다. 타인이 쓴 자료에서 멋진 아이디어를 발견하게 될 때, 과제를 작성할 충분한 시간이 마련되지 않을 때, 우리는 쉽게 표절의 유혹에 빠지게 된다. 따라서 글쓰기의 윤리를 지키기 위해서는 다음과 같은 의식적인 노력이 필요하다.

첫째, 글쓰기 준비 과정에서 자신의 의견을 명확히 세운 후에 자료를 참고하는 것이 좋다. 자신의 의견이 불분명하거나 자기 의견이 빈약한 경우에는 타인의 자료에 의존성이 높아진다. 참고자료는 어디까지나 내 의견, 내 생각에 대한 보조 기능을 하게 해야 한다.

둘째, 나의 생각과 자료 원저자의 생각이 구분되어야 한다. 자료를 많이

접하다 보면 그의 생각인지 나의 생각인지 모호해질 수 있다. 글은 인용한 자료를 정리하여 제시하는 수준에 머물러서는 안 된다. 아이디어가 고유해야 한다. 그렇기 위해서는 자신의 관점과 해석이 독창적이어야 한다.

셋째, 자료를 인터넷을 통해서만 찾아서는 안 된다. 신뢰할 수 있는 전문 저서와 논문을 참고하라. 인터넷의 자료는 인용과 표절 문제에서 취약성을 지닌다. 또한 출처도 불분명하고 정보의 정확성도 떨어진다. 그러므로 인터넷 자료를 맹신해서는 안 되며 그 정보의 질을 의심하고 평가해야 한다.

연습문제 4

다음은 원문을 참고하여 글쓴이들이 쓴 글의 예시이다. 이 글들을 읽고 윤리성에 위배되는 경우를 가려보자. 위배일 경우 ◌, 그렇지 않은 경우 X로 표시해보자.

원문

어떤 개체군이 두 개의 전략 중 하나를 채택하는 개체들로 구성되어 있다고 하자. 메이너드 스미스의 분석에서와 마찬가지로, 여기서의 전략은 의식적인 전략이 아닌, 유전자에 의해 결정되는 무의식적인 행동프로그램을 말한다. 이 두 전략을 '봉' 전략과 '사기꾼' 전략이라 부르자. '봉'은 도움을 필요로 하는 상대라면 누구에게나 털 손질을 해준다. '사기꾼'은 봉의 이타적 행동을 받아들이지만 누구한테라도, 심지어 상대가 이전에 자신의 털을 골라주었던 개체일지라도 일절 털 손질을 해주지 않는다.

– 리처드 도킨스 / 홍영남 · 이상임 역, 《이기적 유전자》, 을유문화사, 2011, p.310.

글쓴이	인용 내용	O / X
학생 1	우리 인간의 유전자 역시 다른 동물과 마찬가지로 유전자에 의해 결정되는 무의식적인 행동 프로그램에 의해 지배되는 것 같다. 그 전략은 '봉' 전략과 '사기꾼' 전략이다.	
학생 2	우리는 유전자의 무의식적인 행동 프로그램에 의해 지배된다. 어떤 개체군이 두 개의 전략 중에 하나를 선택하는 개체들로 구성되어 있다고 하자. 이타적 전략과 이기적 전략을 이름하여 '봉' 전략과 '사기꾼' 전략으로 부르자.	
학생 3	인간이 이기적인 존재라고 보는 시각 중 하나는 유전자의 본성을 이기성에 두는 것이다. 리처드 도킨스는 그 대표적인 학자로서 그는 유전자의 생존 전략을 설명하기 위해 '봉'과 '사기꾼' 전략을 제시하면서 유전자의 이기성을 설명한 바 있다.	
학생 4	"인간은 유전자의 꼭두각시다." 40년 전 리처드 도킨스가 자신의 저서 '이기적 유전자'에서 했던 이 말은 생물학계는 물론 과학계를 떠들썩하게 했다. 인간의 생존 전략을 "유전자에 의해 결정되는 무의식적인 행동프로그램"이라고 본 파격적 주장은 인간 본질에 대한 질문을 던지며 일반 대중들에게도 폭발적 반향을 일으켰다.	

5

예상 독자 분석하기

모든 글에는 독자가 있다. 편지는 받는 사람이 독자이며, 신문에 실린 기사와 칼럼은 신문 구독자가 1차 독자이다. 학술 보고서의 1차 독자는 교과목 담당 교수자이며 자기소개서는 인사 담당자가 여기에 해당한다. 심지어 가장 사적인 글쓰기인 일기조차도 독자가 있다. 일기는 '쓰는' 나(사회적 자아)가 '읽을 것이라 예상되는' 가상의 나(본연의 자아)에게 전달하는 고백이자 다짐이다. 일기에서 두드러지는 성찰이라는 특성은 바로 글 쓰는 이가 스스로를 두 개의 자아로 구분하여 읽는 자와 쓰는 자의 역할을 담당하는 데서 비롯된다.

독자가 분명할수록 전하는 메시지는 구체적이 되며, 메시지가 구체적일수록 독자와 소통이 잘 이루어질 것이다. 따라서 발표 준비과정에서 청중 분석을 하듯이 글쓰기를 준비할 때도 예상 독자를 분석하는 것은 필수적이다.

예상 독자를 최대한 구체적으로 예측하여 이에 대해 준비하여야 한다. 독자를 최대한 세분화하여 파악하라. 먼저 독자의 나이, 성별, 지역, 학력, 윤리적 신념과 가치관, 정치적 입장, 취향 등을 고려한 후 다음 질문에 답하면서 글쓰기를 준비해보자.

- 독자가 알고 있는 지식은 무엇인가?
- 글쓴이가 전하고자 하는 아이디어는 무엇인가?
- 독자는 주제를 이해할 만한 필요한 충분한 배경 지식을 가지고 있는가?
- 주제에 대한 글쓴이의 태도는 어떠한가?
- 주제에 대한 독자의 태도는 무엇인가?
- 글쓴이의 글쓰기 목적은 무엇인가?
- 글쓴이의 글에 대해 독자가 요구하는 바는 무엇인가?

독자에 대한 고려는 글쓰기 모든 단계에서 해야 한다. 독자에 따라 주제의 방향이 달라지기 때문이다. 독자의 연령에 따른 흥미도, 사전 지식의 정도, 독자가 해당 분야 글에서 알고 싶어 하는 것 등을 고려하여 글쓴이는 주제의 방향을 잡아야 한다.

독자가 누구냐에 따라 준비할 글의 재료가 달라진다. 독자의 성향이나 그들이 처한 상황을 미리 조사하여 그에 따라 소재를 선택하자. 가령 우리 과 소개를 한다고 하자. 독자가 예비대학생인 고등학교 3학년생이냐, 아니면 사원을 뽑기 위해 박람회를 연 기업 관계자이냐에 따라서 글의 재료가 달라진다. 만일 예비대학생인 고등학교 3학년에게 우리 과를 소개한다면 우리 과에서 배우는 과목과 졸업 후 전망뿐 아니라 우리 과에 입학하기 위해 필요한 준비 사항(입시를 위한)에 중점을 두어 글을 구성해야 할 것이다. 그러나 기업 관계자를 독자로 한다면, 그 기업에 적합한 전공 능력과 실무 능력을 보여줄 수 있는 전공 지식이나 과의 프로그램을 중점으로 해야 할 것이다.

글의 작성 단계에서도 독자에 따라 전체적으로 표현을 다르게 해야 한다. 용어의 사용 수준과 범위, 설명해 주어야 할 대상과 깊이가 달라야 한다. 본인이 좋아하는 컴퓨터 게임에 대해 설명할 때에도 자신과 같은 취미를 지닌 동료, 친구 등 전문가 집단에게 설명하는 것과 게임 문외한인 부모님에게 하는 설명의 수준은 분명히 다를 것이다. 쉽게 풀이하여 설명할 것이냐, 아니면 전문 용어를 많이 사용하여 해박함을 맘껏 드러내면서 설명할 것이냐 등 설명의 범주와 깊이도 달라야 한다. 독자가 이해할만한 어휘가 사용되었는지, 그들이 집중할 만한 길이로 쓰였는지 살펴야 한다. 전문적인 지식을 다룰 때에도 독자가 따라 수준이 달라져야 한다. 전공 학회에서 발표할 글은 전문 용어를 쉽게 풀이할 필요가 없다. 그러나 일반인이 독자라면 상황은 완전히 달라진다. 다음 글을 살펴보자.

> 한국 외환위기 당시 다수의 회사는 구조 조정에 들어갔다. 회사 내 불필요한 조직을 분해해서 새로운 팀을 만들었다. 음식을 굶는 건 동물들에게는 가장 큰 위협이다. 길어지면 굶어 죽는다. 몸은 어떻게 대응하고 어떤 효과가 날까.
>
> 올해 하버드의대 연구진은 굶는 단식이 어떻게 질병(치매·파킨슨)을 예방·치유할 수 있는지 분자수준에서 조사했다. 식사 후 12시간이 지나자 쥐는 굶는 상황'이라는 비상 신호를 발신한다. 이 신호를 받은 세포들은 분주해진다. 모든 물질을 조사해서 불필요한 놈들, 특히 잘못 만들어진 단백질들에게 '딱지'를 붙였다. 딱지 붙은 놈들을 전담팀이 트럭에 실어 '리사이클 공장'으로

옮겨가 분해한다. 이걸로 다시 정상 단백질을 조립한다. '굶는 신호'를 받은 지 5분 만에 시작, 1시간이면 리사이클 과정이 끝난다. 이런 재생작업은 매일 계속된다. 이것이 제대로 안되면 체내에 정크물질이 쌓인다. 알츠하이머 치매나 파킨슨은 정크단백질(베타아밀로이드·타우·알파시누클린)이 신호전달을 막아 생긴다. 올해 캘리포니아대 연구팀은 정크단백질 자체보다도 이놈들을 분해해야 할 리사이클 공장(라이소좀)이 제대로 작동되지 않아 치매가 생긴다고 발표했다. 이런 두뇌 리사이클 작업은 주로 잠잘 때 일어난다. 잠을 제대로 못자거나 정크단백질을 제대로 분해, 리사이클하지 못하면 치매·파킨슨이 생긴다. 단식으로 리사이클 되는 게 하나 더 있다.

세균·바이러스도 딱지를 붙여 청소차에 실어 재활용센터로 보내 버린다. 물론 균 침입 시 면역도 작동한다. 하지만 리사이클 방법이 면역부작용(과한 염증, 자가 면역)이 없어 더 안전하다.

- 김은기, 저녁부터 16시간 굶으면, 정크물질 분해돼 살 빠져, 《중앙SUNDAY》, 2019. 8.24.

이 글은 간헐적 단식이 어떻게 질병을 예방할 수 있는지를 설명하는 것이 목적이다. 이것이 전문 독자를 대상으로 한 글이라면 베타아밀로이드, 타우, 알파시누크린, 라오소좀 등의 전문 용어를 쉽게 풀이할 필요는 없다. 그런데 이 글의 예상 독자는 신문 구독자 및 인터넷 사용자들로 불특정 다수의 대중들이다. 일반인들을 대상으로 하는 글은 일단 예도 쉬워야 하고 논리도 명쾌하고 간결해야 한다. 더불어 자료의 전문성 및 객관성도 보증되어야 한다. 글에 대한 독자들의 진입 장벽을 낮추기 위해 글쓴이는 익숙한 사물에 세포의 변화 과정을 빗대었다. 구조 조정의 절차를 빌려다 단식을 설명하고, '라이소좀'이라는 세포소기관이 손상되거나 불필요한 세포를 제거하는 과정을 '리사이클 공장'에 비유하여 설명하였다.

이처럼 글을 쓸 때는 독자의 연령, 학력 수준, 성별, 경제 수준 등을 최대한 세분하여 조사한 후 이에 따라 내용과 표현에 적절한 변화를 주어야 한다. 그래야 메시지를 보다 정확히 전달하고, 독자에게 기대하는 반응을 보다 효과적으로 얻어낼 수 있다. 다음은 초등학생을 대상 독자로 삼은 글과 일반인을 대상 독자로 삼은 글이다. 무엇이 다른지 살펴보자.

1.

이렇게 말 한 마디에도 그 사람의 성격이 드러난다. 시도 마찬가지다. 시를 읽으면서 우리는 시인과 만날 수 있다. 고려 예종 때 시인 정습명이 지은 〈패랭이꽃〉이라는 작품을 보자.

> 세상 사람들은 모란을 사랑해서
> 동산에 가득히 심어서 기른다.
> 그렇지만 황량한 들판 위에도
> 예쁜 꽃 피어난 줄을 아무도 모르네.
> 그 빛깔은 시골 연못에 달빛이 스민 듯
> 향기는 언덕 위 바람결에 풍겨 온다.
> 땅이 후미져서 귀한 분들 오지 않아
> 아리따운 자태를 농부에게 맡긴다.

모란은 부귀를 상징하는 꽃이다. 그래서 세상 사람들은 모란을 마당 가득히 심어 놓고 그 붉은 꽃처럼 부귀하고 영화롭게 살았으면 한다. 모란꽃은 송이도 크고 꽃잎도 짙은 빛깔을 지녔다. 활짝 피어나면 그 당당하고 화려한 모습에 마당이 온통 환해진다.

패랭이꽃은 그렇지가 않다. 다섯 개의 가녀린 꽃잎을 가진 패랭이꽃은 꽃잎도 작고 빛깔은 수줍은 분홍빛이다. 아무도 이 꽃을 마당에 심어 두려는 사람이 없다. 아무도 오지 않는 들판의 오솔길 옆에서 바람에 맑은 향기를 날리며 피었다가 조용히 질 뿐이다.

그렇지만 패랭이꽃은 모란꽃만큼이나 아름답다. 아니 모란꽃보다 훨씬 더 아름답다. 모란꽃은 짙게 화장을 하고 화려하게 옷을 차려입은 영화배우와 같다. 패랭이꽃은 부끄러워 얼굴이 빨개진 순진하고 해맑은 산골 아가씨의 모습을 떠올리게 한다. 누구나 시골 들판에서 바람에 흔들리는 이 꽃과 만나면 반하지 않을 수 없을 것이다. 돈 많고 신분이 높은 사람이 이 꽃을 본다면 모란처럼 그들의 정원에 이 꽃을 심으려 들 테지만, 이 구석진 시골 들판을 그 사람들이 왜 찾아오겠는가? 그래서 오늘도 패랭이꽃은 그 아름다운 모습을 농사짓는 시골 농부에게만 보여 주며 피어 있다.

시골 농부는 늘 농사일에 바빠 패랭이꽃이 눈에 들어오지 않는다. 신분 높은 귀한 사람은 시골에 오지 않는다. 결국 패랭이꽃은 그냥 혼자 피었다가 혼자 질 뿐이다. 남이 알아주고 알아주지 않고는 패랭이꽃과 상관이 없다. 아무도 찾아오지 않아도 어여쁜 꽃잎을 피우고, 맑은 향기를 바람결에 흩날릴 뿐이다.

정습명은 이 시를 왜 썼을까? 그는 기이한 재주와 넓은 포부를 지녔던 뜻 높은 선비였다. 그렇지만 세상 사람들은 아무도 그를 알아보지 못했다. 그래서 그는 이 시를 지어 자신의 마음을 가만히 내보여 주었던 것이다.

시 속의 패랭이꽃은 바로 정습명 자신이다. 나는 패랭이꽃이다. 누구든지

나를 보게 된다면 사랑하지 않을 수 없을 것이다. 그렇지만 남이 나를 알아주지 않아도 상관하지 않겠다. 그저 자연 속에 묻혀서 내게 주어진 삶에 충실하며 살다 가겠다. 시인은 세상을 향해 지금 이렇게 말하고 있는 것이다. 그러니까 이 시는 시로 쓴 자기 소개서인 셈이다. 시인이 자신의 존재를 이렇게 패랭이꽃에 비유하여 설명한 것은 참 은근하기도 하고 운치도 있다.

고려 예종 임금께서 이 시를 보고 깜짝 놀랐다.

"이렇게 뛰어난 시인이 있었단 말이냐. 어서 가서 그를 불러오너라."

시 속에 담긴 내용이 너무 훌륭했기 때문이었다. 예종은 그를 만나보고는 좀 더 일찍 만나지 못한 것을 안타까워했다. 그에게 벼슬을 내리고 늘 가까이에 머물게 했다.

– 정민, 《정민 선생님이 들려주는 한시이야기》, 보림, 2002, pp.100-103.

2.

고려 예종 때 정습명(鄭襲明, ?~1151)은 기이한 재주와 넓은 도량을 지녔지만 세상이 알아주지 않으므로 〈패랭이꽃石竹花〉라는 작품을 지어 자신의 심경을 기탁하였다.

세상 사람 모란을 사랑하여서	世愛牧丹紅
동산에 가득 심어 기르네	栽培滿園中
뉘 알리 황량한 들판 위에도	誰知荒草野
또한 좋은 꽃떨기 피어 있음을.	亦有好花叢
빛깔은 시골 방죽 달빛 스민 듯	色透村塘月

언덕 나무 바람결에 향기 풍기네. 香傳隴樹風
땅이 후져 공자님네 오지를 않아 地偏公子少
고운 자태 농부의 차지 된다네 嬌態屬田翁

세상 사람들은 너나없이 모란을 사랑한다. 모란은 부귀를 상징하는 꽃이다. 모란을 아끼는 것은 꽃이 아니라 부귀를 사랑함이다. 붉고 농염한 자태, 동산 가득 대접을 받으며 호사롭게 피어난 모란, 부러울 것 없이 당당한 모습이다. 그러나 황량한 들판 가운데에도 못지않게 어여쁜 꽃떨기가 있는 줄은 아무도 모른다. 패랭이꽃! 달빛이 밴 듯한 고운 빛깔, 언덕 너머 바람은 그 은은한 향기를 불어간다. 눈길 주는 이 하나 없는 황량한 벌판에서 바람에 혼자 하늘대는 패랭이꽃, 이 고운 자태를 보기만 하면 공자님네도 다투어 제 동산 가운데 심어놓자 하려만, 이 황량한 벌판을 그들이 왜 찾겠는가. 꽃은 바람에 흔들리며 길 가는 농부의 무심한 눈길에 답할 뿐이다.

이 시도 앞서 본 이군옥의 시처럼 자기추천서의 성격을 띤 작품이다. 그러나 정습명은 동해의 물보다 깊은 삶의 찌든 근심을 말하지 않고, 황량한 들판에서 알아주는 이 없어도 제 빛깔 제 향기를 바람결에 실어 나르는 패랭이꽃의 고결한 자태를 이야기할 뿐이다. 모란을 시샘하지도, 공자의 안목 없음을 탓하지도 않았다. 슬퍼할 뿐 원망하지 않는다는 말에 해당한다. 이군옥이 궁상맞은 데 반해 정습명은 격조가 있다. 이군옥이 장관에게 동정을 애걸하는 꼴이라면, 정습명에게는 군자풍의 늠연함이 있다. 뒤늦게 이 시를 읽게 된 고려 예종은 “여태도 사마상여(司馬相如)가 있었더란 말이냐?”하고, 그를 즉각 옥당으로 불러 올려 벼슬을 내렸다 한다.《파한집(破閑集)》에 보인다.

비슷한 형편에서 같은 의도로 쓴 작품이 어찌 이리 다를까? 그 사람의 그릇이 같지 않은 까닭이다. 인간은 삶의 외형적 조건에서 자유로울 수 없다. 그렇다고 곤궁에 찌들어 본연의 기상마저 허물어서는 안 된다. 한시비평에서 말하는 기상론이란 바로 시인의 기질과 삶의 자세가 그의 시에 거울처럼 비쳐진다는 생각을 말한다. 그래서 시를 읽으면 만나보지 않고도 그 사람을 알게 된다.

- 정민, 《한시미학산책》, 휴머니스트, 2010, pp.316-319.

《한시이야기》는 초등학생을 대상으로 한 글이고 《한시미학산책》은 성인을 대상으로 한 글이다. 두 예상독자 집단 모두 한시에 대한 전문가는 아니지만, 한시에 대해 알고 싶어 하는 사람들이다. 두 글의 목적은 한시의 미학에 대한 지적 욕구를 자극하여 흥미를 유발하는 것으로 같다. 하지만 예상 독자의 연령대는 다르다. 그에 따라 예로 든 내용의 종류와 양도 다르고, 글의 길이도 다르며, 사용하는 어휘도 달랐다. 초등학생이 집중해서 읽을 수 있는 글의 길이는 성인에 비해 짧으며, 쓰는 어휘 목록도 다르다. 그래서 《한시이야기》에서는 한시의 원문을 생략하고 시 번역에도 운율을 강조하여 자세하고도 쉬운 언어로 풀이했다. '파한집'과 같은 옛 문헌이나 '사마상여'처럼 고사를 알아야 이해할 수 있는 인물의 이름은 생략하고 전하려는 내용을 최대한 쉽게 풀이하였다. 또한 유년시절을 자연과 함께 한 초등학생은 성인에 비해 그 수가 현저히 적다는 점을 감안하여 글쓴이는 모란꽃과 패랭이꽃의 비교에 공을 들였다. 초등학생에 비해 성인은 견문이 넓다. 그들은 이 책에서 많은 내용을 전달받기를 바란다. 성인독자들의 지적인 흥미를 일으키기 위해서는 다량의 고급 정보를 제공하여야 할 것이다. 따라서 전문적인 개념을 소개하고 풍부한 사례를 제공하였다. 또한 성인을 대상으로 한 《한시미학산책》에서는 한시 원문을 병기하고 모국어의 감각을 한껏 살려 번역하여 원작의 미감을 최대한 살렸다.

주제 혹은 제목	《한시 이야기》	《한시미학산책》
예상 독자 (연령, 직업군, 지적 수준 등)	초등학생	성인
글의 재료	시 〈패랭이꽃〉, 패랭이꽃, 모란꽃, 정습명의 생애, 예종과의 일화	정습명의 생애, 패랭이꽃石竹花, 이군옥, 사마상여司馬相如, 파한집破閑集, 기상론氣像論
독자의 관심을 끌기 위한 전략 (사용 어휘, 서술 방식, 근거 자료 등)	• 초등학생에게 생소한 모란꽃과 패랭이꽃을 비교의 방법으로 자세히 설명. • 하나의 예시를 들어 전달하려는 내용을 자세히 풀이함. • 한자어 대신 내용을 풀어 쉽게 설명함. 분량을 짧게 함.	• 파한집破閑集, 사마상여司馬相如, 기상론氣像論 등 배경지식이 필요한 전문 용어를 사용함. • 다양한 예시와 많은 정보 제시. • 출처와 원문을 충실히 제시하여 신뢰 획득함.
기대하는 독자 반응 (글의 목적)	한시미학에 대한 이해 (정보 제공)	한시 미학에 대한 이해 (정보 제공)

연습문제 5

다음 중 하나를 선택하여 글을 쓴다고 하자. 대상 독자를 최대한 세분화하여 설정한 후 그에 따라 달라져야 할 것들을 메모해 보자.

(1) 우리 과 소개

(2) 우리 대학에서 가장 변화하기를 바라는 요청 사항들

주제 혹은 제목	
예상 독자 (연령, 직업군, 지적 수준 등)	
글의 재료	
독자의 관심을 끌기 위한 전략 (예: 사용 어휘, 서술 방식, 근거 자료 등)	
기대하는 독자 반응 (글의 목적)	

(3) 나의 취미 생활 소개

참고문헌

리처드 도킨스 / 홍영남 · 이상임 옮김,《이기적 유전자》, 을유문화사, 2011.

린다 플라워 / 원진숙 · 황정현 옮김,《글쓰기의 문제해결 전략》, 동문선, 2003, pp.314-317.

김지혜,《선량한 차별주의자》, 창비, 2019.

양정철, 민주주의로 나아가는 말과 글의 힘,《세상을 바꾸는 언어》, 메디치미디어, 2019.

유시민,《유시민의 글쓰기 특강》, 생각의 길, 2015.

정민,《한시미학산책》, 휴머니스트, 2010.

정민,《정민 선생님이 들려주는 한시이야기》, 보림, 2002.

한양대학교 국어교육위원회,《글이 삶이다》, 한양대학교 출판부, 2017

김길수, 좋은 글을 쓰기 위한 요건,《철학과 현실》, 철학문화연구소, 2009.

김은기, 저녁부터 16시간 굶으면, 정크물질 분해돼 살 빠져 [김은기의 바이오토크],《중앙SUNDAY》, 2019. 8.24.

이연정 · 이주미, 학습윤리에 대한 대학생들의 인식 조사 연구 ,《학습자중심교과교육연구》 제 18권 24호. 2018.

2

-

주제 설정과 자료 수집

1

주제란 무엇인가

1) 주제 설정은 왜 중요한가

글은 일정한 절차에 따라 작성된다. 대체로 계획단계, 집필단계, 마무리 단계로 진행된다. 계획단계에서 주제를 잡고, 자료들을 수집한 다음 개요를 작성한다. 이 전체적인 계획을 바탕으로 집필을 한 후 퇴고의 단계를 거쳐 한 편의 글이 완성되는 것이다. 이에 따라 이 장에서는 계획단계 중 주제의 설정과 자료 수집을 중심으로 살펴본다.

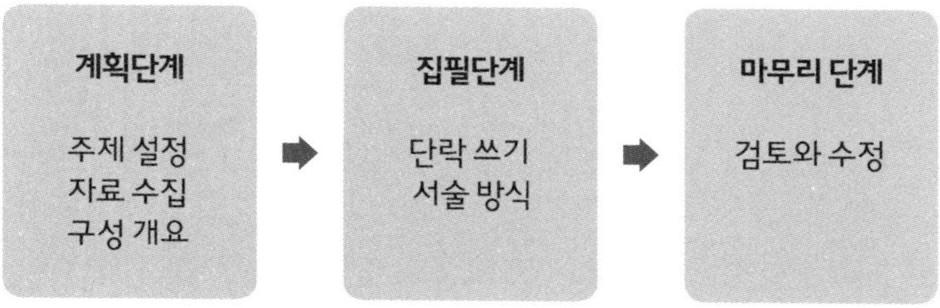

좋은 글을 쓸 수 있는 내·외적 요건은 올바른 문장, 창의적 발상, 폭넓

은 경험, 사고의 조직화, 예상독자의 분석 등 매우 다양하다. 하지만 구체적이고 실질적인 요건 중의 하나는 주제를 명확하게 설정하고, 주제에 적합한 자료들을 수집하는 작업을 꼽을 수 있다. 주제란 글의 목적이나 의도 또는 글의 핵심 내용이나 중심 생각을 말한다. 한 편의 글을 완성해 나간다는 것은 글쓴이의 의도와 목적을 구현해내는 과정이라고 할 수 있다. 따라서 주제가 명확하지 않으면 글이 완성된 이후에도 핵심 내용이 모호하거나 혼란스러운 글이 되고 만다. 또한 어떤 주제를 설정하는가에 따라 자료의 수집과 구성 방식이 달라진다. 따라서 주제를 정하는 일은 글쓰기의 시작이자 완성된 글의 성패를 결정하는 중요한 관건이다.

학습목표

1. 한 편의 글을 완성하기 위한 기본 절차를 이해한다.
2. 주제의 개념을 파악하고 주제문을 작성해본다.
3. 자료의 중요성을 인식하고 자료 수집의 절차와 방법을 알아본다.

2) 주제를 설정하는 방법과 순서는?

주제를 정하기 위해서는 먼저 '무엇'에 대하여 쓸 것인지를 정해야 한다. 이 '무엇'을 글감, 소재, 가주제라고 부른다. 예를 들어 한류에 대해, 우정에 대해, 취업에 대해, 저출산에 대해, 복지에 대해, 사랑에 대해, 절친한 친구에 대해 등이 곧 글감(소재, 가주제)이다. 글감은 아직 포괄적인 차원의 문제이기 때문에 주제가 아닌 막연한 쓸거리에 불과하다. 여기에 글쓴이의 가치판단이나 주장이 반영되어 대상에 대한 집약된 생각으로 표명될 때 글감은 주제가 될 수 있다. 예를 들어 '한류'나 '우정'이라는 글감은 글쓴이의 문제의식에 따라 '한류의 원인과 영향'이나 '우정의 진가와 성공적인 인간관계'와 같은 주제로 설정될 수 있다. 글감을 바탕으로 한 주제의 설정은 아래의 과정을 통해 구체화할 수 있다.

[글감 선정] ➡ [문제의식의 정리] ➡ [범위 한정] ➡ [주제 설정] ➡ [주제문 작성]

- 글감 선정 : 글감은 평소의 관심사, 삶의 경험, 문제의식, 독서, 시사, 대화, 신문 기사, 사물, 상황의 관찰, 탐구적 모티프 등 한 편의 글에 대한 창조적 충동 또는 주어진 요구에 따라 정해진다.
- 문제의식의 정리 : 글감과 관련된 여러 문제들을 주변적인 것에서부터 핵심적인 문제까지 포괄적으로 생각해내고, 그와 관련된 자료들을 살펴가면서 문제의식으로 정리한다.
- 범위 한정 : 정리된 문제의식들 중 자신의 능력, 관심, 흥미, 의도를 충족할 수 있는 문제를 선택하여 범위를 좁게 한정한다.
- 주제 설정 : 한정된 문제들을 통합할 수 있으면서 글의 핵심 내용을 집약할 수 있는 주제를 설정한다.
- 주제문 작성 : 자신의 가치판단이나 의견을 나타내는 주제문을 작성한다.

[예1]

• 글감	저출산
• 문제의식의 정리	저출산의 개념, 저출산의 현상, 저출산의 원인(취업난, 주거비, 교육비), 저출산의 문제점(고령화), 저출산의 해결방안, 정부대책의 실효성(일시적 지원, 임금피크제, 고령화 기준 재정립), 해외의 정책 사례(스웨덴, 독일, 프랑스)
• 범위 한정	저출산의 개념, 저출산의 원인, 저출산의 해결방안, 정부의 대책
• 주제	저출산의 원인과 해결방안
• 주제문	다양한 원인에서 발생한 저출산 문제는 중앙정부와 지방정부가 연계된 다양한 정책들을 통해 해결방안이 제시되어야 한다.

[예2]

• 글감	절친(best friend)
• 문제의식의 정리	절친의 의미, 절친의 필요성과 진가, 절친의 부작용, 절친의 위험성, 절친과 인간관계, 절친과 학교생활, 절친과 모두의 친구, 절친 관계의 적절성, 절친의 적정 수, 절친 관계의 질, 절친 관계의 지양 혹은 권장
• 범위 한정	절친의 필요성, 절친의 부작용, 절친과 학교생활, 절친과 모두의 친구, 절친 관계의 지양, 절친 관계의 권장
• 주제	절친의 문제점과 절친 관계의 지양(止揚)
• 주제문	원만한 학교생활과 인간관계를 위해서는 가급적 절친 관계를 지양하고 여러 친구들과 친밀한 관계를 맺어야 한다.

연습문제 1

스마트폰, 다문화 사회, 한류현상, 경연 프로그램, 존엄사, 댓글문화, 남녀의 우정 또는 자신의 관심사 중 두 가지 글감을 선택하여 각각 문제의식의 정리, 범위 한정, 주제, 주제문의 순서로 작성해보자.

① 글감 1

② 문제의식의 정리

③ 범위 한정

④ 주제

⑤ 주제문

---

① 글감 2

② 문제의식의 정리

③ 범위 한정

④ 주제

⑤ 주제문

3) 주제를 설정할 때의 유의할 사항과 주제문

① 주제 설정 시의 유의 사항

주제는 글감 선정, 문제의식의 정리, 범위의 한정이라는 과정을 통해 설정하게 된다. 이때 독자들을 향해 글쓴이의 가치판단과 주장을 드러내는 핵심 생각이 주제이다. 따라서 주제를 설정할 때는 독자들에게 자신의 생각과 의견을 효과적으로 전달하기 위해 몇 가지 사항들을 반드시 고려해야 한다.

㉮ 주제는 글쓴이의 흥미와 능력을 고려해야 한다. 자신의 안목과 능력을 벗어나는 주제는 부실하고 공허한 글로 귀결될 수 있기 때문이다.

㉯ 주제는 참신하고 독창적이어야 한다. 그 동안 자주 다루어진 상투적인 주제는 독자들의 관심과 공감을 떨어뜨린다. 뿐만 아니라 글의 가치도 떨어뜨린다.

㉰ 주제는 구체적이고 명확해야 한다. 주제가 구체적이라는 것은 전달할 내용이 명확하다는 것을 뜻한다. 명확하지 않은 주제는 글이 추상적 혹은 피상적인 수준에 머물기 쉽다.

㉱ 주제는 단일해야 한다. 지나치게 포괄적인 주제는 집중력과 일관성을 확보하기 어렵다. 마땅히 산만하고 단편적인 나열에 그칠 가능성이 높다. 한 가지 문제만을 집중적이고 일관되게 구현했을 때 명확한 문제의식과 효과적인 전달력을 확보할 수 있다.

㉮ 주제는 시의성을 고려해야 한다. 글을 쓰는 당시의 시대적 사정이나 사회의 요구에도 걸맞는 주제여야 한다. 시의성이란 시대성만이 아니라 독자의 흥미와 요구를 포함한다. 시대적 흐름과 사회적 요구를 결정하는 것은 동시대인, 곧 독자들이기 때문이다.

② 주제문 작성의 요건

주제 설정과 관련해서 중요한 사실은 주제 설정이란 '무엇에 대한 글쓴이의 가치판단과 문제의식'에 그치지 않는다는 점이다. 주제 설정의 마무리는 주제문을 작성해야 비로소 완결된다. 다시 말해 주제문 작성 이전의 주제란 여전히 주제 설정의 한 과정에 놓여 있다고 할 수 있다. 글의 주제는 주제문을 통해서만 명확한 의미를 드러낼 수 있다. 이 점에서 반드시 주제문의 형식으로 구체화되어야 한다. 주제문을 작성할 때는 기본적으로 갖추어야 할 몇 가지 요건이 있다.

㉮ 주제문은 완전한 평서형 문장이어야 한다. 주제문은 완결된 생각을 진술한 문장이다. 때문에 확정할 수 없는 의문문과 감탄문 또는 완결되지 않은 명사형이나 구 형태의 주제문은 적절하지 않다.

㉯ 주제문에는 글쓴이의 생각, 판단, 의견, 정보, 관점이 명확하게 드러나야 한다. 따라서 수사적인 표현이나 "~같다.", "~라고 추정된다.", "~라고 생각한다." 등과 같은 모호한 표현은 지양해야 한다.

㉰ 주제문에는 하나의 생각, 판단, 의견, 정보, 관점만이 들어가야 한

다. 둘 이상의 중심생각이 들어있으면 글의 내용 파악과 명확한 전달에 혼란을 줄 수 있다. 그러므로 주제문은 한 문장으로 제시되어야 한다.

연습문제 2

[연습문제 1]에서 본인이 작성한 주제문이 위의 요건에 잘 부합하는지 살펴보자.

연습문제 3

다음 주제문 중에서 잘못된 점을 지적하고 적절한 주제문으로 고쳐보자.

잘못된 예 : 고서화(古書畵)를 통하여 옛사람과 대화를 나누는 일은 현대를 이해하는 유용한 방법이다. 그것은 또한 미래 문화를 창조하는 원동력이다.

수정한 예 :

잘못된 예 : 인간성을 잃지 않으려는 노력은 인간의 존엄성을 지키는 기본 원리가 아닐 것인가.

수정한 예 :

잘못된 예 : 목표를 성취하기 위해서는 자기 능력의 가능성 안에서 자신감을 잃지 않는 것이 중요함.

수정한 예 :

잘못된 예 : 시집 『님의 침묵』은 민족 운동에 헌신했던 한용운의 위대한 인격과 사상에서 이루어진 진주와 같다.

수정한 예 :

2

자료의 종류와 수집 방법은?

1) 자료 수집은 왜 필요한가

앞 장에서 밝힌 대로 주제는 글쓴이의 가치판단이나 주장이다. 가치판단이나 주장은 실상 추상적이고 관념적인 차원이다. 그렇기에 주제를 구체화할 '무엇'이 반드시 필요하다. 그 '무엇'이 곧 자료이다. 예를 들면 '숙취해소를 위한 콩나물국'이 주제라면 콩나물국을 끓일 재료, 즉 콩나물, 대파, 고춧가루, 소금, 다시마, 황태포, 다진 마늘, 멸치액젓 등이 필요하다. 이런 재료가 없다면 구체적인 실물 콩나물국은 만들어질 수 없다. 문학 작품도 마찬가지이다. 〈빈처〉(현진건)의 주제는 '이상과 현실 사이에서 겪는 가난한 소설가 지망생의 갈등과 화해'라고 하자. 그렇다면 이 주제를 구현해 줄 구체적인 재료(소재)들이 요구된다. 이를 테면 모본단 저고리, 전당포, T의 양산, 장인 생신, 처가, 처형네, 처형의 비단과 신, 아내의 눈물 등.

이처럼 장르를 불문하고 모든 글에는 관념적인 주제를 구현할 그 '무엇'이 필요하다. 주제는 이것을 통해, 이것이 있어야만 구체화될 수 있다. 그러므로 주제에 대한 포괄적인 이해와 깊이 있는 사고의 단계를 거친 다음에는 주제를 구현할 자료를 수집하는 작업이 반드시 뒤따라야 한다.

2) 자료를 수집할 때 유의할 사항

자료를 수집할 때는 다음과 같은 사항에 유의해야 한다. 첫째, 다양하고 풍부한 자료들을 수집해야 한다. 기존의 자기 지식, 경험, 사고의 범주에 한정되어서는 좋은 글이 나오기 어렵다. 자료가 빈약하면 자칫 반복적인 내용으로 채워지거나 피상적인 글이 되기 쉽다.

둘째, 주제를 잘 뒷받침할 수 있는 적절한 자료들을 선택해야 한다. 수집한 자료들은 분류와 분석의 과정을 거쳐 취사선택하게 되는데, 이때 주제와의 관련성이 적다면 활용해서는 안 된다. 오히려 주제의 집중력을 흐트러뜨리고 자료의 산만한 나열로 흐를 수 있다.

셋째, 풍부하게 수집한 자료들도 서로 잘 어울릴 수 있어야 한다. 어울리는 음식과 어울리지 않는 음식이 있으며, 어떤 약은 보약이 아니라 독약이 될 수도 있다. 글쓰기에서도 자료들의 유기적 관련성은 내용의 일관성과 통일성을 확보하는 데 매우 중요한 요건이다.

넷째, 자료는 사실관계, 출처, 근거가 분명해야 한다. 주장과 생각의 제시만으로 설득력을 얻기는 어렵다. 주제를 뒷받침할 설문, 수치, 통계 등이 필요할 경우가 많다. 이들 자료들을 활용할 때는 반드시 신뢰할 수 있고, 검증할 수 있는 자료인지 검토해야 한다. 예를 들면 설문 문항의 보편성, 통계 자료의 객관성, 실험 절차와 조사방법의 타당성 등이 확보되어야 자료로서 가치가 있다.

3) 자료의 종류에는 무엇이 있나

글쓴이의 문제의식과 주장을 구체화하기 위한 자료의 종류는 매우 다양하다. 이를 몇 가지로 유형화하면 아래와 같다.

개인적 자료

- 글쓴이의 경험, 지식, 주변 일화, 목격담 등
- 가장 손쉽게 얻을 수 있는 자료
- 주제와 관련된 독특한 경험, 관련 지식, 주변 사례 등을 최대한 되살려서 정리
- 개별적 지식과 경험이라는 점에서 생생한 실감과 공감을 줄 수 있는 장점
- 개인적 자료는 주관적인 성격이 강하며, 단편적이고 한정적이라는 단점
- 자료로서의 가치를 검증하고 틈틈이 기록하는 노력 필요

보조 자료

- 설문 조사, 전문가 인터뷰, 디지털 매체, 신문기사, 사진, 영상 등
- 여러 사람들의 견해와 반응을 알아볼 때는 설문 조사가 유용
- 전문가의 의견이 필요한 경우에는 인터뷰를 통한 조언과 특정 사례 수집
- 기사나 디지털 매체는 신속한 정보, 사진, 영상 등을 폭넓게 수집하는 데 용이
- 블로그, 동호인 카페 등의 자료는 매체의 연속성 여부와 자료의 신빙성 검증

전문 자료

- 단행본, 논문, 학회지, 실험결과, 통계자료 등
- 가장 전문적이고 가장 신뢰할 수 있는 고급 자료
- 문헌 자료의 수집은 연구서, 논문 등에 수록된 주석과 참고문헌 등의 항목
- 연구서나 논문의 문헌들을 탐색하고 확인하는 과정에서 훌륭한 자료 확보

4) 자료 수집은 어떻게 하나

만일 위에서의 작업이 만족스럽지 못하거나 좀 더 폭넓고 심도 깊은 자료들이 요구된다면 여러 도서관이나 정보 검색 도구를 이용하는 방법이 있다. 대학생 이상이라면 전공 관련 자료들을 도서관이나 검색도구를 이용하여 검색하고 수집할 수 있어야 한다. 몇몇 대표적인 도서관과 검색 사이트를 들면 아래와 같다.

한양대학교 ERICA학술정보관	https://information.hanyang.ac.kr
한양대학교 백남학술정보관	https://lib.hanyang.ac.kr
국립중앙도서관	http://www.nl.go.kr/nl
국회도서관	https://www.nanet.go.kr/main.do
국가전자도서관	http://www.dlibrary.go.kr

학술연구정보서비스 http://www.riss.kr/index.do

한국연구재단기초학문자료센터 https://www.krm.or.kr

국내학회지DBpia http://www.dbpia.co.kr

http://www.dbpia.co.kr.access.hanyang.ac.kr

한국학술지인용색인 https://www.kci.go.kr/kciportal/main.kci

한국사회과학자료원 https://kossda.snu.ac.kr

한국사회과학데이터센터 http://www.ksdc.re.kr

과학기술학회마을 http://society.kisti.re.kr/index.jsp

학술논문검색서비스 http://www.earticle.net.ssl.access.hanyang.ac.kr

국가과학기술정보센터 http://scholar.ndsl.kr

위의 검색 사이트 중에서 한양대학교 학술정보관을 이용하여 자료를 검색하는 방법을 알아보자. 먼저 한양대학교 학술정보관(https://information.hanyang.ac.kr)에 접속한다.

〈그림 1〉 한양대학교 학술정보관 초기화면

통합검색에서 본인의 문제의식이나 주제어를 입력한다(그림 1). 예를 들어 '다문화'를 입력한다. 그러면 (그림 2, 3)처럼 〈단행본 +564건〉, 〈연속간행물 +4건〉, 〈소장기타 +9건〉, 〈E-Journals +13건〉, 〈Articles +16,058건〉, 〈E-Books +48건〉, 〈학위논문 +110건〉의 검색 결과를 얻을 수 있다. 이 많은 유형의 자료 중에서 본인의 문제의식에 적절하다고 판단되는 항목으로 이동하여 더욱 풍부하고 적절한 자료를 찾으면 된다.

〈그림 2〉 학술정보관 통합검색 화면

〈그림 3〉 검색결과 화면

또 다른 방법은 학술정보관 메뉴 중 '학술DB'(그림 4)에 접속하여 전공 관련 검색 사이트로 들어가 다양한 자료를 찾을 수도 있다.

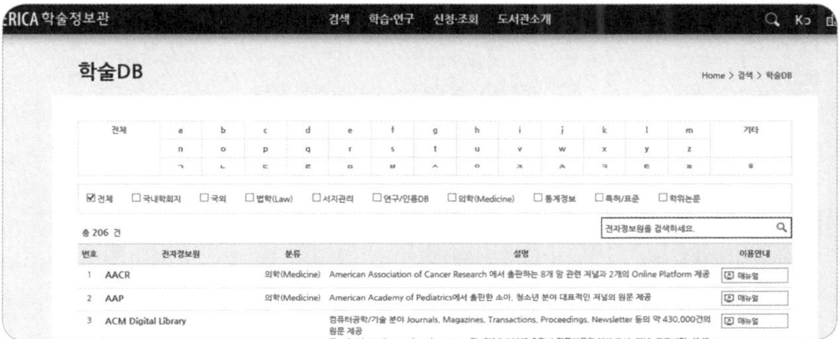

〈그림 4〉 학술정보관 학술DB 화면

한양대학교 학술정보관의 유용한 기능 중의 하나로 '원문제공신청'을 꼽을 수 있다. '원문제공신청'은 한양대학교 재학생 및 교직원이면 누구나 이용할 수 있다. 한양대학교 학술정보관이 소장하고 있지 않은 자료를 국내외 협력기관에 의뢰하여 복사본을 제공받을 수 있는데, 이는 매우 유용하고 편리한 서비스이다. 이용 절차는 학술정보관 자료소장 여부 학인 ⇒ 자료 미소장 시 학술정보관 상위 메뉴 중 '신청 조회' ⇒ '원문제공신청' 항목 클릭 후 안내 방법에 따라 신청하면 된다.

〈그림 5〉 학술정보관 신청조호 화면

〈그림 6〉 학술정보관 원문복사신청 화면

연습문제 4

한양대학교 학술정보관을 이용하여 유체역학, C프로그래밍, 세포생물학, 현대시조, 동아시아, K팝, 콘텐츠마케팅, 경제통계, 브랜드패키지, 데이터베이스 또는 본인의 문제의식(관심사)와 관련된 주제어를 검색한 뒤 그 중 열람하고 싶은 자료들을 단행본, 논문(Articles), 학술논문 순으로 각각 2개씩 정리해보자.

단행본

1. 김*근, 『다문화주의의 적용과 인식』, 과학교육사, 2018.
2. 박*우, 『다문화 정책과 교육』, 미래출판, 2019.

논문

1. 이*호, 「다문화아동 정책의 실태와 전망」, 『시민인문』 37, 2019. 8.
2. 최*전, 「한국 행정에서 '다문화'의 정책에 관한 연구」, 『행정법률연구』 87, 2019. 1.

학위논문

1. 윤*주, 「다문화 교사교육의 제도화에 관한 비교 연구」, 한양대학교 대학원, 2019.
2. 조*호, 「다문화가정 자녀를 위한 교육정책 연구」, 한양대학교 대학원, 2011.

단행본

1. ____________________

2. ____________________

논문

1. ____________________

2. ____________________

학위논문

1. ____________________

2. ____________________

3

구성과 개요

1
구성은 왜 필요한가

주제문을 작성하고 자료를 수집한 다음에는 그 자료들을 어떻게 배열하고 활용할 것인가를 고심해야 한다. 머릿속으로 구상한 것과 구체적이며 가시적인 방식으로 정리하는 일은 글의 체계와 효율적 측면에서 큰 차이가 있다. 구성이란 주제를 효과적으로 드러내기 위해 자료들을 정리하고 배열하는 것을 뜻한다.

글 전체의 구조적 체계화라는 점에서 구성은 건물, 기계, 부품, 배관 등의 설계도에 비유할 수 있다. 설계도가 없거나 부실하면 전체 공정에 큰 차질이 생길 수밖에 없다. 마찬가지로 전체에 대한 구체적인 계획 없이 글을 쓰다가는 주제에서 벗어나거나, 글의 앞뒤 순서가 부적절해지거나, 한쪽으로 치우쳐 균형감을 상실할 수 있다. 따라서 구성은 글의 짜임새와 완성도를 높이는 데 절대적으로 필요하다.

학습목표

1. 글을 구조적으로 체계화하는 절차와 방법을 익힌다.
2. 구성과 개요의 중요성을 인식한다.
3. 개요의 종류와 형식을 이해하고, 실제로 개요를 작성해 본다.

2
구성의 기본 구조와 개요의 효용성은?

1) 구성의 기본 구조는 몇 단계인가

구성은 그 단계에 따라 여러 종류가 있다. 대표적인 유형으로는 아래와 같다.

3단 구성 서론–본론–결론

4단 구성 기–승–전–결

5단 구성 발단–전개–위기–절정–단원

6단 구성 의도–의도의 장해(障害)–장해의 반전–위기–위기의 반전–대단원

7단 구성 시작–해설–불안의 요소–선택과 시작–갈등과 분규–절정–결말

이런 여러 유형에서 가장 기본이 되는 방식은 3단 구성이다. 그 이유를 좀 거창하게 말하면 3단 구성이야말로 삶의 원리이자 모든 존재의 운명이기 때문이다. 모든 것은 '시작'이 있으면 '끝'이 있고, '시작'에서 '끝'에 이르는 '과정'이 존재한다. '시작-과정-끝'은 곧 '서론-본론-결론'에 해당한다. 3단의 서론과 결론은 4단의 기와 결, 5단의 발단과 단원, 6단의 의도와 대단원에 대응된다.

여러 유형 중 3단계가 구성의 기본 구조라는 사실은 ① 구성의 여러 단계들이 고정된 틀이 아니라는 것 ② 글의 특성에 맞는 개성적인 방식으로 재구성할 수 있다는 것을 뜻한다. ③ 또 하나 강조할 점은 모든 글은 시작과 과정과 결말을 통해 완결되어야 한다는 것을 의미한다. 시작-과정-끝을 향한 구조화 과정, 즉 주제를 뒷받침할 자료들을 긴밀하고 효율적으로 잘 배열하는 작업은 좋은 글을 쓰는 근간이 된다.

2) 개요의 효용성은 어디에 있나?

글의 전체적인 구조를 체계적으로 정리·배열한 구체적인 계획도가 개요이다. 개요에는 글의 전체 주제, 단락별 핵심 내용, 서술 방향이 일목요연하게 반영되어 있다. "작은 차이가 명품을 만든다"라고 한다면 글쓰기에서 그 작은 차이의 출발은 개요에서 비롯된다. 개요의 충실한 짜임새 여부에 따라 글의 완성도가 결정된다고 할 수 있다. 그런 만큼 개요는 글쓰기에서 빠뜨려서는 안 되는 중요한 과정이다. 좋은 글을 쓰는 사람일수록 자료수집과 개요 작성에 시간과 공을 들인다. 짜임새 있게 작성한 개요를 바탕으로 글을 쓰면 다음과 같은 점에서 매우 효율적이다.

① 주제와 일관성 유지

머릿속의 구상과 감으로 글을 쓰다 보면 논지가 불분명하거나 애초의 의도에서 벗어나는 경우가 많다. 개요를 바탕으로 글을 쓰면 그러한 혼란과 혼선을 피할 수 있다.

② 중복된 내용과 누락된 항목의 사전 검토

머릿속의 사고와 관념은 보이지 않는다. 그런데 개요를 작성하고 전체적인 전개 과정을 살펴보면 중복과 누락을 방지할 수 있고, 주제와 긴밀성을 확보할 수 있다.

③ 자료들의 적재적소 배치

개요를 작성하면 어떤 자료를 어느 부분에 사용할지, 주요 자료와 보조 자료를 어디에 배치하고 어떤 논거로 활용할지, 더 보충해야 할 자료들은 무엇인지 등을 검토하고 또 보강할 수 있다. 이를 통해 글의 효과를 최대화할 수 있다.

④ 서술 순서와 논리적 연결 관계 설정

개요에는 어떤 전제를 시작으로, 무슨 근거를 토대 삼아, 무엇을 주장하고, 어떤 방식으로 표명할지 등이 반영되어 있다. 또한 단락과 단락, 항과 항, 절과 절, 장과 장 사이의 논리적인 연결 구조도 신중하게 고려해야 한다. 그 구체적인 작업이 개요의 작성이다.

⑤ 글의 분량과 서술 항목 사이의 균형감 확보

주어진 전체 분량 안에서 서론과 결론 그리고 본론을 구성하는 여러 항목들을 적정하게 안배하여 균형을 잡아야 한다. 예를 들면 원고지 10장 분량의 글을 쓴다고 할 때 서론과 결론을 제외한 본론의 전체 항목이 1~2개에 불과하면 내용은 장황해지고, 반대로 항목이 지나치게 많으면 내용은 부실해질 수밖에 없다. 개요를 작성하면 항목 간의 적정한 분량과 전체 글의 균형을 조절할 수 있는 장점이 있다.

3

개요의 종류와 형식은 무엇인가

1) 화제 개요와 문장 개요의 특징은?

개요는 그것을 이루는 단위에 따라 단락 중심 개요, 장 중심 개요, 절 중심 개요, 줄거리 중심 개요 등으로 나눌 수 있다. 개요의 한 단위를 단락으로 설정하는 단락 중심 개요는 비교적 간단한 글에서, 단행본이나 논문처럼 분량이 많은 글은 장이나 절을 개요의 한 단위로 삼는 것이 일반적이다. 소설이나 희곡 등은 줄거리 중심의 개요를 작성하기도 한다.

또한 개요의 형식이나 내용의 표현 정도에 따라 화제 개요와 문장 개요로 나뉜다. 화제 개요는 단어와 구로 이루어진 것이다. 핵심어를 중심으로 표현한 만큼 글의 흐름과 방향을 일목요연하게 바라볼 수 있는 장점이 있다. 문장 개요는 주어, 서술어, 목적어 등 문장으로 이루어진 것이다. 완전한 문장의 형식으로 제시되어 있어서 글의 구체적인 내용을 손쉽게 파악할 수 있다. 어느 개요나 상관은 없지만 개요가 나중에 목차로 활용될 수 있다는 점을 감안하면 화제 개요가 유용할 수도 있다. 아래는 한양대 1학년 학생이

'한국의 프로야구 구장'에 대해 작성한 화제 개요와 문장 개요의 일부이다. 두 개요를 비교하면 그 차이를 쉽게 확인할 수 있다.

주제 : 한국의 프로야구 홈구장

주제문 : 한국 프로야구 구단은 홈구장을 각각 특색 있게 운영한다.

개요 :

Ⅰ. 서론

Ⅱ. 서울과 인천의 홈구장

1. 잠실야구장의 응원석과 먹거리
   1) 응원석
      (1) 오렌지석
      (2) 테이블석
   2) 먹거리
      (1) 치맥
      (2) 삼겹살 정식

2. SK 행복드림구장의 응원석과 먹거리
   1) 응원석
      (1) T그린존
      (2) 바비큐존

2) 먹거리

(1) 닭강정

(2) 냄비라면

Ⅲ. 수원 KT 위즈파크

주제 : 한국의 프로야구 홈구장

주제문 : 한국 프로야구 구단은 홈구장을 각각 특색 있게 운영한다.

개요 :

Ⅰ. 한국 프로야구 홈구장의 특색은 다양하다.

Ⅱ. 서울과 인천의 프로야구 홈구장은 새롭게 변화 중이다.

1. 잠실야구장의 응원석과 먹거리는 다양하다.

1) 응원석은 열기와 편안함을 제공한다.

(1) 오렌지석은 응원가를 따라 부르며 스트레스를 풀 수 있다.

(2) 테이블석은 음식을 테이블에 두고 편안하게 먹을 수 있다.

2) 먹거리는 공복을 달랠 수 있다.

(1) 잠실의 치맥은 가성비가 좋다.

(2) 삼겹살 정식은 도시락형태로 나오기에 편리하다.

2. SK 행복드림구장의 응원석과 먹거리는 특색이 있다.

1) 응원석은 자유롭게 즐길 수 있다.

(1) T그린존은 잔디밭에서 경기를 관람할 수 있다.

(2) 바비큐존은 고기를 구워먹으며 야구를 볼 수 있다.

2) 먹거리가 유명하다.

(1) 닭강정은 유명하고 맛있다.

(2) 냄비라면은 냄비째로 끓여줘서 쌀쌀할 때 더욱 좋다.

Ⅲ. 수원 KT 위즈파크는 맞춤형 서비스를 늘려가고 있다.

2) 개요는 어떤 형식으로 이루어지나

완결된 개요는 제목과 주제문 아래 작성하는 것이 원칙이다. 또한 개요가 일정한 형식을 갖추기 위해서는 번호나 부호를 적절하게 부여해야 하며, 이를 통해 내용상 상하의 위계 관계를 파악할 수 있다. 글의 위계 단위는 편 또는 부(Part), 장(Chapter), 절(Section), 조(Article), 항(Paragraph), 호(Subparagraph), 목(Clause) 등의 순서로 세분화하는 것이 일반적이다.

그런데 두툼한 분량의 단행본이나 세세한 법조문이 아닌 경우에는 편(부)과 조 등은 생략하고 장, 절, 항, 호, 목의 단위가 널리 쓰인다. 각 단위의 번호나 부호는 각각 상위 항목에서부터 Ⅰ -> 1 -> 1) -> (1) -> ① 순서로 한 층위씩 하위 항목으로 표시하거나 1., 1.1., 1.2. 또는 1.1.1., 1.1.2. 등으로 한

층위 아래 항목으로 제시할 수 있다. 예를 들면 다음과 같다.

[유형 1]	[유형 2]
Ⅰ. 서론	1. 서론
Ⅱ. 수도권 대학	2. 수도권 대학
1. 한양대학교	2.1. 한양대학교
1) 공학대학	2.1.1. 공학대학
(1) 기계공학과	2.1.1.1. 기계공학과
① 재학생	2.1.1.1.1. 재학생
② 휴학생	2.1.1.1.2. 휴학생
③ 복학생	2.1.1.1.3. 복학생
(2) 재료화학과	2.1.1.2. 재료화학과
① 재학생	2.1.1.2.1. 재학생
② 휴학생	2.1.1.2.2. 휴학생
③ 복학생	2.1.1.2.3. 복학생
(3)	2.1.1.3.
2) 경상대학	2.1.2. 경상대학
(1) 경영학부	2.1.2.1. 경영학부
① 재학생	2.1.2.1.1. 재학생
② 휴학생	2.1.2.1.2. 휴학생
③ 복학생	2.1.2.1.3. 복학생

[유형 1]	[유형 2]
(2) 경제학부	2.1.2.2. 경제학부
① 재학생	2.1.2.2.1. 재학생
② 휴학생	2.1.2.2.2. 휴학생
③ 복학생	2.1.2.2.3. 복학생
(3)	2.1.2.3.
2. 서울대학교	2.2. 서울대학교
1) 인문대학	2.2.1. 인문대학
(1) 국어국문학과	2.2.1.1. 국어국문학과
① 재학생	2.2.1.1.1. 재학생
② 휴학생	2.2.1.1.2. 휴학생
③ 복학생	2.2.1.1.3. 복학생
(2)	2.2.1.2.
Ⅲ. 결론	3. 결론

개요의 형식은 정해진 규정이 없으면 어느 유형이나 문제되지 않는다. 하지만 분량이 많아서 하위 항목이 복잡한 단행본이나 학술논문의 경우에는 [유형 1]을 사용하는 방법이 보다 효율적이다. 짧은 글이나 일반적인 보고서와 달리 논문처럼 긴 글은 하위 항목이 더욱 세분화되기 마련이다. 이 경우 [유형 2]에서 보는 바와 같이 표시되는 숫자나 기호가 점차 복잡해지고 눈에 쉽게 들어오지 않게 된다.

4

개요 작성 시 유의할 점은 무엇인가

개요는 주제를 구체화하고 글의 중심 내용을 구조화하는 작업이기 때문에 소홀히 해서는 안 된다. 글의 효과를 높이기 위해 개요를 작성할 때는 아래와 같은 점에 유의해야 한다.

[1] 개요의 모든 항목은 번호나 부호를 붙어야 하고, 번호를 붙일 때는 상위 항목과 하위 항목을 구별해야 한다.

[2] 개요는 단락과 단락, 절과 절, 장과 장의 유기적 관련성이 드러나도록 작성해야 한다.

[3] 각 항목들이 단순한 나열이어서는 안 되고, 전체 서술 방향과 전개 순서가 분명하게 드러나야 한다. 예를 들면 자기를 소개하는 글을 쓰기 위해 다음과 같은 항목을 설정하였다고 하자.

[예 1]

① 나는 활발하다.

② 나는 매일 조기축구를 한다.

③ 나는 사교적이다.

④ 나는 키가 크다.

⑤ 나는 매주 등산을 한다.

⑥ 나는 적극적이다.

⑦ 나는 패러글라이딩을 즐긴다.

위의 항목들을 화제 개요의 형식으로 작성하면 다음과 같이 될 것이다.

[예 2]

Ⅰ. 자기소개의 중요성

Ⅱ. 나의 특성

1. 활발함
2. 조기축구
3. 사교적
4. 큰 키
5. 주말 등산
6. 적극적

7. 패러글라이딩

Ⅲ. 활달함과 역동성

그런데 위의 개요는 항목의 단순한 나열일 뿐 글의 구조나 서술 방향을 전혀 보여주지 못한다. 당연히 글의 내용도 산만해질 것이다. 이제 [예 1]의 항목들을 아래의 [예 3]과 같이 성격은 성격대로, 취미는 취미대로, 외모는 외모대로 묶은 다음, 이것들의 상하 계열 관계를 따져서 다시 정리하면 [예 4]의 개요가 될 것이다.

[예 3]

① 나는 활발하다. **(성격)**

② 나는 매일 조기축구를 한다. **(취미)**

③ 나는 사교적이다. **(성격)**

④ 나는 키가 크다. **(외모)**

⑤ 나는 매주 등산을 한다. **(취미)**

⑥ 나는 적극적이다. **(성격)**

⑦ 나는 패러글라이딩을 즐긴다. **(취미)**

[예 4]

Ⅰ. 자기소개의 중요성

Ⅱ. 나의 취미와 성격

  1. 나의 성격

    1) 활발함

    2) 사교적

    3) 적극적

  2. 나의 취미

    1) 조기추구

    2) 주말 등산

    3) 패러글라이딩

  3. 나의 외모

    1) 큰 키

Ⅲ. 활달하고 역동적인 삶

[예 4]는 확실히 글의 전체적인 구조를 한눈에 파악할 수 있다. 이것만이 아니라 이 글의 서술 방향이 '성격'에서 '취미'로 전개될 것임을 보여준다. 이는 단순한 순서가 아니다. '성격'을 먼저 서술함으로써 이 글이 활달한 자기 성격과 그 '성격'이 반영된 역동적인 '취미'임을 강조하려는 글쓴이의 의도가 반영되어 있는 것이다.

④ 상위의 제목은 하위의 내용을 모두 포괄할 수 있어야 한다.

[예 4]에서 Ⅱ의 하위 내용은 1. 성격, 2. 취미, 3. 외모인데 상위의 제목인 Ⅱ는 '취미와 성격'뿐이어서 하위 항목 중 외모를 포괄하지 못하고 있다. 따라서 '3. 나의 외모' 항목을 없애거나 아니면 상위의 제목을 바꾸어야 한다.

⑤ 상위 항목의 제목과 하위 항목의 순서는 일치해야 한다.

[예 4]에서 상위 항목인 Ⅱ는 '나의 취미와 성격'인데, 하위 항목의 실제 순서는 1. 성격, 2. 취미의 순서로 되어 있다. 상위 제목의 순서를 바꾸거나 하위 항목의 서술 순서를 바로 잡아야 한다. 이는 자칫 깜빡하기 쉬운 실수로 서술 순서에 혼란을 줄 수 있다.

⑥ 하위 항목이 2개 이상으로 구성되지 않을 때는 하위 항목을 설정할 필요가 없다.

[예 4]에서 '3. 나의 외모' 밑에 '1) 큰 키' 하나뿐이라면 여기에 '2) 흰 얼굴', '3) 검은 머리' 등의 외모를 추가하여 '성격', '취미'와 대등하도록 구성하거나 아니면 3의 외모 항목을 버려야 한다.

⑦ 화제 개요와 문장 개요 중 어느 형식을 활용해도 되지만 하나의 개요에는 한 가지 형식만 사용해야 한다. 즉, 화제 개요와 문장 개요를 혼용하는 것은 바람직하지 않다.

예를 들어 아래의 [예 5]에서 본론은 화제 개요인데 서론과 결론은 문장 개요로 작성되어 두 형식이 뒤섞여있다. 이러한 혼용은 형식의 일관성을 저해하기 때문에 피해야 한다.

[예 5]

Ⅰ. 자기의 특성을 잘 소개하는 일은 매우 중요하다.

Ⅱ. 나의 성격과 취미

1. 나의 성격

1) 활발함

2) 사교적

3) 적극적

2. 나의 취미

1) 조기추구

2) 주말 등산

3) 패러글라이딩

Ⅲ. 활달하고 역동적인 삶을 즐긴다.

[8] 개요를 작성할 때는 서론, 본론, 결론 중 특히 본론은 '본론'이란 용어를 표면에 드러내는 대신 본론 전체의 내용을 포괄할 수 있는 제목을 붙이는 것이 바람직하다.

'서론-본론-결론'은 구성의 체제일 뿐 글의 내용을 보여주지 못한다. '본론'은 본론의 내용 전체를 드러내는 제목을 붙여야 글의 전체 흐름과 핵심 내용을 구체적으로 파악할 수 있다는 사실에 유의해야 한다.

연습문제 1

다음은 '인터넷과 현대생활'이라는 주제로 원고지 10매 분량의 글을 쓴다고 가정하고 한양대 1학년 학생들이 작성한 개요이다. 분량은 원고지 10매(2000자), 형식은 화제 개요이다. 앞서 제시한 〈개요 작성 시 유의할 점〉을 적용하여 아래 개요의 잘못된 점을 지적하고 수정 방향을 말해보자.

[개요 1]

주제문 : 인터넷의 특성을 바로 알고 인터넷을 바람직하게 사용하자.

개요 :

서론 : 정보화 사회 속 인터넷의 필요성

본론 1. 인터넷의 긍정적 측면

1) 정보 교환의 신속성

2) 시공간의 단축

본론 2. 인터넷의 부정적 측면

1) 폐쇄성

2) 중독성

3) 고립성

4) 익명성

결론 : 인터넷의 바람직한 사용

1) 정보의 비판적 수용

[개요 2]

주제문 : 인터넷으로 생활의 많은 변화가 생겨났다.

개요 :

서론 : 인터넷이 우리의 생활을 많이 변화시킨 것과 그에 대한 예를 제시한다.

본론 : 인터넷으로 인해 생활이 긍정적인 것과 부적적인 측면이 생겨났다.

긍정

1) 필요한 정보를 손쉽게 많이 찾을 수 있다.

2) 사회적 연대감이 형성될 수 있다.

3) 시공간이 제약이 줄어들었다.

부정

1) 중독의 위험성이 있다.

2) 개인적보의 유출이 많아졌다.

3) 부정확한 정보가 널리 퍼질 수 있다.

결론 : 인터넷은 우리에게 긍정적인 영향을 많이 주었지만 정보를 효율적이고 비판적으로 수용하는 방법을 배워 부정적인 영향을 최소화해야 한다.

[개요 3]

주제문 : 인터넷으로 인한 생활의 변화는 무엇인가

개요 :

Ⅰ. 정보화 사회에서의 생활의 변화

Ⅱ. 인터넷의 양면성

1. 긍정적인 측면
   1) 정보의 공유
   2) 정보의 효율적 이용
   3) 정보교환의 신속성
   4) 시공간의 단축
   5) 사회적 연대감의 확대
2. 부정적인 측면
   1) 개인 정보 유출
   2) 가짜 정보 유포
   3) 고립성
   4) 폐쇄성
   5) 중독성

Ⅲ. 인터넷의 바람직한 활용을 위해 정보의 비판적 수용이 필요하다.

연습문제 2

앞서 제시한 〈개요 작성의 유의점〉을 적용하여 아래 개요의 잘못된 부분을 지적하고 고쳐보자.

제목 : 이태준 단편소설 연구

Ⅰ. 이태준 단편소설 연구의 필요성

Ⅱ. 본론

1. 이태준의 생애

1) 이태준의 생애

2) 문학적 영향 관계

2. 이태준 소설관의 특성과 예술성의 실체

1) 예술성의 실체

(1) 정서의 시각화

(2) 아이러니의 의미

(3) 서정성의 강화

2) 소설관의 특성

(1) 심미적 표현의 서사화

(2) 소설 구성요소의 분화

① 단일성의 효과

(3) 조선적 정서의 소설화

Ⅲ. 이태준은 근대적 단편소설의 완성자이다.

5
개요는 어떤 절차로 작성하나

이번 장에서는 개요를 작성할 때 유의할 사항들을 상기하면서 단계별 절차에 따라 개요를 작성해보자. '한류산업의 분석과 개선방안–음악과 TV드라마'를 주제로 글을 쓴다고 가정하자. 개요 작성에 앞서 이 주제에 대한 주제문을 작성하였으며, 그에 필요한 구체적인 자료도 이미 수집한 상태이다.

- **1단계**

글의 전체적인 주제와 자료들을 살피면서 글 속에 들어가야 할 내용들을 항목별로 정리한다. ① 음악 산업 ② 영화 산업 ③ 미용 산업 ④ 한류의 현황 ⑤ K팝 ⑥ K뷰티 ⑦ 음악 산업의 문제 ⑧ TV드라마 산업 ⑨ 개선방안 ⑩ 산업과 장르의 다변화 ⑪ 방송사와 제작사의 공존 ⑫ 한류의 개념 ⑬ 한류의 경쟁력 ⑭ 국력의 신장 ⑮ 콘텐츠 파워 ⑯ TV드라마 산업의 문제 ⑰

• **2단계**

정리한 항목들을 살펴보면서 불필요한 항목과 중복된 항목을 찾아 삭제한다. 위 항목 중에서 ②의 영화 산업과 ③의 미용 산업은 음악과 TV드라마를 중심으로 글을 쓰려는 주제와 거리가 있으므로 삭제하고, ⑤의 K팝은 ①의 음악 산업과 겹치고 ⑥의 K뷰티는 ③의 미용 산업의 일부이므로 뺀다.

다음으로 한류산업의 현상태를 파악하기 위해 ⑱ 음악 산업의 현황과 ⑲ TV드라마 산업의 현황을 더한다. 또한 개선방안을 위해서는 문제점을 분석할 필요가 있으므로 ⑳ 대작드라마의 함정 ㉑ 수익구조의 악화 ㉒ 음악 소비 방식의 변화 ㉓ 음악 유형의 획일화를 추가한다.

이제 중복된 항목을 빼고 누락된 항목을 더하여 다시 정리하면 다음과 같다. ① 음악 산업 ② 한류의 현황 ③ 음악 산업의 문제 ④ TV드라마 산업 ⑤ 개선방안 ⑥ 산업과 장르의 다변화 ⑦ 방송사와 제작사의 공존 ⑧ 한류의 개념 ⑨ 한류의 경쟁력 ⑩ 국력의 신장 ⑪ 콘텐츠 파워 ⑫ TV드라마 산업의 문제 ⑬ 비즈니스 모델의 구축 ⑭ 음악 산업의 현황 ⑮ TV드라마 산업의 현황 ⑯ 대작드라마의 함정 ⑰ 수익구조의 악화 ⑱ 음악 소비 방식의 변화 ⑲ 음악 유형의 획일화

• **3단계**

항목이 결정되었으면 각 항목들을 내용상의 성격이나 유형별로 분류하여 동일 범주로 묶고, 계열 관계를 따져 개요의 어느 단위 속에 넣을지를 정한다.

Ⅰ. 서론

⑧ 한류의 개념 ⑨ 한류의 경쟁력

Ⅱ 한류산업의 현황

② 한류의 현황 ⑭ 음악 산업의 현황 ⑮ TV드라마 산업의 현황

Ⅲ. 한류산업의 문제점

③ 음악 산업의 문제 ⑫ TV드라마 산업의 문제 ⑯ 대작드라마의 함정 ⑰ 수익구조의 악화 ⑱ 음악 소비 방식의 변화 ⑲ 음악 유형의 획일화

Ⅳ. 개선방안

⑥ 산업과 장르의 다변화 ⑦ 방송사와 제작사의 공존 ⑬ 비즈니스 모델의 구축

Ⅴ. 결론

⑯ 콘텐츠 파워 ⑮ 국력의 신장

• **4단계**

분류된 유형을 상하 층위로 계열화하여 개요의 형식으로 작성한다.

주제문 : 한류산업의 현황과 문제점을 분석하여 향후 한류의 발전 방향을 제시한다.

개요 :

Ⅰ. 한류의 개념과 잠재적 경쟁력

Ⅱ. 한류산업의 현황
   1. 한류산업 전반의 현황
   2. 음악 산업의 현황
   3. TV드라마 산업의 현황

Ⅲ. 한류산업의 문제점
   1. 음악 산업의 문제
      1) 음악 소비 방식의 변화
      2) 음악 유형의 획일화
   2. TV드라마 산업의 문제
      1) 대작드라마의 함정
      2) 수익구조의 악화

Ⅳ. 한류산업의 발전을 위한 개선방안

1. 산업의 다각화와 장르의 다변화

2. 방송사와 제작사의 협업과 공존

3. 새로운 비즈니스 모델의 구축

Ⅴ. 한류산업을 통한 콘텐츠 파워와 국력 신장

개요의 작성 방법과 절차는 획일적이지 않으며 고정된 정답도 없다. 그러나 분명한 것은 논리적이고 긴밀한 짜임새, 주제를 향한 명확한 방향성, 서술 항목 간의 균형감을 확보할 수 있는 방식으로 작성해야 한다는 사실이다. 이를 위해서는 글을 쓸 때마다 늘 주제를 구조적으로 체계화하는 연습을 하고, 또 새롭게 고치면서 개요의 짜임새와 완성도를 높이는 훈련을 해야 한다. 그것이 좋을 글을 쓰는 밑바탕이다.

연습문제 3

'글로벌 시대 대학의 사명과 대학생의 역할'을 주제로 원고지 10매 분량의 글을 쓰려고 한다. 아래의 항목들을 참고하여 1) 화제 개요를 작성하고 2) 이를 다시 문장 개요로 바꿔보자.

참고 항목

①글로벌 시대의 특성 ②대학생의 역할 ③다문화의 이해 ④창의융합적 교육

⑤해외 인턴십 제도의 다각화 ⑥창의적 교육 모델 개발 ⑦개방적 사고와 도전 정신 ⑧국내대학의 현황 ⑨국제의사소통 능력의 제고 ⑩대학생의 실태 ⑪글로벌 네트워크 구축 ⑫국제교류의 중요성 강화 ⑬세계 대학의 흐름 ⑭외국대학의 사례 ⑮국제문제 실무역량 ⑯대학의 사명 ⑰창의적 문제해결 ⑱국제 전문가 양성 ⑲리더십 함양 ⑳다름과 보편의 인식 ㉑다양한 학문 분야의 학습 ㉒글로벌 리더 ㉓자기주도적 학습 ㉔국제문제에 대한 이해 ㉕해외 인적교류의 활성화 등

화제 개요

주제문 :

개요 :

문장 개요

주제문 :

개요 :

4

-

우리말 맞춤법·띄어쓰기

1
복잡한 맞춤법 규정, 꼭 알아야 하나?

대다수의 학생들이 한글 맞춤법이 복잡하고 어렵다고 느낀다. 또 글을 쓰는 데 내용이 중요하지 표기법은 별로 중요하지 않다고 생각하는 사람들도 있다. 하지만 언어는 그 사회 구성원들이 서로 생각을 전달하고 마음을 나누며 함께 살아가기 위한 가장 기본적인 의사소통 수단이며 한글 맞춤법은 의사소통의 효율성을 높이기 위한 기본적인 약속이다. 우리말을 표기하는 통일된 방식이 없어서 사람마다 제각각으로 적는다면 의사소통에 큰 혼란을 초래할 것이다. 특히 공적인 글에서 맞춤법을 틀리면 글의 내용에 대한 신뢰도 함께 떨어진다. 공적인 글뿐 아니라 개인적으로 소통하는 글에서도 맞춤법을 너무 심하게 틀리면 의미 전달에 문제를 일으킬 수 있으며 글쓴이의 교양과 지적 수준을 의심하게 할 수 있다.

한글 맞춤법의 역사는 1933년으로 거슬러 올라간다. 조선어학회가 '한글 맞춤법 통일안'을 제정한 후로 오랜 시간이 흐르면서 말이 바뀌게 되고 맞춤법도 이에 맞게 수정할 필요성이 생겨났다. 그래서 1970년에 이전의 맞춤법이 대거 수정된 '한글맞춤법안'이 발표되었고, 지금의 한글 맞춤법은

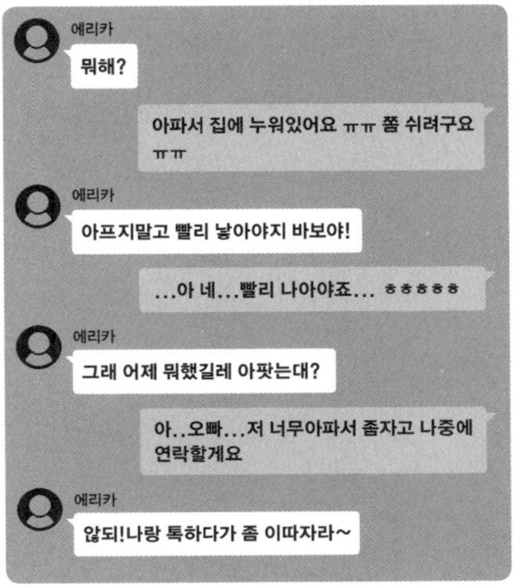

1985년 국어연구소에 한글맞춤법 개정안 검토를 위촉하여 1989년부터 시행되고 있다.

한글 맞춤법 규정은 이제 인터넷을 통해서도 편리하게 찾아볼 수 있다. 그러므로 한글 맞춤법 조항을 일일이 암기하는 것은 불필요한 일이다. 그보다는 우리가 일상생활에서 자주 틀리는 표기 사례를 통해 맞춤법의 기본적인 원리를 익히고 그 원리를 실제 글을 쓸 때 여러 용례에 적용할 수 있는 능력을 키우는 것이 더 효과적인 방법이 될 것이다.

학습목표

1. 한글 맞춤법에 일정한 원리와 규칙이 있음을 이해한다.
2. 일상생활에서 자주 틀리는 표기 사례를 찾아본다.
3. 맞춤법 원리를 실제 용례에 적용할 수 있도록 한다.

2
한글 맞춤법의 원리와 실제

1) 한글 맞춤법의 원리

한글 맞춤법의 기본 원리는 총칙 제1항에 나타나 있다. 이 조항은 한글 맞춤법이 두 가지 대원칙을 가지고 있음을 밝히고 있다. 하나는 '표준어를 소리대로 적는다'는 것이고, 또 하나는 '어법에 맞도록 한다'는 것이다.

> "한글 맞춤법은 표준어를 소리대로 적되,
> 어법에 맞도록 함을 원칙으로 한다."

– 한글 맞춤법 총칙 제1항

먼저 '표준어를 소리대로 적는다'는 말에는 한글 맞춤법이 표준어를 대상으로 한다는 뜻이 담겨 있다. 그리고 '소리대로' 적는다는 것은 그 표준어를 적을 때 발음에 따라 적는다는 뜻이다. 이를테면 [돌]과 같이 소리 나는 말은 '돌'로 적고, [바람]이라고 소리 나는 말은 '바람'이라고 적는다. 하지만 모든 경우에 소리 나는 대로 적는 것은 아니다. 만약 한글 맞춤법에 '소리대로 적는다'는 원칙만 있다면 아래 예와 같은 글을 책이나 신문에서 볼 수 있게 될 것이다.

> 꼬치 활짝 펴따.

위 글은 표준어를 소리대로 적은 것이다. 하지만 위와 같이 표기한다면 쓰기는 쉬워도 읽는 사람은 그 뜻을 이해하기가 쉽지 않을 것이다. 국어의 단어는 쓰이는 환경에 따라 소리가 달라진다. 가령, '꽃'은 '꽃이'일 때는 [꼬ㅊ]으로, '꽃만'일 때는 [꼰]으로, '꽃과'일 때는 [꼳]으로 소리 난다. 그러므로 어떤 단어가 쓰이는 환경에 따라 소리 나는 대로 제각각 표기한다면 그것이 무슨 말인지 얼른 뜻이 들어오지 않는다. 그러므로 한글 맞춤법의 또 다른 원칙인 '어법에 맞도록 한다'를 적용하여 아래와 같이 적는다.

> 꽃이 활짝 폈다.

'어법에 맞게 적는다'는 원칙은 하나의 형태소는 동일한 표기로 적는다는 말이다. 즉 의미가 같은 하나의 말은 형태를 하나로 고정하여 일관되게 적는다. 이에 따라 '꽃'은 [꼬ㅊ], [꼳], [꼳]의 세 가지로 소리 나지만 그 본모양에 따라 '꽃' 한 가지로 적고, [꼬치], [꼰만], [꼳꽈]도 '꽃이, 꽃만, 꽃과'로 적게 된다.

같은 소리로 나더라도 표기가 달라지는 경우가 있다. 예를 들어 "나는 어묵 꼬치를 좋아해"라는 문장에서는 [꼬치]라는 소리를 '꽃이'가 아니라 '꼬치'로 적는다. 그 이유는 이때 [꼬치]라는 음은 더 이상 의미가 분석되지 않는 하나의 형태소를 이루기 때문이다. 글을 쓰는 사람은 [꼬치]가 '꽃'이라는 단어에 조사 '-이'가 결합된 것인지, '꼬챙이에 꿴 음식물'인 '꼬치'를 가리키는 것인지 알고 있다. 이렇게 하나의 형태소로 이루어진 말은 소리 나는 대로 이어서 적고, 여러 개의 형태소로 이루어진 말은 형태소별로 끊어서 적는다.

한글 맞춤법에서 '소리대로 적는다'는 것은 발음기호처럼 적는다는 의미가 아니라 표기를 보고 제대로 발음할 수 있도록 적는다는 뜻이다. (2)번처럼 표기해도 글을 읽는 사람은 (1)번처럼 소리 내어 읽을 수 있다. 왜냐하면 한국어가 모국어인 화자는 국어의 발음 규칙을 이미 모두 알고 있기 때문이다. 따라서 국어의 발음 규칙에 따라 '꽃이'를 읽을 때 /ㅊ/을 연음하여 [꼬치]로 소리를 내고, '폈다'를 읽을 때는 두 번째 음절을 된소리로 발음하여 [펴따]와 같이 소리를 낸다.

그런데 같은 의미를 나타내는 말이라도 소리가 달라져서 형태의 일관성을 지킬 수 없는 경우도 있다.

ㄱ. 아름답다, 아름답고, 아름답지

ㄴ. 아름다운, 아름다워, 아름다우니

'아름답-'는 자음으로 시작하는 어미가 연결될 때는 '아름답다', '아름답고', '아름답지'처럼 적지만, 모음으로 시작하는 어미가 연결될 때는 '*아름답은'처럼 적지 않고 '아름다운'과 같이 적는다. '아름답-'에 '-은', '-어', '-으니' 등의 어미가 결합하면 각각 [아름다운], [아름다워], [아름다우니]와 같이 소리 나는데, 그 본모양을 밝혀 '*아름답은', '*아름답어', '*아름답으니'로 적는다면 국어의 발음 규칙에 따라 [아름다븐], [아름다버], [아름다브니]로 잘못 발음하게 될 소지가 있기 때문이다. 그러므로 이때는 달라진 발음을 표기에 반영하여 '아름다운', '아름다워', '아름다우니'라고 적는다.

2) 틀리기 쉬운 맞춤법

① '깍두기'와 '깍뚜기', 어느 것이 맞을까?

국어에서는 받침 'ㄱ'과 'ㅂ' 뒤에 오는 자음은 저절로 된소리로 소리가 난다. 그러므로 'ㄱ', 'ㅂ' 뒤에서 나는 된소리는 표기에 반영하지 않고 예사소리로 적는다.

ㄱ. 국수, 딱지, 낙지, 늑대, 싹둑, 깍두기

ㄴ. 몹시, 납작, 갑자기, 넙죽, 법석, 접시

[깍뚜기]에서 된소리인 [ㄸ] 소리가 나지만, 앞에 'ㄱ' 받침이 있으므로 '깍두기'로 적어도 저절로 [깍뚜기]로 발음이 된다. 그러므로 '깍뚜기'로 적지 않고 '깍두기'처럼 예사소리 'ㄷ'으로 적는 것이다.

단, 같은 소리가 반복될 때는 예외이다. '똑똑하다'처럼 같은 음절이 반복되거나 '똑딱'처럼 비슷한 음절이 반복될 경우에는 'ㄱ', 'ㅂ' 받침 뒤에서라도 된소리로 적어서 같은 형태가 반복된다는 것을 보여 준다.

똑똑하다, 씁쓸하다, 짭짤하다, 똑딱, 딱따구리

받침 'ㄱ', 'ㅂ' 뒤에 오는 자음이 저절로 된소리로 발음되는 것과 달르게, 모음이나 받침 'ㄴ, ㄹ, ㅁ ㅇ' 뒤에서는 저절로 된소리로 발음되는 규칙이 없다. 그래서 모음이나 받침 'ㄴ, ㄹ, ㅁ, ㅇ' 뒤에 오는 된소리는 소리 나는 대로 적는다.

어깨, 잔뜩, 훨씬, 섬뜩하다, 엉뚱하다

'국수'처럼 받침 'ㄱ' 뒤에서는 'ㅅ'이 저절로 된소리 [ㅆ]으로 발음이 되므로 '국수'로 적어도 [국쑤]로 소리가 나지만, '어깨'를 '*어개'로 적는다면 모음 뒤에서는 된소리로 바뀌는 규칙이 없으므로 [어개]처럼 잘못된 발음을 하게 될 것이다. 받침 'ㄴ, ㄹ, ㅁ, ㅇ' 뒤에 오는 자음도 마찬가지이다. [잔뜩], [훨씬], [섬뜩하다], [엉뚱하다]처럼 받침 'ㄴ, ㄹ, ㅁ, ㅇ' 뒤에서 된소리가 나는 경우에는 예사소리가 아닌 된소리로 적어야 한다.

발음에 따라 뜻이 서로 달라지는 경우도 있다.

> 방긋/방끗, 생긋/생끗, 따듯/따뜻, 꼼작/꼼짝, 번적/번쩍

위와 같은 말들은 예사소리로 발음하느냐 된소리로 발음하느냐에 따라 어감이 달라지므로 각각 뜻이 서로 다른 별개의 단어로 본다.

② 하늘을 날으는 비행기?

국어의 동사와 형용사를 문장에서 사용할 때에는 명사나 관형사와 다르게 다양한 형태로 쓰게 된다.

> 나는 점심을 먹<u>습니다</u>.

나는 점심을 먹어요.

나는 점심을 먹고 학교에 갔어요.

내가 먹은 점심은 샌드위치예요.

동사 '먹다'는 문장에서 '먹습니다, 먹어요, 먹고, 먹은'과 같이 다양한 형태로 나타나는데, 이들은 의미를 담고 있는 부분과 다른 말과의 관계를 나타내는 기능을 담당하는 부분으로 나눌 수 있다. 여기서 '먹-'이 의미를 담고 있는 부분이고, 거기에 연결된 '-습니다', '-고', '-어', '은'이 기능을 담당하는 부분이다. 의미를 담당하는 부분을 '어간'이라고 부르고, 기능을 담당하는 부분을 '어미'라고 부른다. 그리고 이 어간과 어미가 연결되는 것을 '활용'이라고 한다.

'활용'은 용언(동사나 형용사)의 종류에 따라 '규칙 활용'을 하는 경우와 '불규칙 활용'을 하는 경우로 나뉜다. 규칙 용언은 어간이나 어미가 변하지 않거나 음운 규칙에 따라 변하는 용언이다.

믿 + 습니다 → 믿습니다

믿 + 고 → 믿고

믿 + 어 → 믿어

믿 + 은 → 믿은

'날다', '알다', '거칠다', '녹슬다', '만들다'처럼 어간이 'ㄹ' 받침으로 끝나는 동사와 형용사도 규칙 용언에 속한다. 'ㄹ' 받침으로 끝나는 용언 어간에 '-ㄴ, -는, -니, -시-, -나, -마, -냐, -오, -ㅂ니다' 등의 어미가 연결되면 'ㄹ'이 탈락한다. 그러므로 어간 '날-'에 관형형 어미 '-는'이 연결되면 '*날으는'이 아니라 '나는'이 되어야 한다.

ㄱ. 하늘을 나는(*날으는) 비행기

ㄴ. 그 분을 아시나요(*알으시나요)?

ㄷ. 거친(*거칠은) 표면

그리고 'ㄹ' 받침으로 끝나는 용언을 명사형으로 바꿀 때에는 '-음'이 아니라 '-ㅁ'을 쓴다.

ㄱ. 떡을 쌀로 만듦.

ㄴ. 철문이 녹슮.

ㄷ. 하늘을 낢.

③ '반듯이'와 '반드시'

일부 형용사 뒤에 '-이'가 붙어서 부사가 만들어지는 경우가 있다. 이때 원래의 의미를 그대로 유지하고 있으면 본 모양을 밝히고 본뜻에서 멀어졌으면 밝혀 적지 않는 것이 원칙이다.

ㄱ. 선을 반듯이 그어라.

ㄴ. 오늘 그 일을 반드시 끝내라.

'반듯이'와 '반드시'는 소리가 같아서 발음만으로는 어느 쪽으로 써야 할지 결정하기 어렵다. 이때는 그 말이 '반듯하게'라는 말로 바꾸어 말할 수 있는지 확인해 보면 된다. '선을 반듯이 그어라'는 문장은 '선을 반듯하게 그어라'로 바꾸어 말할 수 있고, 둘이 관련된 말이라는 것을 쉽게 알 수 있다. 이와 다르게 '오늘 그 일을 반드시 끝내라'라는 문장은 '오늘 그 일을 반듯하게(?) 끝내라'로 말하면 이상한 의미가 되어 버린다. 그러므로 이때 '반드시'는 '반듯하다'와는 관련이 없는 말이라고 볼 수 있다.

ㄱ. 지긋이 좀 앉아서 기다려라.

ㄴ. 눈을 지그시 감았다.

'지긋이'와 '지그시'도 마찬가지이다. '나이가 비교적 많아 듬직하다', '참을성 있게 끈지다'라는 의미의 '지긋하다'와 관련이 있으면 '지긋이'라고 쓰고, 그렇지 않으면 '지그시'라고 쓴다.

④ '최대값'과 '최댓값', 어느 것이 맞을까?

사이시옷을 적는 것은 명사 합성어에서 뒷말의 첫소리가 된소리로 나거나 뒷말 앞에서 'ㄴ' 소리가 덧날 때이다.

ㄱ. 등굣길, 시냇가, 찻잔, 최댓값, 기댓값, 만둣국, 기찻길
ㄴ. 수돗물, 잇몸, 툇마루, 댓잎, 혼잣말, 예삿일

'등교'라는 말과 '길'이 결합하여 만들어진 명사 합성어는 [등교낄]로 발음이 된다. 즉 뒷말의 첫소리가 된소리로 나는 경우이다. '수도'와 '물'이 결합하는 경우에도 [수돈물]처럼 원래 없던 'ㄴ' 소리가 덧나는 경우이다. 이와 같은 발음 조건을 충족할 때 앞말과 뒷말 사이에 시옷을 받침으로 적는다.

그러나 '한자어+한자어', '외래어+고유어' 구성의 명사 합성어는 위와 같이 소리가 나더라도 사이시옷을 적지 않는다.

ㄱ. 화병(火病), 내과(內科), 외과(外科), 치과(齒科), 주가(株價), 상한가(上限價)
ㄴ. 피자집(pizza집), 핑크빛(pink빛)

'화(火)'와 '병(病)'이 결합하여 만들어진 명사 합성어 '화병(火病)'은 [화뼝]과 같이 뒷말의 첫소리가 된소리로 나므로 사이시옷을 적는 발음 조건

은 충족하지만 '한자어+한자어' 구성이므로 사이시옷을 적지 않는다. '피자(pizza)'와 '집'의 합성어 역시 [피자찝]으로 발음하지만 '외래어+고유어' 구성에서는 사이시옷을 적지 않는다는 규정에 따라 '피자집'으로 적는다.

다만 '한자어+한자어' 구성이더라도, 아래의 단어는 예외적으로 사이시옷을 적는다.

> 숫자, 횟수, 찻간, 툇간, 곳간, 셋방

⑤ 준말에 관한 맞춤법

단어의 일부분이 줄어들어 준말이 되는 경우에는 본딧말의 형태를 유지하는 것이 원칙이다.

> 어떡해? 네가 책임져.

'어떡해?'는 '어떻게 해?'가 줄어서 된 말이다. 그러므로 '-게'의 'ㄱ'을 그대로 유지하여 표기에 반영한다.

약을 먹었으니 금세 괜찮아질 거예요.

'ㅐ'와 'ㅔ'는 발음으로 구분하기 어렵다. 그래서 '금새'로 써야 할지 '금세'로 써야 할지 판단하기가 쉽지 않은데, 그런 경우 원래의 말이 무엇인지 따져봐야 한다. '금세'는 '금시(今時)+에'가 줄어들어 준말이 된 경우이므로 'ㅔ'로 쓴다. 이와 다르게 '밤새'는 '밤 사이'가 줄어서 된 말이므로 'ㅐ'로 쓴다.

⑥ 형태가 비슷한 단어들

글을 쓰다 보면 형태나 뜻이 비슷한 단어들 사이에서 헷갈릴 때가 있다.

ㄱ. 맞히다/맞추다/마치다

ㄴ. 벌이다/벌리다

ㄷ. 부딪치다/부딪히다

'맞히다'는 '적중하다'의 의미를 나타내고, '맞추다'는 '기준이나 다른 것에 비교하다'라는 의미를 나타낸다. 그러므로 '답을 맞히다'와 '답을 맞추다'는 서로 다른 의미를 전달한다. "문제를 낼 테니 답을 알아맞혀 보세요"와 같은 문장에서는 '맞히다'를 쓰고, "시험을 보고나서 친구와 서로 답을 맞춰 보았다"와 같은 문장에서는 서로 답을 비교했다는 의미이므로 '맞추다'를 써야 한다. '마치다'는 '어떤 일을 마지막으로 끝내다'의 의미로 쓰인다.

'벌이다'는 '잔치를 벌이다', '일을 벌이다', '좌판을 벌이다'처럼 어떤 일을 시작하거나 펼쳐 놓을 때 쓰고, '벌리다'는 '자루를 벌리다', '입을 벌리다'처럼 둘 사이를 넓힌다는 의미로 쓴다.

'부딪치다'는 '부딪다'에 '강조'의 뜻을 더하는 접미사 '-치-'가 결합한 말이다. 그러므로 '부짖치다'는 '세게 부딪다'의 뜻이다. '부딪히다'는 '부딪다'에 '피동'의 뜻을 더하는 접미사 '-히-'가 결합한 말로, '부딪음을 당하다'의 의미로 쓰인다. 그러므로 "승용차와 트럭이 서로 부딪쳐 운전자가 많이 다쳤다"처럼 상호 충돌을 나타낼 경우에는 '부딪치다'를 쓰고, "정박해 있던 배가 세찬 파도에 부딪혔다"와 같이 한쪽이 다른 쪽에 일방적으로 닿게 되는 경우에는 '부딪히다'를 쓴다.

연습문제 1

다음 문장에서 한글 맞춤법에 어긋난 표기를 찾아 바르게 고쳐 보자.

1. 귀국길 외국인 노동자 가방 훔쳐 빈털털이로 만든 50대가 경찰에 붙잡혔다.

2. ○○○ 북한 외무부 부상의 발언이 북미정상회담 파토의 결정적인 원인이 됐다고 추정된다.

3. 우스운 사람으로 비춰지는 건 싫다.

4. 칠칠맞게 물건을 흘리고 다닌다.

5. 국민 청원 100만 명 돌파, 바램대로 엄벌에 처해질까?

6. 가수 ○○○은 유튜브를 통해 "저희를 향한 안 좋은 이야기는 삼가해주셨으면 한다"고 말했다.

7. 이 목도리는 부드러운 감촉의 원단을 사용하여 착용 시 목을 따뜻하게 감쌉줍니다.

8. 설레이는 일정으로 가득 찬 나의 하루를 확인하세요.

9. 모던하며 슬림한 외형으로 손에서 잘 미끌어지지 않으며 매우 가볍습니다.

10. 배우 ○○○, 북한군 역할 위해 구렛나루 밀어, 한동안 일상생활 불가

11. 무엇이던 엄마에게 의존했던 아들이 활동보조 지원 서비스를 받으며 변해가는 게 느껴진다.

12. 익숙치 않은 감성의 곡에 도전한 가수

13. 뭘 안다고 혼자된 기분을 안데?

14. 이쯤은 되야 명함 내밈.

15. ○○○ 제품은 향이 친숙해서 어디서나 편안한 집에 있는 느낌이 들 거에요.

16. 어제 모임에 나갈껄.

17. 여야 간 의견이 서로 부딪혔다.

18. 어이구, 잠이나 자던가 해야지.

19. 새 예능 프로그램 '○○○○' 출연자, 동료 배우에게 지긋이 애정 시선 포착

20. 모서리 꼭지점 개수 구하기

연습문제 2

틀리기 쉬운 맞춤법 사례를 5장 분량의 카드 뉴스 형식으로 만들어서 발표해 보자.

3

띄어쓰기 원리와 실제

1) 띄어쓰기 원리

띄어쓰기의 기본 원리는 '한글 맞춤법' 총칙 제2항에 명시되어 있다.

> "문장의 각 단어는 띄어 씀을 원칙으로 한다."

– 한글 맞춤법 총칙 제2항

국어에서 단어를 단위로 띄어쓰기를 하는 것은 단어가 독립적으로 쓰이는 말의 최소 단위이기 때문이다. '나 내일 학교 간다'에서 '나', '내일', '학교', '간다'는 각각이 단어이므로 띄어쓰기의 단위가 되어 '나 내일 학교 간다'로 띄어 쓴다.

국어의 단어는 그 기능에 따라 다음과 같이 9개 범주로 나눌 수 있다.

체언	명사	사람, 나무, 사랑, 운동
	대명사	나, 너, 그대, 이것
	수사	하나, 둘, 스물, 서른
용언	동사	가다, 오다, 먹다, 자다, 있다, 좋아하다
	형용사	좋다, 예쁘다, 춥다, 빠르다
수식언	관형사	이, 그, 저, 새, 옛
	부사	매우, 꽤, 빨리, 잘, 그러나
독립언	감탄사	아!, 아이쿠, 참!, 어이, 응, 네
관계언	조사	–이, –를, –도, –에, –만, –이다

그런데 단어 가운데 조사는 독립성이 없어서 다른 단어와는 달리 앞말에 붙여 쓴다. '나는 내일 학교에 간다'에서 '는', '에'는 조사이므로 '나는', '학교에'과 같이 언제나 앞말에 붙여 쓴다.

집에서처럼
여기서부터입니다
나가면서까지도
학교에서만이라도
"알았다"라고
들어가기는커녕

위 예에서 밑줄 친 '에서', '처럼', '만', '이라도', '부터', '이다' 등은 모두 조사이다. 그러므로 여러 개가 겹쳐 나오더라도 조사는 모두 앞말에 붙여 써야 한다.

조사를 제외하고 모든 단어는 띄어 쓰는 것이 원칙이므로, 무엇이 단어인지 알기만 하면 띄어쓰기 문제는 아주 간단해 보인다. 그러나 실제로는 같은 형태라도 두 개의 자립 형태가 하나의 단어로 굳어진 것도 있고, 구(phrase)로 남아 있는 것도 있어서 단어 여부를 판별하는 것이 보기보다 쉬운 일이 아니다.

ㄱ. 큰 집으로 이사를 가니 청소하기가 힘들다.

ㄴ. 큰집에 가서 큰아버지께 인사를 드렸다.

'큰'과 '집'이 연속되는 경우에 '집의 물리적인 크기가 큰 것'을 의미할 때는 '큰'과 '집'을 별개의 단어로 보고 띄어 써야 한다. 그러나 '큰아버지의 집'을 의미한다면 '큰'과 '집'이 합쳐져서 새로운 의미가 생겨났으므로 하나의 단어로 보고 붙여 써야 한다. 이처럼 단어인지 아닌지를 판단하는 첫 번째 방법은 두 단어가 원래 가지고 있던 의미 외에 새로운 의미가 생겼는지를 따져보는 것이다.

단어 여부의 판별에서 중요한 또 하나의 기준은 단어의 긴밀성이다. 즉 두 말 사이에 다른 요소가 중간에 끼어들 수 있는가 그렇지 않은가를 따져본다.

ㄱ. 동생이 내 책을 가져갔다.

ㄴ. 행사장에서 기념품을 받아 왔다.

"동생이 내 책을 가져갔다"에서 '가져갔다'는 '*가져서 갔다'처럼 다른 요소를 넣으면 의미가 통하지 않는다. 즉 두 말 사이의 관계가 긴밀하다는 것을 알 수 있다. 그러나 "기념품을 받아 왔다"의 경우는 "기념품을 받아서 왔다"처럼 중간에 다른 요소가 끼어들 수 있으므로 '받아 오다'는 두 개의 단어가 단순히 연속해 있는 경우로 보고 띄어 써야 한다.

2) 혼동하기 쉬운 띄어쓰기

① 의존 명사에 관한 띄어쓰기

의미가 형식적이어서 다른 말 아래에 기대어 쓰이는 명사를 의존 명사라고 한다. 의존 명사는 의미적 독립성은 없으나 다른 단어 뒤에 의존하여 명사적 기능을 담당하므로 하나의 단어로 다루어진다.

ㄱ. 마실 것을 좀 드릴까요?

ㄴ. 부재 시 관리실에 맡겨 주세요.

ㄷ. 나를 보고도 모르는 척 지나갔다.

ㄹ. 이 일을 오늘 안에 끝낼 수 있겠어요?

ㅁ. 감기가 얼른 나아야 할 텐데.

'것, 시, 척, 수'는 모두 의존 명사이므로 앞말과 띄어 쓴다. '텐데'는 '터인데'가 줄어서 된 말로, '터'가 의존명사이므로 앞말과 띄어 쓴다.

한편, 형태는 같은데 의존 명사이기도 하고 조사이기도 한 경우가 있다. 이러한 경우에 보통 그 앞에 동사나 형용사가 나오면 의존 명사이고, 명사가 나오면 조사이다.

ㄱ. 지칠 대로 지쳐서 말도 안 나온다.

ㄴ. 약속대로 내일 만나자.

'지칠 대로'처럼 '대로'가 용언의 관형형 뒤에서 '그와 같이'라는 뜻을 나타낼 때는 의존 명사이다. 반면에 '약속대로'처럼 명사 뒤에 쓰인 '대로'는 조사이다. 그러므로 '대로'가 용언 뒤에 올 때는 띄어 쓰고 명사 뒤에 올 때는 붙여 쓴다. '뿐' 역시 '당신뿐', '일뿐'처럼 명사 뒤에 붙을 때는 조사이고, '했을 뿐, 말할 뿐'처럼 용언 뒤에 붙을 때는 의존 명사이다.

다음으로, 형태는 같은데 의존 명사이기도 하고 어미인 경우도 있다.

ㄱ. 다음은 장학금을 신청하는 데 필요한 서류입니다.

ㄴ. 공부는 열심히 하는데 성적은 별로 안 오른다.

"장학금을 신청하는 데(일) 필요한 서류"에서처럼 '데'가 '곳, 일, 경우'를 뜻할 때는 의존 명사이므로 앞에 오는 관형어 '-ㄴ/는'과 띄어 쓰지만, "공부는 열심히 하는데 성적은 별로 안 오른다."에서처럼 '는데'가 상황을 설명할 때는 하나의 연결어미이므로 붙여 쓴다. '-는데'의 띄어쓰기를 쉽게 구분하는 방법은 뒤에 '에'를 비롯한 조사를 붙여서 말할 수 있는지 따져 보는 것이다. '장학금을 신청하는 데에'처럼 조사를 붙여서 말할 수 있으면 띄어 쓰고, 조사를 붙일 수 없으면 붙여 쓴다.

'-ㄹ걸', '-ㄹ게'의 띄어쓰기 역시 '-ㄹ것을', '-ㄹ것이'로 풀어쓸 수 있느냐에 따라 달라진다.

ㄱ. 버릴 걸 왜 샀니?

ㄴ. 너 그러다가 나중에 후회할걸.

'버릴 걸'의 '걸'은 '것을'이 줄어서 된 말이다. 그러므로 의존 명사 '것'이 들어 있다고 보고 '버릴'과 '걸'을 띄어 쓴다. 하지만 '후회할걸'의 '-ㄹ걸'은 '*후회할 것을'로 풀어쓸 수 없다. 이때는 '-ㄹ걸'이 하나의 어미로 굳어진 것으로 보고 붙여 쓴다.

'살, 명, 년, 시간, 채, 켤레' 등 숫자 뒤에서 단위를 나타내는 명사들도 모두 의존 명사이다.

> 스무 살, 백오십 명, 십여 년, 두 시간, 집 한 채, 구두 세 켤레

이처럼 단위를 나타내는 명사는 앞말과 띄어 쓰는 것이 원칙이나, 아라비아 숫자 뒤에 붙을 때에도 붙여 쓸 수 있도록 하였다. 이때의 명사는 자립 명사든 의존 명사든 상관이 없다. 이것은 붙여 쓰는 것이 가독성이 높아서 실제로 붙여 쓰는 경우가 더 많다는 점을 고려한 것이다.

> 20 살, 20살
>
> 150 명, 150명
>
> 2 시간, 2시간

② 관형사에 관한 띄어쓰기

명사 앞에서 그 명사의 내용을 자세히 꾸며주는 말을 관형사라고 한다. '이 책, 새 집, 한 사람'에서 '이, 새, 한' 등은 뒤에 나오는 명사를 수식하는 관형사이다. 관형사는 뒤에 오는 명사와 띄어 쓴다. 문제는 관형사와 접두사를

구별하기가 쉽지 않다는 것이다.

ㄱ. 전 국민의 화합

ㄴ. 범세계적 관심

'전'은 뒤에 나오는 명사 '국민'을 꾸며주는 관형사이고, '범'은 명사 앞에 붙은 접두사이다. 관형사와 접두사는 뒤에 오는 명사가 제한적이냐 아니냐로 구분한다. 관형사 '전'은 '전 국민' 외에도 '전 가족, 전 학교, 전 세계, 전 학년, 전 노동자' 등 다양한 명사와 어울릴 수 있다. 하지만 접두사 '범'은 '범국민', '범세계'처럼 '국민', '세계' 등과 결합하는 것은 가능하나 '*범학생', '*범단체'와 같은 말은 불가능하다. 이처럼 관형사는 뒤에 다양한 명사가 올 수 있지만 접두사는 일부 명사로 한정된다. 관형사는 한 단어이므로 뒤에 오는 말과 띄어 쓰고, 접두사는 의존형태이므로 뒤에 오는 말과 붙여 쓴다.

그런데 관형사로 인정되는 경우라도 그 말이 한 단어로 굳어지면 붙여 쓴다.

ㄱ. 전 국민, 고 홍길동, 귀 회사, 매 경기, 별 사이

ㄴ. 전국, 전일, 고인, 귀사, 매년, 매회, 별일

③ 보조 용언에 관한 띄어쓰기

보조 용언이란 다른 동사나 형용사 뒤에서 그 뜻을 보충하는 역할을 하는 용언이다. 아래 예문에서 '싶다', '드리다', '보다', '버리다', '말다' 등이 보조 용언이다.

ㄱ. 하고 싶은 말이 있다.

ㄴ. 도와 드리겠습니다.

ㄷ. 우리도 한번 해 보자.

ㄹ. 벌써 다 먹어 버렸다.

ㅁ. 엘리베이터 문에 기대지 마세요.

이런 보조 용언은 띄어 쓰는 것이 원칙이고, 경우에 따라 붙여 쓰는 것도 허용한다. 붙여 쓰는 것이 허용되는 경우는 '-아/어' 뒤에 보조 용언이 연결될 때, 그리고 의존 명사에 '-하다'나 '-싶다'가 붙어서 된 보조 용언 '듯하다, 듯싶다, 체하다'를 쓸 때이다.

ㄱ. 서류를 {찢어 버렸다 / 찢어버렸다}.

ㄴ. 하늘을 보니 비가 {올 듯하다 / 올듯하다}.

'찢어 버렸다'는 본용언 '찢다'와 보조 용언 '버리다'가 어미 '-아/어'로 이어진 경우이다. 그러므로 본용언과 보조 용언을 붙여 써도 되고 띄어 써도 된다. '올 듯하다'는 의존명사 '듯'과 '-하다'이 결합한 보조 용언으로, 역시 붙여 쓰는 것과 띄어 쓰는 것이 모두 허용된다.

④ 성과 이름, 호칭어에 관한 띄어쓰기

성과 이름은 붙여 쓴다. 다만 성과 이름을 분명히 구분할 필요가 있을 때에는 띄어 쓸 수 있다.

ㄱ. 최우, 김민지
ㄴ. 남궁정, 남궁 정

그리고 성이나 이름 뒤에 붙는 호칭어나 관직명은 띄어 쓴다.

ㄱ. 박영훈 선생님, 박영훈 과장님, 박 과장님
ㄴ. 박영훈 님, 박영훈 씨, 박 씨

다만, '씨'가 호칭어가 아닌 성씨 자체를 가리킬 경우에는 다음과 같이 붙여 쓴다.

김씨, 박씨, 이씨가 가장 흔한 성이다.

연습문제 3

다음 문장에서 띄어쓰기가 잘못된 곳이 있는지 찾아보자.

1. 상품 제작 과정을 한 눈에 볼 수 있다.
2. 가위바위보로 정하자.
3. 자기 나름 대로 열심히 한다.
4. 다 남자들 뿐 여자는 한 명도 없었다.
5. 일때문에 힘들었다.
6. 그 친구는 내 말을 들은척도 안 한다.
7. 내일 뭐 할거니?
8. 틈나는대로 자료를 찾았다.
9. 그를 만난지 꽤 오래되었다.
10. 그렇게 좋아하는걸 그냥 두고 가다니.
11. 제 2차 학술대회를 개최합니다.
12. 참석자는 모두 200여명 정도입니다.
13. 귀회사의 발전을 기원합니다.
14. 우리 부서 금년 예산은 총5억원이다.

15. 오늘 꼭 하고싶은 것이 있다.

16. 일은 하지않고 불평만 한다.

17. 윤동주시인의 '서시'를 좋아합니다.

18. 최민호씨가 사무실 문을 열고 들어왔다.

참고문헌

권미영 외,《바른 국어 생활》, 국립국어원, 2015.

김경원 · 김철호,《국어 실력이 밥 먹여준다-낱말편》, 유토피아, 2010.

정희창,《현대문자생활 백서 우리말 맞춤법 띄어쓰기》, 랜덤하우스, 2007.

5

\-

문장 다듬기

1

바른 문장이란?

좋은 글을 쓰게 해 주는 가장 기본적인 도구는 바로 문장 구성과 관련된 문법 지식이다. 문법 규칙에 맞지 않게 단어를 배열하면 그 글을 읽는 독자는 혼란스럽고 글의 내용을 이해하는 데 시간이 많이 들기 때문이다.

> '디스패치'가 유기견 봉사 현장을 밀착했습니다.

– "제발, 그러지 마요"…유기견 사랑, 디스패치 2017.10.30.

> 아쉬운 점은 2017년 현재 소비기한 병기는 사실상 이뤄지지 않고 있습니다.

– 유통기한의 불편한 '프레임', 오마이뉴스 2017.11.11

문법에 대해 사람들이 가지고 있는 통념은 대개 어렵고 골치 아픈 것이지만, 사실 우리는 우리말의 문법을 이미 다 알고 있다.

ㄱ. 나 밖에 나가서 놀래.

ㄴ. 나를 밖이 놀래 나가.(?)

여섯 살도 되기 전에 아이들은 (ㄱ)과 같은 말을 자유롭게 한다. 문법적으로 흠 잡을 데 없는 자연스러운 말이다. 문법에 어긋나지 않게 말을 한다는 것은 문법을 바로 알고 있음을 뜻한다. 어떤 집을 바로 찾아가는 사람은 그 길을 알고 있으며, 어떤 음식을 잘 만드는 사람은 그 조리법을 제대로 알고 있는 것과 마찬가지이다. 한편 한국어를 잘할 줄 하는 사람은 누구나 (ㄴ)이 문법에 어긋나는 말임을 즉각 알아차린다. 즉 문법이란 말하는 법 그 자체이지, 말하는 것과 문법이 별개의 것이 아니다.

그러나 일상대화에서와 달리 글을 쓸 때는 어떤 문장이 문법에 어긋나는지 바로 알아차리기가 어렵다. 그 이유는 글에서 사용하는 낱말 중 일부가 쉬운 일상어가 아니며, 말할 때에 비해 글을 쓸 때 문장의 길이가 대개 더 길기 때문이다. 그러므로 글을 쓸 때 초고가 완성된 후에는 반드시 문장을 꼼꼼히 살펴서 비문이 없는지 따져보아야 한다. 문장의 주어가 빠지지 않았는가, 주어와 서술어가 잘 어울리게 쓰였는가, 문맥에 맞는 낱말이 사용되었는가, 어미나 조사는 제대로 쓰였는가 하는 점 등이다.

바른 문장이 갖추어야 하는 또 하나의 요건은 간결성이다. 문장은 의미가 분명히 드러나고 즉각적으로 이해될 수 있도록 가급적 간결하게 쓰는 것이 바람직하다.

> 여론조사전문기관 〈리얼미터〉는 국민 10명 중 6명은 시청권 제한과 상업화 유발을 이유로 지상파 방송사에 대해 중간광고를 허용하는 데 대해 반대하는 것으로 조사됐다고 4일 밝혔다.

– 지상파 방송 중간광고 허용 반대, 폴리뉴스 2018.10.4.

업무 목적으로 어떤 장소에 갈 때 지름길을 놔두고 일부러 먼 길을 돌아서 가는 사람은 없을 것이다. 글을 쓸 때도 마찬가지이다. 하나마나한 말, 의미 전달에 도움이 되지 않는 말, 중복된 의미를 전달하는 말은 과감하게 삭제하고, 문장은 되도록 짧게 쓰는 것이 좋다. 위 기사문에서 '-에 대해', '-는 것으로 조사됐다' 등의 표현은 군더더기에 해당한다. 그러므로 아래와 같이 간결하게 고치는 것이 좋다.

> 지상파 방송사에 대해 중간광고를 허용하는 데 대해 반대하는 것으로 조사됐다고
>
> → 지상파 방송사 중간광고 허용에 반대한다고

이 장에서는 우리가 문장을 쓸 때 저지르기 쉬운 실수와 간단한 해결책을 몇 가지로 유형화해서 살펴보기로 한다. 몇 가지 훈련을 반복적으로 하

다보면 자연스레 문장을 다듬는 능력이 붙게 될 것이다.

학습목표

1. 비문을 구별해내고 문법 규칙에 맞는 문장으로 고쳐 쓰는 능력을 기른다.
2. 문맥에 맞는 낱말을 선택하여 쓰도록 한다.
3. 문장에서 군더더기를 덜어내고 간결하고 명료하게 쓰는 능력을 기른다.

2

문장 다듬기 훈련

1) 정확하게 쓰기

① 문장 성분끼리 잘 어울리는지 확인하라

사전에 나와 있는 단어들을 늘어놓아도 다른 사람이 알아듣고 쓰는 표현이 되지 못하면 비문이다. 문장을 쓸 때는 낱말들이 일정한 순서로 어울려서 일정한 뜻을 드러내도록 해야 한다. 즉 문장 성분에 맞게 써야 한다.

ㄱ. 물이 / 흐른다.
주어 서술어

ㄴ. 저 아이가 / 노래를 아주 잘 부른다.
목적어 서술어

ㄷ. 이 노래가 / 주제곡이 되었다.
보어 서술어

단어는 문장 안에서 하는 기능에 따라 문장 성분이 정해진다. 문장 성분 중에 필수적인 것은 주어와 서술어이다. 이 두 성분이 갖추어지지 않으면 정상적인 문장이 되지 못한다. 주어는 문장에서 다루어지는 대상을 가리킨다. (ㄱ)에서 '물'이라는 명사가 주어의 핵심 요소이며, 그 뒤에 주격조사 '이' 처럼 주어 표지가 덧붙기도 한다. 서술어는 그 주어에 대해 무엇인가 언급하는 내용이다. (ㄱ)에서는 '흐른다', (ㄴ)에서는 '부른다'가 서술어의 핵심 요소이다. (ㄴ)처럼 서술어 앞에 목적어가 오는 경우도 있고, (ㄷ)처럼 보어가 오는 경우도 있다. (ㄴ)의 '아주', '잘'은 수식어에 해당하며, 표현을 명확하게 또는 아름답고 강렬하게 하기 위하여 꾸미는 말이다.

문장의 필수 성분인 주어와 서술어는 함부로 생략해서는 안 된다.

> 무빙 바스켓은 간편하게 높이를 조절할 수 있어 다양한 크기의 식재료를 보관하세요.

위 문장은 한 가전제품 광고에서 실제로 쓰인 문장이다. 주어와 서술어가 각각 무엇인지 찾아보자. 우선 이 문장의 주어는 '무빙 바스켓'이다. 그리고 서술어는 두 번 나왔다. 첫 번째 서술어는 '조절할 수 있어'이고, 두 번째 서술어는 '보관하세요'이다. 두 개의 절이 이어질 때 두 절의 주어가 동일한 경우에는 뒤에 오는 절의 주어를 생략할 수 있다. 그러나 '무빙 바스켓'은 의미상 '조절할 수 있다'의 주어는 될 수 있지만 '보관하세요'의 주어는 될 수 없다. 그러므로 문장을 두 문장으로 끊어 쓰든지, 두 번째 절의 서술어를 '보관할 수 있습니다'로 고쳐야 한다.

작년보다 11.8%가 늘어났으며 전체 수출에서 12.1%를 차지했다.

위 문장은 주어가 아예 생략되어 있다. 글을 쓰는 사람이야 무엇에 대해 설명한 것인지 잘 알고 있지만 읽는 사람은 주어가 없으면 혼란스럽기 마련이다. 그러므로 앞뒤 문맥을 통해 의미를 정확히 알 수 있는 경우가 아니라면 주어를 갖춰서 써야 한다.

과학과 기술을 개발하면 지구의 미래는 밝아질 것이다.

위 문장은 목적어와 서술어가 잘 어울리지 않는다. '과학과 기술'이 '개발하다'의 목적어로 쓰였는데, '기술을 개발하다'는 호응이 되지만 '과학을 개발하다'는 자연스럽지 않다. 이처럼 단어를 연결해서 쓸 때는 뒤에 쓴 단어뿐 아니라 앞에 쓴 단어와도 서술어가 잘 어울리는지 따져보아야 한다. 이 경우에는 '과학을'에 어울리는 '발전시키다'라는 서술어를 넣어 '과학을 발전시키고 기술을 개발하면'과 같이 고쳐 쓴다.

방탄소년단의 참담한 사과, 원통하고 분하지만

위 문장은 한 기사문의 제목에서 발췌한 것이다. '참담한'이 '사과'를 꾸미고 있는데, 이 꾸미는 말(수식어)과 꾸밈을 받는 말(피수식어)이 어딘가 어색한 느낌을 준다. '참담하다'는 '끔찍하고 절망적이다. 몹시 슬프고 괴롭다'는 뜻이다. 그러므로 상태를 나타내는 단어와 어울려 '참담한 사태', '참담한 상황', '참담한 기분' 등으로 쓰이고, '참담한 폭력(?)'처럼 행위를 나타내는 말과는 잘 어울리지 않는다. 그런데 이 문장에 쓰인 '사과'는 일종의 행위를 나타내는 말이므로 수식어와 호응이 안 되는 것이다.

② 조사나 어미를 정확하게 선택하라

조사나 어미는 각각의 단어가 다른 단어와 어떤 관계로 연결되는지 보여준다. 그러므로 조사나 어미를 잘못 쓰면 글을 읽는 사람이 문장의 구조를 잘못 이해하고 뜻을 알아차리는 데 애를 먹게 된다.

ㄱ. 김유리가 과대표입니다.

ㄴ. 김유리는 과대표입니다.

일반적인 한국어 화자라면 누구나 두 문장 사이에 의미 차이가 있다는 것을 직관적으로 알 수 있을 것이다. 하지만 막상 그 차이를 설명하라고 하면 대부분 어려움을 느낀다. (ㄱ)의 '김유리가'도 주어이고, (ㄴ)의 '김유리는'도 주어이다. 두 문장 모두 과대표가 김유리라는 사실을 나타낸다는 점에서는 차이가 없다. 그런데 (ㄱ)은 "누가 과대표예요?"라는 질문에 대답을 하는 느낌이고, (ㄴ)은 김유리라는 사람에 대해 소개한다는 느낌을 준다. 그 이유가 무엇일까?

'이/가'는 단순히 앞말이 주어라는 것을 드러내는 주격 조사이고, '은/는'은 화제를 바꾸거나 '대조'의 의미를 전달하는 보조사이기 때문이다. '은/는'은 앞말을 그 문장에서 가장 중요한 말, 즉 주제어로 만들어주는 역할을 한다.

> 세린이는 동현이는 휴학했다는 말을 들었다.(?)

위 문장에서 앞의 '세린이는'은 자연스럽지만 '동현이는'은 어색하게 느껴진다. 그 이유는 종속절의 주어에는 대개 '은/는'을 쓰지 않기 때문이다. 위 문장에서 '동현이는 휴학했다는'은 그 뒤에 오는 '말'을 꾸며주는 종속절이다. 즉 '동현이'는 문장 전체의 주어가 아니라 주절에 속해 있는 종속절 안에서만 주어 역할을 하고 있다. 바로 이런 경우에 '동현이'를 주제어로 만들어주는 '은/는'을 쓰면 문장이 어색해진다. 그러므로 주절이 아닌 종속절에서는 특별히 대조의 의미를 전달할 때가 아니라면 아래 문장과 같이 주어 뒤에 '이/가'를 쓴다.

[고친 문장]

> 세린이는 동현이가 휴학했다는 말을 들었다.

연결어미 하나만으로 문장 전체의 의미가 전혀 달라지는 경우가 있다. 아래 두 문장을 비교해 보자.

ㄱ. 낚시를 해서 회를 먹었다.

ㄴ. 낚시를 하고 회를 먹었다.

(ㄱ)은 낚시로 잡은 생선을 먹은 것이고, (ㄴ)은 낚시를 한 후에 다른 생선으로 회를 먹었다는 뜻이다. 두 문장 모두 '낚시를 했다'와 '회를 먹었다'를 연결한 것인데, (ㄱ)에서는 연결어미 '-아서/어서'를 썼고 (ㄴ)에서는 '-고'를 썼다는 점만 다르다. 연결어미 하나로 이러한 의미 차이가 생겨난 것이다. '-아서/어서'는 서로 긴밀한 관계가 있는 두 사건을 이어서 서술할 때 쓰이고, '-고'는 별 관계가 없는 사실을 단순히 시간 순서에 따라 서술할 때 쓰이는 연결어미이다.

그런데 '-아서/어서'를 써야 할 자리에 '-고'를 쓰는 경우가 상당히 많다.

그는 주변에서 일어난 모든 사건을 관찰하고 그것을 작품에 활용했다.(?)

위 문장에서 '주위의 모든 자연을 관찰했다'와 '그것을 작품에 활용했다' 두 절의 의미 관계를 보면 연결어미 '고'보다 '-아서/어서'로 연결하는 것이 더 자연스럽다. 왜냐하면 앞뒤 절의 두 행동이 밀접하게 관련되기 때문이다. 그리고 '관찰하고'를 '관찰하여' 또는 '관찰해서'로 바꾸면 그 뒤에 '그것을'이라는 목적어를 굳이 쓰지 않아도 된다.

[고친 문장]

> 그는 주변에서 일어난 모든 사건을 관찰하여 작품에 활용했다.

③ 사동이나 피동 표현을 남용하지 말라

'사동'은 다른 사람에게 어떤 행동을 하게 하는 것이고, '피동'은 다른 사람에 의해서 어떤 행동을 하게 되는 것을 말한다. '-시키다'는 '오염시키다', '복직시키다'처럼 일부 명사 뒤에 붙어서 '사동'의 뜻을 더하고 동사를 만드는 접미사이다. '-되다'는 '사용되다', '형성되다'처럼 '피동'의 뜻을 더하고 동사를 만드는 접미사이다. 그런데 사동이나 피동의 뜻이 없는데도 '-시키다', '-되다'를 붙이는 경우가 있다.

> ㄱ. 스트레스와 만성 통증을 완화시키는 요가
> ㄴ. 이 난의 회신은 질의 당시의 지침 등에 의거하여 작성된 것입니다.

위 문장에서는 사동이나 피동 표현을 쓸 이유가 없으므로 (ㄱ)의 '완화시키는'은 '완화하는'으로, (ㄴ)의 '작성된'은 '작성한'으로 고쳐 쓰는 것이 옳다.

그리고 피동 표현을 중복해서 쓰는 일도 많다.

자금이 어디 쓰여졌는지 조사하고 있다.

위 문장의 '쓰여지다'는 '쓰다'의 피동형 '쓰이다'에 다시 '어지다'가 결합한 말이다. 이처럼 피동 표현을 중복해서 쓰면 의미에도 맞지 않고 불필요하게 길어지므로 '쓰여졌는지'를 '쓰였는지'로 고치는 것이 좋다.

연습문제 1

다음 문장이 정확성 면에서 어떤 문제가 있는지 살펴보고, 어떻게 고치는 것이 좋을지 말해 보자.

1) 가장 중요한 점은 변화에 대한 적응력이 높아야 합니다.

2) 이 화재로 서울 일부 지역의 인터넷과 카드 결제 단말기가 먹통이 되며 ○○ 유무선 가입자와 자영업자들은 큰 불편과 함께 손실을 입었다.

3) 너무 강한 강도와 빈도로 운동을 하게 될 경우 오히려 더 무리가 올 수 있기 때문에 적당한 휴식과 운동을 함께 하는 것이 중요하다.

4) 한국은 2002년 월드컵 4강에 진출한 이후 16년 만의 4강 진출을 노리게 됐다.

5) 대용량 배터리와 고속 충전 기술이 적용되어 빠른 배터리 충전이 가능하며, 무선 충전을 지원해 편리하게 충전할 수 있습니다.

6) 높은 온도에서 견디며 열전도율이 작은 것이 특징으로 내화재로도 많이 쓰입니다.

7) 휘발성 유기 화학 물질도 실외보다 실내에서 심각하다.

8) 연 25%의 연체 이자율을 납부하여야 한다.

2) 간결하게 쓰기

① 같은 말이 중복되었는지 확인하라

의미가 같거나 유사한 말을 중복하면 문장의 간결성을 해치게 된다. 특히 한자어는 한 글자마다 뜻을 담고 있어서 뒤에 오는 서술어와 의미가 겹치지 않는지 주의해야 한다.

> ㄱ. 한류 스타 ○○○, 여성 팬들 함성소리에 웃음 만발
>
> ㄴ. 범인이 숨어 지내던 곳을 불시에 급습했다.

'함성(喊聲)'은 '여럿이 함께 외치는 소리'란 뜻으로 낱말 안에 이미 '소리'라는 의미가 포함되어 있다. 그러므로 '함성소리'는 '소리'라는 의미를 가진 말을 두 번 쓴 셈이다. 다음으로, '급습하다'는 '불시에 공격하다'라는 뜻으로, '불시에'라는 의미를 포함하고 있으므로 '불시에 급습하다'라고 쓰면 '불시에 불시에 공격하다'라는 의미가 되고 만다.

② 상투적인 표현을 간단하게

우리가 무심코 쓰는 상투적인 표현들이 있다. '-ㅁ에 있어서', '-ㄹ 때에 한하여', '-ㅁ으로 인하여' 등이다. 특히 공문서나 판결문에서 자주 볼 수 있는데, 이러한 표현 대신에 우리가 일상적으로 사용하는 쉽고 간단한 어미를

사용하면 문장이 간결해질 뿐 아니라 그 뜻을 더 분명하게 나타낼 수 있다.

> ㄱ. 협의가 이루어지지 아니하는 경우에는 가정법원이 이를 정한다.
>
> → 협의가 이루어지지 않으면
>
> ㄴ. 충분한 감독을 하지 아니함으로 인하여 사고를 유발함.
>
> → 감독을 하지 않아서
>
> ㄷ. 피의자는 당시 음주 상태에도 불구하고 운전을 하지 않으면 안 되는 부득이한 사정이 있었던 것으로 보이지도 않는다.
>
> → 음주 운전을 할 수밖에 없는

③ 불필요한 단어는 과감하게 삭제하라

문장을 쓰고 나서 보면 필자가 전달하려는 하는 내용과 상관없는 군더더기 표현들이 포함되어 있는 경우가 있다. 의미 전달에 꼭 필요한 말이 아니면 쓰지 않는 것이 좋다.

> ㄱ. 이 중 몇 가지 대목에서 미심쩍은 돈 흐름을 찾아냈다.
>
> ㄴ. 그는 미국 측에 언론에의 노출을 최소화해 달라고 주문했다.
>
> ㄷ. 이번 행사는 시민들의 참여를 유도할 수 있도록 기획했다.

위 문장에서 밑줄 친 표현들은 있으나 없으나 한 말들이다. 이러한 군더더기 표현을 삭제해도 의미 전달에 문제가 없고, 오히려 뜻이 더 명료해지므로 아래와 같이 간결하게 고치자.

[고친 표현]

ㄱ. 이 중 몇 대목에서 미심쩍은 돈 흐름을 찾아냈다.

ㄴ. 그는 미국 측에 언론 노출을 최소화해 달라고 주문했다.

ㄷ. 이번 행사는 시민 참여를 유도할 수 있도록 기획했다.

④ 문장은 되도록 짧게

문장을 지나치게 길게 쓰면 구조가 복잡해지고 의미를 이해하기 어렵다. 또한 문장 성분들 사이의 호응에도 문제가 생길 수 있다.

> 나아가 원심 판결 이유 및 기록에 의하여 알 수 있는 다음과 같은 사정, 즉 위치 정보 수집에 사용된 이 사건 콜 관제 시스템을 5초에서 1분 주기로 모든 회원 차량의 위치를 수집한 후 그 데이터를 ○○○ 센터에 있는 메인 서버에 저장하여 고객이 전화하는 경우 이미 수집된 위치 정보를 활용하여 일정 거리 내에 있는 택시의 내비게이션 화면에 문자를 전송하는 것으로, 회원의 차량 번호를 입력하면 개별 회원의 위치도 추적할 수 있어 정보 주체를 바로 식별할 수 있는 점, 피고 1은 수시로 이 사건 콜 관제 시스템의 위치 정보 프로그램을 통해 ○○ 택시 소속 기사들이 원고들을 포함한 다른 택시 기사들과

> 모여 있는지 여부, 모여 있는 사람들의 성향과 그 장소 등을 파악하였고, 이에 따라 직접 현장에 가서 택시 기사들의 도박 행위 또는 음주 행위 등을 확인하는 등 택시 기사들의 평소의 동향 확인에 위치 정보를 이용하였고 그 기간이 2년이 넘는 장기간인 점 등을 종합하여 보면, 이 사건 개인 위치 정보가 ○○ 택시에 장기간 제공되어 원고들의 평소의 동향 확인에 이용됨으로써 원고들의 사생활의 비밀 등이 침해되었다고 할 것이므로, 특별한 사정이 없는 한 원고들은 피고들의 위법한 개인 위치 정보 수집 행위로 인하여 정신적 고통을 입었다고 보는 것이 상당하다.

위 예문은 무려 179개의 낱말이 한 문장을 이루고 있어, 주어와 서술어를 찾기도 어렵고 여러 번 읽어도 내용이 쉽게 이해되지 않는다. 이처럼 문장이 길어지면 주술 관계가 여러 번 나오게 되고 문장이 꼬일 위험이 커진다. 그러므로 문장은 되도록 짧게, 단문으로 끊어 쓰는 것이 좋다.

아래 예문은 유시민 작가의《거꾸로 읽는 세계사》초판에서 가져온 글이고, 그 아래에 보인 예문은 초판 글을 작가가 직접 다시 고쳐 쓴 글이다.

[초판 글]

> 1894년 9월 어느 날, 프랑스의 참모 본부 정보국은 프랑스 주재 독일대사관의 우편함에서 훔쳐낸 한 장의 편지를 입수했다. 그 편지의 수취인은 독일대사관 무관인 슈바르츠코펜이었고 발신인은 익명이었으며, 내용물은 프랑스 육군 기밀문서의 '명세서'였다. 스파이 활동의 거점인 독일대사관을 감시하고 배반자를 색출하느라 골머리를 앓고 있던 참모본부는 '명세서'를 작성한 사람이 참모본부 내에 있는 자이거나, 최소한 그런 자와 가까운 연관을 가진 인물이라는 심증을 굳히고 수사를 시작했다.

[고쳐 쓴 글]

사건은 1894년 9월에 일어났다. 프랑스 육군 참모본부 정보국 요원이 프랑스 주재 독일대사관 우편함에서 편지 봉투를 하나 훔쳤다. 독일대사관 무관 슈바르츠코펜에게 보낸 것이었고 발신인은 알 수 없었다. 거기에는 프랑스 육군 기밀문서의 내용을 적은 '명세서'가 들어 있었다. 군사 정보를 적국에 팔아먹는 스파이를 찾아내느라 골머리를 썩이던 참모본부는, 이 '명세서'를 작성한 사람이 참모본부 요원이거나 요원과 가까운 인물일 것이라 추정하고 조사를 벌였다.

– 유시민, 《유시민의 글쓰기 특강》 도서출판아름다운사람들, 2015, pp. 201-202.

어느 것이 읽기에 좋은가? 초판 글은 세 문장 모두 복문이다. 주어와 서술어가 둘이 넘는 문장을 복문이라고 한다. 초판 글에서 '프랑스 주재 독일대사관의 우편함에서 훔쳐낸'은 그 뒤에 오는 '편지'라는 말을 꾸미는 관형절이고, 관형절의 주어도 분명치 않다. 조사 '의'가 남용되어 딱딱한 느낌을 준다. 반면, 고쳐 쓴 글에서는 대부분이 단문으로 바뀌었고, 주어와 서술어가 가까이 놓여서 주술 관계를 파악하기가 쉽다. 문장과 문장 사이에는 '거기에는'과 같이 앞뒤 문장의 의미 관계를 드러내 보여주는 말이 삽입되었다. 이처럼 적절한 위치에서 문장을 끊어서 쓰고, '그러므로', '또한', '따라서' 등의 접속 부사를 이용하여 앞뒤 문장의 논리적인 의미 관계를 드러내 보여준다면 뜻을 더 분명하게 전달할 수 있다.

연습문제 2

다음 문장에서 불필요하거나 중복된 표현을 삭제하고 간결하게 고쳐 보자.

1) 넓은 광장에 수만 명의 인파가 몰리는 등 베트남 전국이 축제 분위기로 휩싸였다.

2) 피해자 진술은 추측이나 추단이 아니라 직접 경험에 근거해 신빙성이 있다.

3) 수영에서 금메달이란 값진 수확을 거두었다.

4) 한 해 동안 함께 동행해 주셔서 감사합니다.

5) 다음은 고객님들이 자주 문의하시는 질문입니다.

6) 회원들 간에 자유롭게 의견 교환을 나누시기 바랍니다.

7) 교과서 국정화가 주요 현안 문제로 떠올랐다.

8) ○○○는 시즌을 마치고 포스팅이 유력했던 그는 15승 8패로 2017년 에 이어 두 번째 사와무라상을 수상했다.

9) ○ 대표는 국감에서 회사가 매출액이 높은 가운데 중소기업에 분류된 것에 대해 "법대로 해서 그런 것"이라고 설명하기도 했다.

10) 남북은 이산가족 문제 해결 문제 등을 논의했다.

11) 전체 회원의 찬성이 있을 때에 한하여 연임할 수 있다.

12) 법정 상속인이라 함은 법적으로 정해진 상속의 우선순위를 말한다.

13) 고객의 만족을 위해 최선의 노력을 다하겠습니다.

3) 명료하게 쓰기

① 중의적인 구조를 피하라

한 문장은 한 가지 뜻으로 해석되어야 좋은 문장이라고 할 수 있다. 아래 문장이 어떤 의미를 전달하는지 살펴보자.

> 기업의 오염 물질 배출 감소를 위한 대책

위 문장에서 '기업의'는 '오염 물질 배출'의 수식어로 볼 수도 있고 '대책'의 수식어로도 볼 수 있다. 즉 '대책'을 마련한 주체가 문장에 나타난 '기업'인지 아니면 정부 등 다른 기관인지 알기 어렵다. 이처럼 하나의 문장이 두 가지 이상의 의미로 해석되는 것을 '중의적'이라고 한다. 구조적으로 중의성을 띠는 경우에는 하나의 의미로만 해석되도록 표현을 바꾸는 것이 좋다.

[고친 문장]

> 기업이 배출하는 오염 물질 감소를 위한 대책

② 지나치게 생략하지 말라

문장의 간결성을 위해 의미가 중복되는 말은 생략한다. 그러나 의미 전달에 꼭 필요한 말을 생략해서 문장의 뜻을 파악하기 어려운 경우가 있다.

> 내부자 거래 조사 착수 불구 이틀 연속 상한가

위 문장은 조사와 어미가 모두 생략되었다. 이처럼 문장 성분 간 관계를 나타내는 조사와 어미를 지나치게 생략하면 그 뜻을 파악하기도 어렵고, 문법적으로도 부자연스러운 문장이 된다. 위 문장은 조사와 어미를 사용하여 아래와 같이 고쳐 쓸 수 있다.

[고친 문장]

> 내부자 거래에 대한 조사 착수에도 불구하고, 이틀 연속 상한가

연습문제 3

다음 문장에서 중의성을 띠거나 문장 성분이 지나치게 생략된 부분을 찾아 의미가 분명히 전달되도록 고쳐 보자.

1) 아래 사진은 이들이 배서한 수표 사본이다.

2) 열차에 타실 때에는 좌/우측 화살표 방향으로 승객이 내린 후 차례로 승차하여야 합니다.

3) 정치인들도 비록 지금은 영어의 몸이지만 ○○○ 전 대통령처럼 확실한 구심점 역할을 할 정치적 리더를 배출할 필요가 있다.

4) 제23조의 규정에 의거 고시합니다.

5) 사회 발전에 크게 공헌하였기 이 상장을 드립니다.

6) 규칙 중 다음과 같이 개정한다.

4) 자연스럽게 쓰기

① 인칭 주어를 사용하라

사물 또는 추상적인 대상을 주어로 쓰는 것은 영어 번역 투에서 온 표현이다. 번역 투 사용으로 인해 우리말의 표현이 더 확장될 수 있다는 점에서 긍정적인 측면도 없지 않다. 그러나 국어와 외국어의 차이점을 고려하지 않고 외국어의 문법 구조를 그대로 옮겨 놓을 경우 어색한 문장이 된다.

ㄱ. 이 설문 조사 결과는 청소년 언어 개선책을 시급히 마련해야 한다는 점을 말해주고 있다.

ㄴ. 진지하고도 솔직한 설명이 있었다.

ㄷ. 사업 실패가 그를 절망에 빠뜨렸다.

위 예문은 모두 '설문 조사 결과', '설명', '사업 실패' 등 추상적인 대상이 행동주가 되어 어색한 느낌을 준다. 이들 문장에서 사람을 주어로 세우고, 원래의 주어를 부사어 또는 서술어로 바꾸어 써보면 어떨까?

[고친 문장]

ㄱ. 이 설문 조사 결과에서 청소년 언어 개선책을 시급히 마련해야 한다

는 점을 알 수 있다.

ㄴ. 진지하고 솔직하게 설명했다.

ㄷ. 사업 실패로 그는 절망에 빠졌다.

② 관형절을 부사절로 바꾸어 써라

한국어에서 꾸미는 말, 즉 수식어는 두 종류이다. 체언(명사, 대명사, 수사)을 꾸며주는 '관형어'와 용언(동사, 형용사)을 비롯한 다른 말들을 꾸며주는 '부사어'이다. 그리고 관형절이란 관형사형 어미와 결합하여 관형어의 구실을 하는 절(節)을 말한다. '철수가 온다는 소식을 들었다.'에서 '철수가 온다는'처럼 종결형 어미로 끝난 문장에 '-는' 같은 관형사형 어미가 결합하거나, '네가 좋아할 일이 생겼다.'에서 '네가 좋아할'처럼 종결형 어미가 올 자리에 '-(으)ㄹ, -(으)ㄴ' 같은 관형사형 어미가 결합하여 뒤의 체언을 꾸민다.

영어와 달리 관계대명사나 관계부사가 없는 한국어는 이처럼 관형절이 꾸밈을 받는 명사 앞에 놓이므로, 관형절을 많이 쓰면 호흡이 부자연스럽고 관형절이 무엇을 꾸미는지 얼른 파악하기 어렵다.

고객 여러분께 걱정을 끼쳐드린 데 대한 용서를 구하고자 합니다.

위 문장에서 '고객 여러분께 걱정을 끼쳐드린'은 '데'를 꾸미는 관형절이고, '고객 여러분께 걱정을 끼쳐드린 데 대한'은 '용서'를 꾸미는 관형절이다. 이처럼 명사를 꾸미는 관형절을 쓰게 되면 문장이 불필요하게 길어질 뿐 아니라 의미 전달에도 방해가 된다. 그러므로 아래와 같이 부사절로 고쳐 쓰는 것이 문장을 더 자연스럽게 만드는 방법이다.

[고친 문장]

> 고객 여러분께 걱정을 끼쳐드려서 죄송합니다.

③ 조사 '의'를 남용하지 말라

국어에서 조사 '의'는 원래 '남의집살이'처럼 소유의 뜻을 나타내는 경우에 한정해서 쓰였다. 그러던 것이 근대 이후 일본어를 비롯한 외국어 문장의 영향으로 명사 사이에 '의'가 널리 쓰이게 되었다. 일본어 문장에서 쉽게 볼 수 있는 'の', 영어 문장의 'of' 등이 한국어 문장의 '의'로 그대로 옮겨진 것이다.

관형격 조사 '의'는 앞의 명사가 뒤의 명사를 수식한다는 것을 나타낼 때 쓴다. 문제는 문장의 의미를 전달하는 데 아무런 도움이 되지 않는데도 무심코 '의'를 쓰는 일이 많다는 것이다.

> 언어의 순화의 방향의 설정

위 예에서 '의'는 의미 전달에 도움이 되기는커녕 오히려 읽는 데 걸림돌로 작용한다. 아래와 같이 다듬어 쓰면 더 깔끔하고 자연스러운 표현이 된다.

[고친 문장]

> 언어 순화의 방향 설정

다른 조사에 '의'가 결합한 '에의', '에게서의', '으로부터의' 등 복합조사들도 마찬가지이다.

> 상대 팀 주장에게서의 도전장

이러한 표현들은 명확한 의미 전달의 기능을 하지 못하고 한국어의 일반적인 조사 사용 방식을 벗어난 탓에 어색하게 들린다. '에게서의'와 같은 복합조사가 표현의 경제성 면에서 도움이 될지라도 우리말의 자연스러운 구조를 해친다면 재고해 보아야 한다. 위 문장은 '의'를 빼고 '보내다'라는 서술어를 넣어 아래와 같이 고치는 편이 좋겠다.

[고친 문장]

상대 팀 주장이 보낸 도전장

연습문제 4

다음 문장에서 외국어 번역 투의 표현을 찾아 자연스럽게 고쳐 써 보자.

1) ○○ 웨어러블 패키지는 진열 상태에서 패키지 스스로 자신을 세일즈해야 하는 역할이 있습니다.

---

2) 영화 〈보헤미안 랩소디〉는 영국의 두 번째 여왕이라 불리는 전설적인 록 밴드 '퀸'의 이야기를 다룬 작품으로 개봉 전부터 이목을 집중시켰다.

---

3) 음악의 꿈을 키우던 아웃사이더에서 전설의 록 밴드가 되기까지의 열정과 갈등 그리고 뜨거운 전율이 가득했던 과정들이 관객들의 기대를 높이고 있다.

---

4) 문화적 충격에 무관심했던 것이 지금과 같은 저항을 불러 일으켰다.

5) 그 일은 사람들에게 이미 돌이킬 수 없는 사실로 받아들여졌다.

6) 우리는 큰 기대를 가지고 군의 변화의 모습을 지켜볼 것이다.

7) 원점에서부터의 재검토가 필요하다.

연습문제 5

외국 드라마 또는 외국 영화의 한글 자막에서 우리말 구조와 어울리지 않는 어색한 번역 표현이 쓰인 사례를 조사하여 발표해 보자.

참고문헌

김철호,《국어 실력이 밥 먹여준다-문장편》, 유토피아, 2013.

유시민,《유시민의 글쓰기 특강》, ㈜도서출판아름다운사람들, 2015.

장하늘,《글 고치기 전략》, 다산북스, 2014.

6

단락 쓰기

1

단락이란 무엇인가?

한 편의 글은 글쓴이의 여러 생각들을 이어 써내려가면서 완성된다. 단어들만 나열해서는 생각의 종착 지점이 어딘지 알 수 없다. 단어들을 어순에 맞게 배열해야 비로소 하나의 생각이 드러난다. 문장은 단일한 생각을 드러내는 최소 단위이다. 이러한 문장이 서로 논리적으로 연결되어 단락이 된다. 단락은 중심 생각을 담은 하나의 문장과 그것을 뒷받침하는 문장들이 모여서 이루는 한 토막의 글이다.

단락을 나누는 이유는 글쓴이의 생각들을 구분지어 주기 위해서이다. 한 편의 글을 쓰는 동안 어떤 생각은 순순히 흘러가 더 큰 생각으로 발전하기도 하고, 또 어떤 생각은 다른 생각으로 전환되기도 한다. 이러한 사고의 흐름은 구성을 통해 논리화되며, 그 논리화된 사고들은 단락에 의해 구체적으로 표현된다.

단락이 잘 구성되어야 전체 주제도 분명해진다. 단락을 제대로 구분하지 않으면, 사고의 전개과정이 뒤죽박죽으로 흘러가는 혼란한 글이 되고 만다. 이런 글을 읽는 독자는 글쓴이의 생각이 무엇인지 이해하기가 어렵다.

당연히 그 글의 주제를 명확하게 파악하기도 어려워진다.

단락은 글 안에서의 기능에 따라 일반 단락과 특수 단락으로 나뉜다. 일반 단락은 자신이 전달하고자 하는 실질적인 내용을 전개해 가는 단락이다. 전체 글에서 주로 본문에 해당하는 부분이다. 반면에 특수 단락은 글의 시작, 끝맺음 등의 특수 목적을 위해서 쓰이는 것들이다. 일반 단락과 특수 단락이 어우러져 한 편의 전체 글이 되는 것이다.

단락은 형식과 내용을 갖추어야 한다. 하나의 단락이 끝나면 줄을 바꾸고 그 첫 행은 '들여쓰기'를 해야 한다. 그 형식을 통해 단락이 구분된다. 그러므로 중심 생각이 바뀔 때에는 반드시 줄을 바꾸고 첫 행을 들여쓰기를 하여 단락이 구분됨을 알려주어야 한다. 여기에서는 우선 글의 본문에 해당하는 일반 단락을 중심으로 설명한 후에 특수 단락에 대해 설명하겠다.

학습목표

1. 단락의 개념을 이해한다.
2. 소주제문과 뒷받침 문장의 구성 방법을 안다.
3. 단락의 구성 요건을 이해하고 요건에 맞는 글을 써본다.
4. 특수 단락 쓰는 법을 익힌다.

2
일반 단락의 구성 방법

일반 단락은 소주제문과 뒷받침 문장으로 구성된다. 소주제문은 한 단락에서 다룰 핵심 내용을 나타내는 문장을 말한다. 소주제는 글 전체의 주제에 비하면 좀 더 구체적이고 세부적이다. 만일 '대학 생활을 성공적으로 하기 위한 요건들'이 전체 주제라면, '능동적 태도와 탐구 정신'은 소주제에 해당한다. 이러한 소주제들이 유기적인 구성 과정을 거쳐 글 전체를 포괄하는 주제가 된다. 소주제를 하나의 문장으로 만든 것이 소주제문이다.

> ① 시 〈목계장터〉는 신경림의 시 중에서 절창으로 꼽히는 작품이다. ② 전통적인 4음보 율격에 토속적이고 민요적인 정서가 들어 있어 우리의 핏속에 흐르는 생래적인 가락을 느끼게 해준다. ③ 이 시를 한 행 한 행 읽다보면 그

> 율격에서 1970년대라는 근대화시기에 새로운 민요를 만들어내려는 시인의 노력이 느껴진다. ④ 시인은 '농민화자'라는 가면을 벗고 스스로가 민중이 되어 그들의 노래인 민요를 부름으로써 민중성을 확보하고자 한 것이다.

소주제문은 한 단락에서 글쓴이가 드러내려는 생각을 집약한 문장으로, 하나의 단락은 하나의 소주제문을 갖는다. 뒷받침 문장은 소주제문을 보충하고 구체화하는 문장이다. 위 예문에서 소주제문은 첫 문장인 '시 〈목계장터〉는 신경림의 시 중에서 절창으로 꼽히는 작품이다.'이다. 그 뒤에 나오는 여러 문장들은 소주제문을 구체적으로 설명하여 소주제문에 집중하도록 만드는 뒷받침 문장이다. 이들은 소주제문의 타당성을 뒷받침하는 역할을 한다. 예문의 ②~④는 ①을 보충하고 그 타당성을 증명하며 근거를 대는 문장이다. 소주제문이 글쓴이의 의견(주장)이라면 나머지 뒷받침 문장들은 근거(이유나 방법)와 증명(객관적 자료, 전문가의 의견 등의 사실과 사례)을 담당한다.

> 첫째, 대상이 강자인가 약자인가는 오래된 기준 중 하나다. 부당한 권력을 행사하는 강자를 대상으로 할 때에만 풍자다. 그때 그 일은 위험을 무릅쓰고 진실을 폭로하는 숭고한 행위가 되기도 한다. 그런데 실제적 권력자와 단순한 유명인의 차이를 모르는 사람들이 있다. 권력자는 대개 유명인이지만 유명인이 언제나 권력자인 것은 아니다. 자신의 힘으로 나에게 위해를 가할 수 있는 사람이 권력자라면, 직업의 성격상 대중에게 이름이 알려졌을 뿐인 사람은 유명인이다. 유명인을 향한다고 해서 조롱이 풍자로 변하지는 않는다. 오늘날의 매체 환경 속에서 실명이 노출된 유명인과 익명의 보호를 받는 네티즌 중에서 누가 더 강자인가. 유명인이라면 감수해야 할 고통이라는 것이 있다는

말은 가학을 합리화하는 궤변이다.

- 신형철, 해도 되는 조롱은 없다,《슬픔을 공부하는 슬픔》, 한겨레출판, 2018, pp.237-238.

위 예문은 '조롱은 풍자와 구분해야 한다.'라는 큰 주제문을 구성하는 하위 단락에 해당하는 대목이다. 이 단락의 소주제문은 '대상이 강자인가 약자인가는 오래된 기준 중 하나다.'이다. 이를 뒷받침하기 위해 유명인과 권력자가 어떻게 구분되는지, 또 그들을 겨냥한 조롱이 풍자와는 어떻게 다른지를 부연 설명하여 주제의 타당성을 증명하고 독자를 설득하고 있다.

소주제문은 단일한 내용을 담은 명료한 문장으로 작성해야 한다. 또한 너무 광범위한 명제로 정해서는 안 된다. 소주제문은 단락 단위의 주제이기 때문에 전체 주제를 이루는 일부분이라는 성격을 지녀야 한다. 소주제문이 너무 광범위할 경우에는 한 단락 내에서 집필이 불가능하기 때문에 그 점을 고려하여 정해야 한다. 같은 이유로, 지나치게 구체적이어도 곤란하다. 적어도 3~4개 이상의 뒷받침 문장이 필요할 정도로 포괄적인 내용을 담아야 한다.

정신과 뇌는 분리할 수 없다. 뇌는 뛰어난 계산 능력을 가진 복잡한 생물학적 기관으로, 우리의 감각 경험을 구성하고 사고와 감정을 조절하고 행동을 통제한다. 뇌는 달리기와 먹기와 같은 비교적 단순한 신체 활동을 책임질 뿐 아니라, 우리가 인간 고유의 특징으로 여기는 복잡한 행위들, 예컨대 생각하기, 말하기, 예술품 창조하기도 책임진다. 이런 관점에서 보면, 정신이란 뇌에 의해 수행되는 작용들의 집합이다. 이는 걷기가 다리에 의해 수행되는 작용들의 집합인 것과 같다. 단지 생각하기는 걷기보다 훨씬 더 복잡할 뿐이다.

- 에릭 캔델 지음 / 전대호 옮김,《기억을 찾아서》, RMK, 2009, p.13.

위 예문의 소주제문은 첫 문장인 '정신과 뇌는 분리할 수 없다.'이다. 이는 '뇌 과학은 다섯 가지 원리를 토대로 삼는다.'는 전체 주제 중 첫 번째 원리에 해당하는 것으로 글 전체의 주제에 비하면 좀 더 구체적인 의미를 담고 있으면서도 몇 개의 뒷받침 문장들이 필요할 정도의 포괄성을 지니고 있기에 소주제문으로서 적합하다. '정신과 뇌는 분리할 수 없다'는 주장의 신뢰성과 설득력을 높이기 위해서는 그 근거와 예시들을 충분히 동원하여 소주제문을 보충하고 증명하는 여러 개의 문장이 필요하기 때문이다. 위 예문에서는 우리 신체에서 뇌가 하는 역할을 예시로 뒷받침하여 주제의 타당성을 입증하고 있다.

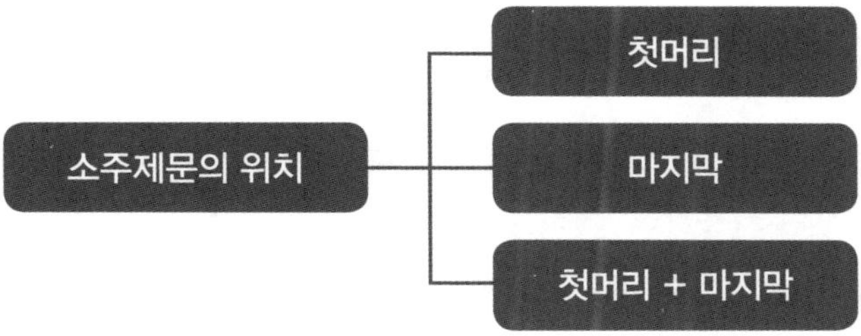

단락은 소주제문을 어디에 배치하느냐에 따라서 달리 구성할 수 있다. 앞의 예문은 전체 내용을 요약한 소주제문을 첫머리(서두)에 제시하고, 그 뒤에 뒷받침 문장들을 제시하고 있다. 이러한 단락 구성은 글쓴이가 자신의 생각을 미리 밝힘으로써 글이 다른 방향으로 전개될 위험을 미리 차단한다. 이처럼 소주제문을 첫머리에 두면 글쓴이는 주제와 연관되지 않는 뒷받침 문장을 쓸 위험이 줄어들고, 독자 역시 핵심 내용을 먼저 읽게 되어 단락의 초점을 쉽게 파악할 수 있다는 장점을 지닌다. 이와는 달리 소주제문을 단락 마지막에 둘 수도 있다. 다음 예문을 보자.

문학작품을 읽고 글을 쓰는 것이 업이라 어떤 작품을 선호하느냐는 질문을 더러 받는다. 평론가마다 다 다를 대답에 점수를 매긴다면 '깊이 있는 작품'이라는 답은 아마 낙제 점수를 받을 법하다. 진부한데다가 별 뜻도 없는 말로 간주될 가능성이 높을 것이다. 작가들은 도대체 당신이 말하는 '깊이'라는 게 뭐냐고 불평을 터뜨릴 것이다. 그런데 나는 그 말이 그리 싫지가 않다. 그렇게밖에 말할 수 없는 부분이 좋은 작품에는 있다고 믿기 때문이다. 인간의 깊은 곳까지 내려가서 그 어둠 속에 앉아 있어본 작가는 대낮의 햇살에서도 영혼을 느낄 것이다. 내게 작품의 깊이란 곧 '인간 이해'의 깊이다.

– 신형철, 깊이 있는 사람,《슬픔을 공부하는 슬픔》, 한겨레출판, 2018, p.220.

위 예문의 핵심 내용은 마지막 문장에 있다. '작품의 깊이란 인간 이해의 깊이다.'가 소주제문이다. 이 주제에 도달하기 위해 글쓴이는 자신이 경험한 일화로부터 시작하여 '깊이 있는 작품'이 의미하는 것이 무엇인지, 그리고 왜 그런 작품을 좋아하는지 등등 주제문에 대한 논거와 상세한 설명을 서술하고 있다. 앞의 예문과 달리 이 예문은 소주제문을 끝에 두어 독자로 하여금 글쓴이가 말하려는 것이 무엇인지 궁금하게 만든다. 이러한 구성은 독자의 관심과 흥미를 유발하는 데 효과적이다.

대학은 의미 있는 질문이다. 이 질문은 내가 스스로에 대해 묻는 것이고, 어쩌면 죽을 때까지 그 대답을 듣지 못할 수도 있는 것들이다. 일반적으로 대학에 올라오면 세상이 정말 커진다. 만나는 사람들의 수부터 이전과 큰 차이가 난다. 배우는 것들의 종류도 더 많아지고, 더 깊어진다. 단순히 시키는 것을 하는 고등학교 때와는 달리 내가 하고 싶은 공부를 할 수 있다. 이렇게 커진 세상에서, 내가 정말로 하고 싶은 것이 무엇이고 어떤 것이 적성에 맞는지에 대한 질문을 던지는 주체가 바로 대학이다. 대학이 던지는 질문은 적성이나 공부에서 끝나지 않는다. 한국에서 대학에 입학한다는 것은 성인이 된다는 것과도 비슷한 말이기 때문이다. 이때부터 우리는 부모나 선생님의 간섭에서 벗어나게 된다. 난 지난 1학기동안 방황하는 친구들을 많이 보았다. 처음 접한 사랑에 슬퍼하는 친구도 보았고, 이전까지 몰랐던 자신의 모습에 혼란스러워하는 친구들도 보았다. 우리는 이제 막 어른이 되었고, 대학에 들어온다는 것은 또 다른 고민의 시작점이었다. 이처럼 대학은 중·고등학교 시절 참고서 가득한 책상 한편에 미루어두었던 무겁고도 진지한 질문들을 우리에게 던진다.

– 학생글

위 예문처럼 소주제문을 단락의 앞과 뒤에 배치하는 방식도 있다. 소주제문을 단락의 첫 문장으로 쓰고 뒷받침 문장을 배치한 후에 마지막에 다시 써서 강조하는 방식이다. 이런 구성 방식은 한 단락의 길이가 길 때 적합하다. 위 예문의 소주제문은 '대학은 의미 있는 질문이다.'이다. 이 주제문은 단순한 형식을 취하고 있지만 그 안에 많은 의미가 담겨 있는 문장이다. 그렇기에 많은 뒷받침 문장으로 주제에 담긴 의미를 보충 설명하고 있다. 이렇게 긴 단락을 쓸 경우에는 글쓴이와 독자 모두 자칫하면 중간에 흐름을 잃게 되어 논의의 초점을 잃을 수도 있다. 그럴 때 소주제문을 다시 배치하면 그 뜻을 강조하는 효과를 볼 수 있다. 다만 이런 경우 마지막에 배치하는 소주제문은 서두에 배치한 소주제문과 뜻은 같되 표현은 달리하여 서술해야 한다.

연습문제 1

다음은 몇 개의 단락으로 나누어야 적합할까? 단락으로 나누어 보고 각 단락의 소주제를 찾아보자.

먼저 언론은 전투적인 보도 문장부터 고쳐야 한다. 선거나 스포츠 경기 혹은 각종 경쟁 상황을 보도하는 걸 보면 전투중계를 방불케 한다. "한나라 영남 첨예한 대립, 민주당은 호남이 화약고" 예전 어느 신문의 선거 보도 제목이다. 기사 본문엔 '화약고', '전투 전반', '쓰나미' 등 살벌한 전쟁 용어가 등장한다. 같은 시기 다른 신문 기사에도 '쿠데타', '진검승부', '고지', '살생부', '학살', '격전지', '파워게임' 같은 용어가 가득하다. 다른 신문들도 별반 다르지 않다. '일전불사', '전운이 감돌고', '남부벨트', '최대 격전지', '살생부' 같은 전쟁 용어가 수시로 등장한다. 스포츠 보도는 더 노골적이다. '용병', '융단폭격', '고공폭격', '정밀타격' 같은 전투 용어투성이다. 경기를 치르는 곳은 '격전지', 선수들은 '전사'다. 이기면 '승전보', 첫 골을 넣으면 '신고식'이다. 외국 축구 국가대표 명칭은 아예 다 군대 이름이다. '전차부대', '무적함대', '오렌지 군단', '바이킹 군단', '투르크 전사', '에게 해의 전사' 식이다. 정치나 스포츠가 아니더라도 '물 폭탄', '세금 폭탄', '저격수', '입시 전쟁' '실전 문제'처럼 군사 언어가 일상화 돼 있다. 언론에서부터 일상까지 전투 용어가 일반화된 것은 우리 아픈 역사와 무관하지 않다. '황국신민', '내선일체'를 강조하며 모든 걸 전쟁으로 내몰았던 일제 강점기, 그리고 한국전쟁과 군사정권을 거치면서 전쟁이나 군사 용어가 아무렇지도 않게 일상 언어까지 지배하게 됐다. 이제 조국은 해방됐고, 군부독재도 끝이 났다. 그리고 우리는 평화를 갈구한다. 미디어가 전쟁 군사 용어를 마구 쓰면 과도한 대결적 정서나 폭력 문화가 양산될 소지가 있다. 아이들에게도 좋지 않은 영향을 미칠 수 있다.

– 양정철,《세상을 바꾸는 언어》, 메디치미디어, 2018, pp.203-204.

①몇 단락으로 나누어야 할까?

②단락의 소주제문은 무엇인가?

연습문제 2

다음 빈칸에 적당한 소주제문을 써넣어 보자.

1) ______________________________. 너무 가까워지면 피곤하기에 멀어지고 싶고 너무 멀어지면 필요하기 때문이다. 직업이라는 친구는 눈치 없이 가까이 다가오길 좋아한다. 계속 놀아달라면서 직장이라는 놀이터에 사람들을 잡아두곤 피곤하게 만들기를 반복하고는 한다. 그러나 이를 싫다고 거절하면 직업은 멀리 떨어져 가 다시 친해지기 어려워진다. 현대 사회에서 직업이란 친구는 살아가는 데 필요하기에 절교를 할 수도 없다. 그렇기에 직업은 적당히 거리감을 두며 사귀는 것이 좋다.

- 학생글

2) ______________________________. 엘리베이터에 모르는 사람과 타게 되면 둘은 대개 각각 사각형의 대각선 구석을 점유하고 선다. 구내식당에서 식사를 할 때 모르는 사람이 같은 식탁에 앉게 되면 서로 대각선의 모서리에 앉는 것도 영역을 확보하기 위한 모습이다. 설정되어야 할 영역이 침범되면 긴장감을 느끼는 것이다. 미국 프로야구에서 뚱뚱한 감독들이 심판의 코앞에 얼굴을 들이대고 항의하는 것은 영역성을 침범하여 적개심과 도전 의지를 표현하기 위해서다.

- 서현,《건축, 음악처럼 듣고 미술처럼 보다-인문적 건축이야기》, 효형출판, 2014, p.35.

3
일반 단락의 구성 요건

단락은 소주제문과 뒷받침 문장으로 구성된다. 하나의 단락을 서술할 때는 몇 가지 지켜야 할 요건이 있다.

통일성 | 연결성 | 완결성

1) 통일성

통일성의 원리는 글의 처음부터 끝까지 주제에서 벗어나지 않는 내용이 되도록 서술해야 한다는 것이다. 특히 소주제문과 뒷받침 문장이 내용면에서 일관되어야 한다. 하나의 단락은 하나의 소주제가 있어야 하고 뒷받침하는 문장들은 소주제에 부합하는 내용을 담고 있어야 한다. 소주제와 관련 없는 문장은 글의 초점을 흐릴 뿐이므로 뒷받침 문장으로 삼아서는 안 된다. 다음 예문을 보자.

이덕무는 호(號)에 대한 욕심도 유난히 많았다. 젊었을 적에는 '영처'(嬰處)라는 호를 썼다. 어린아이와도 같은 거짓 없는 마음을 썼으되 처녀의 수줍음을 지녀 남에게 보이기 부끄러워서라고 했지만, 그처럼 천진하고 진실된 마음이 담긴 것을 은근히 자랑스럽게 여겼다. 또 매미와 귤의 맑고 깨끗함을 사랑하여 '선귤당(蟬橘當)'이란 당호(堂號)를 썼다. 강호에 살면서 아무 영위함 없이 그저 제 앞을 지나가는 고기만 먹고 사는 신천옹(信天翁)이라고도 불리는 청장(靑莊)의 삶을 부러워하여 제 집의 이름을 '청장관(靑莊館)'이라고 짓기도 했다.

– 정민,《미쳐야 미친다》, 푸른역사, 2011, p.79.

위 단락은 '이덕무는 호(號)에 대한 욕심도 유난히 많았다.'는 소주제문과 관련된 예시 문장과 그에 대한 설명을 담당하는 부연 문장으로 구성되어 있다. 소주제문인 첫 문장의 내용과 어긋나는 뒷받침 문장이 없어 통일성이 잘 갖추어져 있다고 하겠다. 반면 다음 예문을 보자.

웹툰 〈네가 없는 세상〉은 디스토피아적인 상상력으로 '타자'의 중요성을 드러낸다. 원인 불명의 바이러스가 전 세계에 퍼진다. 그 바이러스는 인간의 뇌에 침투하여 '너'라는 개념을 지운다. 타자에 대한 개념이 사라지고 이기심만 남은 이 세계는 금세 아수라장이 된다. 말 그대로 '헬(Hell)' –지옥세계가 우리 앞에 펼쳐진다. 웹툰의 제목인 〈네가 없는 세상〉은 '타자' 개념이 사라진 세계를 '너' 라는 글자가 사라지는 장면으로 시각화하여 보여준다. <u>① 즉 '너'라는 개념의 사라짐은 곧 '너'라는 언어의 사라짐이다. ② 마찬가지로, 만일 소통이 불가능한 글이 있다면, 결국은 그 글은 사라질 것이다.</u>

'웹툰 〈네가 없는 세상〉은 디스토피아적인 상상력으로 '타자'의 중요성을 드러낸다'는 첫 문장을 소주제문으로 본다면, 뒷받침 문장들은 그 이유나 방법에 대한 설명이 되어야 할 것이다. 그러나 위의 글에는 소주제문과는 상관없는 뒷받침 문장들이 많이 포함되어 있다. 특히 밑줄 친 부분은 소주제문과는 거리가 먼 내용들이다. ①은 소주제문과 내용상 동떨어진 문장이다. 이어 제시되는 ② 역시 소주제와 무관한 뒷받침 문장이다. 주제와 직접적으로 관련되지 않은 내용을 썼기 때문이다. 만일 제대로 된 단락이 되려면, ①은 다른 단락의 소주제문으로 재배치되어야 할 것이다.

통일성의 원리를 지키려면 첫째, 단일 개념으로 소주제문을 정해야 한다. 복합 개념의 소주제문을 정하고 글을 쓰면 초점이 분산되어 산만한 느낌을 준다. 둘째, 한정된 범위의 소주제문을 선택하는 것이 바람직하다. 너무 넓은 범위의 소주제문을 정하고 글을 쓰면 뒷받침해야 할 내용이 많아져서 통일성을 기하기 어렵다. 셋째, 소주제문을 직접적으로 관련된 내용으로만 뒷받침해야 한다. 소주제문과 직접적으로 관련이 없거나 거리가 먼 내용은 통일성을 깨뜨리는 요인이 된다.

2) 연결성

연결성은 두 가지 의미를 지닌다. 하나는 소주제를 뒷받침하는 문장들이 일정한 질서에 따라 논리적으로 연결되어야 한다는 의미이다. 연결성을 긴밀성이라고도 하는데, 이는 곧 한 단락을 이루는 문장들이 일정한 순서로 배열되어 서로 유기적으로 긴밀하게 연결되도록 해야 하기 때문이다. 이를 위해서는 맥락에 맞는 접속어와 지시어를 사용해야 한다.

두 번째로는 문장과 문장 사이의 내용이 논리적으로 긴밀하게 연결되어야 한다는 의미이다. 앞뒤의 서술이 이치에 합당한 서술인지, 적절한 뒷받침 문장을 사용하고 있는지, 성급한 일반화를 하고 있지 않은지 등 논리의 연결성 측면을 점검해야 한다.

슈츠는 이방인이 현지인과 사회적 관계를 형성하는 과정에서 기존 레시피(recipe)를 폐기하고 새로운 레시피(recipe)를 구성하는 과정을 매우 중요하게 본다. '이방인'이 자신의 원래 사회에서 배운 현지 사회의 레시피(recipe)는 직접 체험에 의거하지 않은 간접 지식에 불과하므로 잘못된 정보일 가능성이 높다. 이런 한계에도 불구하고 이방인이 새로운 사회의 구성원이 되었을 때, 그는 기존의 정보에 따라 현지 사회를 이해할 수밖에 없다. 그래서 그는 현지 사회의 문화패턴 전체를 바라보지 못하고 그 사회의 피상적인 편린에만 골몰하게 된다. 그 결과 그는 자신이 기존에 지녔던 레시피(recipe)로는 해결되지 않는 전혀 다른 유형의 지식을 필요함을 느낀다. 결국 그가 현지 사회에 대해 가졌던 선입견이나 믿음, 일반론은 현지에서는 적합하지도 않고 유용성도 떨어지는 레시피(recipe)가 되어 버려진다. 이러한 상황에서 이방인은 자신의 현재 위치를 제대로 정립하기 위해 새로운 지식 구성에 골몰하게 된다.

위 예문의 소주제문은 첫 문장이다. 이후 문장들은 이방인이 다른 사회의 일원이 되기 위해 새로운 레시피를 구성하는 과정을 상세히 설명하고 있다. 이 단락의 의미가 잘 통하기 위해서는 이방인이 현지에 적응하는 과정에 따라 문장이 배열되어야 한다. 이를 위해서 '이러한', '따라서', '그 결과', '결국' 등의 지시어와 접속어를 사용하여 각 문장을 연결하고 있다.

인도의 지식인들은 식민지 언어인 영어를 사용함으로써 문학적 전통을 빼앗겼지만, 이 억압이 오히려 자기 자신을 재발명하고 백인들이 내세우는 보편성보다 더 보편적인 새로운 정체성을 구성할 기회를 주었다는 것이다. 인도의 지식인들이 영어를 사용함으로써 민족의 전통을 빼앗겼다고 보는 사람들이 대부분이다. 그들은 '과거의 인도'를 잃은 대신 '보편적이고 민주적인 인도'에 대한 새로운 꿈을 얻었다고 볼 수 있다. 인도 지식인들이 자신의 모국어 대신 '영어'를 강제로 사용한 것이 생각지 않은 새로운 전통을 만들어냈다고 보는 학자도 있다. 슬라보예 지젝은 이러한 견해를 지닌 대표적인 학자이다. 영어라는 언어적 식민주의는 역으로 인도인들의 형식적 평등을 위한 조건을 창출하는 계기가 된다.

위 단락은 연결성이 갖추어지지 않아 쉽게 이해되지 않는다. 앞 뒤 문장의 배열순서가 무엇인지 알 수가 없어서 이해가 잘 되지 않으며 그 결과 전체적인 주제가 무엇인지도 모호해졌다. 또한 각 문장 사이에 어떤 접속어도 사용하지 않아 문장 사이의 관계가 어떠한지를 알 수가 없다. 이 단락이 이해되기 위해서는 문장을 논리적 순서에 맞게 재배치해 연결하고 각 문장 사이에 적절한 접속어를 넣어야 할 것이다. 인도인들이 영어를 사용하게 된 결과 새로운 문학적 전통을 창조하게 되었다는 것이 소주제이기에, 이것이 논리적으로 연결되도록 문장을 배열해야 한다. 그렇기 위해서는 각 문장들의 관계를 우선 알아야 할 것이다. 문장 관계가 원인과 결과인지, 시간의 순서에 따른 것인지, 공간의 순서에 따른 것인지를 살펴야 하는 것이다. 위 단락은 '인과 관계'가 중심이므로, 이에 맞게 각 문장들의 관계를 정렬해야 한다. 이를 연결성이 갖춰지도록 수정하면 다음과 같다.

인도의 지식인들이 영어를 사용함으로써 민족의 전통을 빼앗겼다고 보는 사람들이 대부분이다. 그러나 인도 지식인들이 자신의 모국어 대신 '영어'를 강제로 사용한 것이 생각지 않은 새로운 전통을 만들어냈다고 보는 학자도 있다. 슬라보예 지젝은 이러한 견해를 지닌 대표적인 학자이다. 인도의 지식인들은 식민지 언어인 영어를 사용함으로써 문학적 전통을 빼앗겼지만, 이 억압이 오히려 자기 자신을 재발명하고 백인들이 내세우는 보편성보다 더 보편적인 새로운 정체성을 구성할 기회를 주었다는 것이다. 그렇다면, 그들은 '과거의 인도'를 잃은 대신 '보편적이고 민주적인 인도'에 대한 새로운 꿈을 얻었다고 볼 수 있다. 그런 의미에서, 영어라는 언어적 식민주의는 역으로 인도인들의 형식적 평등을 위한 조건을 창출하는 계기가 된다.

한편, 문장과 문장 사이의 연결이 논리에 어긋나는 경우에도 단락이 제대로 구성되지 않는다. 소주제문과 뒷받침 문장이 논리적으로 연결되는지, 앞뒤의 서술이 이치에 맞는지를 검토해야 한다.

안목이란 사물을 바로 볼 줄 아는 눈을 말한다. ㉠ 여기서 사물을 바로 본다는 것은 시각적인 바른 관찰만을 뜻하지 않는다. ㉡ 사물의 본질이나 진상을 꿰뚫어 보고 바로 판단하는, 통찰력이 바탕이 되는 바라봄을 뜻한다. 또, 안목은 사물을 넓고 멀리 볼 줄 아는 능력도 포함된다. ㉢ 이러한 안목은 우리의 일상생활에서부터 갖가지 사업이나 전 사회를 위한 경륜에 이르기까지 필수적인 요소가 된다. ㉣ 예를 들어, 인재를 고르는 데에도 안목이 있는 사람과 없는 사람은 다르다. ㉤ '구슬이 서 말이라도 꿰어야 보배'라는 속담은 이러한 안목의 중요성을 설파한 것이다.

위 예문에서 소주제문장은 '안목이란 사물을 바로 볼 줄 아는 눈을 말한다.'이다. ㉠~㉤의 문장이 소주제문을 뒷받침한다. ㉠~㉣은 소주제문과도 논리적으로 연결되어 있고, 앞뒤의 문장이 순리적으로 연결되어 있다. ㉤에 와서 단락의 연결성이 부족해진다. 인용된 속담이 내용상 연결성이 없는 까닭이다. 따라서 이 단락은 '연결성의 원리'에 위배된다. 여기에 '백락일고(伯樂一顧: 명마가 백락을 만나 세상에 알려진다는 뜻으로, 자기의 재능을 알아주는 사람을 만나 대접을 잘 받음을 이르는 말)'라는 고사성어가 예시로 들어갔다면 연결성의 원리가 잘 지켜진 단락이 되었을 것이다. 이처럼 단락에서는 이치에 합당한 서술이 이루어져야 한다. 속담의 뜻을 잘못 풀이한 나머지 연결성을 위배한 단락이 되었다.

3) 완결성

글은 하나의 완성된 구조여야 한다. 완결성은 소주제문과 뒷받침 문장을 완결된 하나의 구조로 만들어야 한다는 뜻이다. 완결성의 요건은 소주제문을 뒷받침하는 문장들이 충분히 제시되어 있어야 한다는 것이다. 소주제문의 내용이 충분히 전개되어 있지 않으면 단락의 완결성이 떨어지므로 적절한 분량의 뒷받침 문장으로 소주제문을 충분히 설명해야 한다. 뒷받침 문장이 빈약하면 소주제문이 분명히 드러나지 않으며, 뒷받침 문장의 양이 충분하더라도 내용이 중언부언 된다면 완결성이 떨어지는 인상을 준다.

> 한국 교육이 당면하고 있는 가장 큰 문제는 빈부 격차가 학력 격차로 이어진다는 것이다. 돈이 많으면 양질의 교육 콘텐츠를 충분히 제공받을 수 있다. 입시 제도도 문제이다. 현재의 수시 제도는 학생의 잠재력 및 소질을 평가

한다는 최초의 의도가 무색하게 그 공정성에서 의심받고 있다.

위 예문은 두 개의 단락으로 이루어져 있지만 두 단락 모두 완결성이 부족하다. 첫 단락의 소주제문은 '한국 교육이 당면하고 있는 가장 큰 문제는 빈부 격차가 학력 격차로 이어진다는 것이다.'인데 뒷받침 문장이 충분하지가 않아 내용이 빈약하고 소주제문이 충분히 강조되지 않았다. 두 번째 단락 역시 소주제문을 뒷받침하는 문장이 하나여서 소주제문이 충분히 부각되지 않는다. 두 단락 모두 소주제문을 뒷받침하는 문장이 충분치가 않아서 내용도 빈약하고 단락의 완결성도 떨어지게 된 것이다.

이를 해결하기 위해서는 일단 소주제문을 단일하게 정해야 한다. 무엇을 소주제문으로 삼을 것인가를 정한 후에, 이를 충분히 뒷받침할 수 있는 문장을 정해야 한다. 소주제문은 충분한 뒷받침 문장을 통해서 설명되어야 한다. 이것은 독자가 소주제문을 이해하고 납득하기에 필요한 만큼의 설명, 논증, 예시 등이 충분히 제시되어야 한다는 뜻이다. 일례로 위 예시문에서 '한국 교육이 당면하고 있는 가장 큰 문제는 빈부 격차가 학력 격차로 이어진다는 것이다.'를 소주제문으로 선택했다면, 그 단락은 '소주제문+ 근거(이유나 방법)와 증명(객관적 자료, 전문가의 의견 등의 사실과 사례), 부연설명이 담긴 뒷받침 문장들'로 구성되어야 한다. 이 소주제문을 중심으로 뒷받침하는 내용을 보강하면 다음과 같이 완결성을 갖춘 단락이 된다.

한국 교육이 당면하고 있는 가장 큰 문제는 빈부 격차가 학력 격차로 이어진다는 것이다. 자본을 얼마나 소유하고 있느냐에 따라 교육의 제공 기회와 수준이 달라지기 때문이다. 지금 우리가 살고 있는 한국 사회는 사교육 시장의 규모가 대기업에 비견될 정도로 커지고 그에 따라 엄청난 양과 양질의 콘텐츠 역시 다량으로 생산되고 있다. 구매할 경제적 여유만 있다면, 언제든지 양질의 콘텐츠를 소유할 수 있으며 고급의 정보에 접근할 수 있다. 반면에 돈이 없으면 교육 콘텐츠 정보에 대한 접근성도 제한된다. 무상으로 혹은 적은 돈으로 제공 가능한 교육 콘텐츠는 수도 적을뿐더러 내용 역시 풍부하지 못하다. 설령 접근이 가능하다 하더라도 양질의 정보를 제공받으려면 추가 비용이 발생한다. 따라서 자연스럽게 두 그룹 사이에는 정보의 격차가 생겨나고 이는 고스란히 학력의 격차로 이어진다. 실제로 2015년의 한 연구에 따르면 2015년 한국의 경제 수준과 학력의 상관관계는 42.75로 집계되었다. 이는 2000년(21.97)의 거의 두 배에 이른 값이며, 2012년(34.06)보다도 8포인트 넘게 뛰었다. 이 통계 수치는 빈부의 격차가 빠른 속도로 자녀 학력의 격차로 번지고 있는 한국 사회의 비극적 모습을 보여준다.

연습문제 3

단락의 요건을 잘 갖춘 글을 조사해보고, 어떤 점에서 그러한지 의견을 나누어 보자.

연습문제 4

다음의 단락들은 단락의 구성 원리 중에서 어떤 점을 위배하고 있는가? 요건에 맞는 단락이 되려면 어떻게 고쳐야 할 것인가?

① 우리는 "남잡이가 나잡이"가 되는 예를 흔히 본다. 남을 잡아 주는 것은 결국 나를 잡아 주는 것이 된다. 남을 탓하는 사람은 결국 자기가 욕을 먹게 되고, 남에게 잘 해 준 사람도 결국 자기도 그만 한 손해를 보기도 한다.

② 말과 글은 화자와 청자, 저자와 독자 사이의 의사소통을 지향한다는 점에서는 같지만 문자 언어인 글과 음성 언어인 말은 그 매체의 특성상 차이를 지닌다. '말'은 유아기 때부터 자연스럽게 체득하는 것에 비해 문자언어인'글'은 언어를 배우는 과정을 전제로 한다. 즉, 언어의 특정한 조건들, 예를 들어 올바른 표기법과 적절한 문법을 습득한 후에 쓰기가 가능해진다. 또 '글'은 저자와 독자 사이에 직접적인 접촉은 없지만 시공간이나 보존이 비교적 자유롭다는 특징을 지닌다. 이렇듯 글쓰기는 말하기와는 분명히 다른 조건에서 구성되는 것이다. 말하기와는 달리 수신자(즉, 독자)와 직접 대면이 불가능하기 때문에 자칫하면 무례해질 수 있다. 자신의 생각이나 느낌이 독자에게 오롯이 전달될 수 있도록 독자를 고려하여 신중하게 표현해야 한다.

③ 나는 고양이를 무척 좋아한다. 고양이는 생김새도 귀여울 뿐 아니

라 무척 독립적인 삶의 태도를 지녔기 때문이다.

나는 강아지도 좋아한다. 강아지는 고양이처럼 조용하지는 않지만 늘 내게 와서 놀아달라고 한다.

연습문제 5

다음 제시된 단어를 이용하여 주제문을 만들고, 이를 단락의 요건에 유의하여 한 단락으로 써보자.

예문

사랑은 두 사람의 손목에 걸린 유리 수갑이다. 수갑이란 것 자체가 매우 강하게 연결되어 있는 것처럼 느껴지지만 유리라는 속성은 부주의하면 깨지기 쉽다. 사랑도 두 사람이 매우 강하게 연결되어 있는 것 같지만 한 사람이라도 사랑에 부주의하면 그 관계는 깨지기 쉽다. 그리고 유리가 깨지면서 날카로운 파편을 만들어 다칠 수 있는 것처럼 사랑도 깨져버리면 상처를 남기고 끊어져 버린다. - 학생글

① 사랑

② 가족

③ 대학

④ 전공(본인의 전공)

⑤ 직업

4
특수 단락 쓰기

단락에는 일반 단락 외에도 글의 시작이나 끝맺음 등 특수한 목적을 위해 쓰이는 단락이 있다. 이를 특수 단락이라 부른다. 대부분의 학생들은 일반 단락 쓰기보다는 특수 단락 쓰기를 훨씬 더 어려워한다. 글의 본문에 해당하는 일반 단락은 글의 핵심 내용을 포함하고 있기 때문에 상대적으로 쓰기에 수월하지만, 특수 단락은 어떤 내용과 형식으로 써야 할지 막막하기 때문이다. 대표적인 특수 단락으로는 도입 단락과 결말 단락이 있다. 도입 단락은 쓰려는 글의 목적과 종류에 맞추어 쓰는 것이 우선이다. 글에 따라서는 도입 단락이 필요하지 않은 경우도 있다. 제안서나 기획서 등은 제시한 항목에 따라 기술하면 된다. 그렇기에, 여기서 설명하는 내용은 글쓴이의 주장을 담은 글, 즉 사회 비평 에세이나 칼럼, 논문이나 학술 보고서를 대상으로 한 글에 유용함을 미리 밝힌다.

1) 도입 단락

도입 단락은 글을 시작하는 단락으로 서두 단락이라고도 한다. 많은 사람들이 글의 도입 단락을 어떻게 구성해야 하는지 어려워한다. 도입에는 글의 목적과 문제 제기 또는 글을 쓰게 된 배경 등의 내용을 포함한다. 왜 이런 문제에 주목하게 되었는지부터 시작하여 글을 쓰는 목적, 본문에서 다룰 내용이 무엇인지를 간략히 제시(혹은 암시)하는 것이 도입 단락에서 다룰 주요 사항이다. 도입 단락은 포함하는 내용이나 전체 글의 분량에 따라 몇 개의 단락으로 구성할 수도 있다. 그러나 그리 길지 않은 분량의 글이라면 도입 단락은 한 단락으로 하는 것이 일반적이다.

> 오늘날 10대들은 어른들로부터 이런 말을 듣곤 한다. "공부 열심히 해서 좋은 대학 가야한다." 이 말씀을 따라 열심히 공부해 좋은 대학에 가게 되면 어른들은 출신 고등학교나 학원, 아니면 사는 동네에 현수막을 걸어 떠들썩하게 자랑을 하지만, 상대적으로 이름 없는 대학교에 들어가면 어느 대학에 갔는지조차 말하기 꺼려한다. 하긴 좋은 대학에 들어가면 취업의 기회도 많아진다고 하니 '좋은 일'인 것은 분명하다. 하지만 과연 '좋은 대학'을 가는 것만이 그 사람을 '좋은 사람', 혹은 '제대로 된 사람'으로 성장하게 해주는 걸까?
>
> \- 학생 글

위 인용문은 도입 단락으로, 문제 제기부터 시작하여 글 쓰는 목적과 본문에서 다룰 주제를 밝히고 있다. 독자들은 위의 단락을 읽으면서, 이 글이 '좋은 대학을 요구하는 현 사회'라는 문제에서 출발하여, '좋은 대학의 진학이 성공의 지름길'이라는 세간의 잘못된 믿음에 대한 비판을 주요 내용으로 삼으려는 목적을 지니고 있음을 알 수 있다.

이상의 글이 일반적인 대중 독자들을 상정한 글쓰기라면, 학술적인 글에서 도입은 좀 더 형식적인 차원을 갖춰 써야 한다. 일반적인 학술적 글쓰기에서는 도입은 주로 서론이라는 형식으로 드러난다. 서론에는 자신이 다룰 연구 주제를 제시하고, 이 연구를 하는 목적이 무엇인지, 선행 연구와는 어떻게 다른지, 어떤 이론적 관점에서 내용을 전개할 것인지를 제시하여야 한다.

도입은 여러 방식으로 쓸 수 있다. 인용으로 시작하는 법, 주제부터 제시하는 법, 정의로부터 시작하는 법, 현 상황의 문제점부터 시작하는 법 등이 흔히 사용된다.

> 사자성어 중에 화사첨족(花蛇尖足)이라는 말이 있다. 뱀 그림에 다리를 그려 놓았다는 뜻이다. 불필요한 일을 쓸데없이 덧붙여서 도리어 일을 그르치는 상황에 사용된다. 그림이 얼마나 대작인지와 관계없이 사족이 작품 전체를 망쳤다고 보는 것이다. 이러한 화사첨족 행위는 일상에서 접하는 미디어에서도 종종 발견할 수 있다. 이 글에서는 교육용 애니메이션에서 드러나는 대표적인 화사첨족 행위에 대해 논의하려고 한다.
>
> \- 학생 글

위 예문은 고사 성어를 인용하는 방식으로 도입 단락을 시작하고 있다. '교육용 애니메이션에서 폭력적인 내용과 묘사는 불필요하다.'는 것을 전체 주제로 삼은 글의 도입부분으로, 글쓴이는 고사성어(故事成語) 인용으로 시작하여 어떤 문제를 다루려고 하는지를 소개하는 문장으로 자연스럽게 이어가면서 논지를 펼친다. 다음 예문은 'N포 세대'라는 글감을 활용하여 도입 단락을 쓴 한양대학교 1학년 학생들의 글이다.

① 'N포 세대'란 출산, 결혼, 주택 마련 등 20~30대에 필수적으로 갖추어야 한다고 생각해온 'N'가지를 포기한 세대를 일컫는 신조어이다. N포 세대 중에는 출산을 두고 "준비 없이 아이를 낳아 기르는 것은 아이에 대한 하나의 폭력이다."라고 말하는 사람들도 많다. 왜 그들은 아이가 태어나는 것이 축복이 아니라 우리가 아이에게 주는 폭력이라고 생각하게 되었을까?

– 정의로 시작하기

② '아프니까 청춘이다'는 말처럼 청춘은 항상 아프고 힘들어야 할까? 현재 우리나라 청년들은 연애, 결혼, 출산을 포기한 삼(3)포세대를 넘어 5포 세대와 7포 세대를 거쳐 포기하는 가짓수가 무한대로 많아진 N포 시대에서 살고 있다. 요즘 청년들을 말하는 단어인 'N포 세대'는 참으로 마음 아픈 현실을 담은 단어가 되어 버렸다.

– 인용으로 시작하기

③ 주말에 작은 할아버지 칠순잔치가 있어 온 친척이 모였다. 그 자리에서 어르신들이 삼촌에게 쓴 소리를 하시는 걸 잠깐 들었다. 연애, 결혼, 집 등등 인생에서 해결해야 할 큰일들에 대한 것이었다. 이에 삼촌은 "요즘은 3포 세대잖아요."라며 힘없이 대답하셨다. N포 세대란 2015년 취업시장 신조어로, 어려운 사회적 상황으로 인해 취업이나 결혼 등 여러 가지를 포기해야 하는 세대를 말한다. 요즘은 불경기로 인해 N이 증가하는 추세이다.

– 일화로 시작하기

④ N포 세대는 미래에 대한 희망을 가질 수 없다. 원래 희망이라는 것은 지금은 없는 무엇인가를 원하고 소유하기를 원한다는 말이다. 그러나 우리 세

대는 가질 것을 먼저 생각하기보다는 잃을 것을 먼저 떠올려야 하는 세대이다. 따라서 먼 황금빛 미래를 꿈꾸는 것보다 지금 하루를 어떻게 즐겁게 살아야할지 생각하는 것이 더 경제적이라고 생각하는 세대인 것이다.

– 주제로 시작하기

위 예문 ①, ②, ③, ④는 각각 정의, 인용 등의 서술방식을 사용하거나 일화 제시, 주제 제시 등의 방법으로 도입 단락을 시작하고 있다. 이렇듯 도입은 다양한 서술 방식을 적용하여 쓸 수 있다.

글의 종류와 목적에 따라 도입 단락을 쓰는 방식은 달라질 수 있다. 앞에서 제시한 방법들이 하나의 예시는 될 수 있겠지만 정해진 답은 아니다. 쓰려는 글의 목적과 종류에 부합되도록 하면 어느 방식이든 가능하다. 다만 실제 집필 과정에서 학생들은 첫 줄을 쓰고 나면 가장 어려운 부분을 썼다는 안도감에서 맥락을 잃어버리는 경우도 종종 있다. 앞서 서술했듯이, 설명문이나 논설문의 도입 단락은 분명한 기능이 있다. 글을 쓰게 된 배경 혹은 문제 제기와 글의 목적, 논의 주제에 대한 대략적인 소개는 반드시 포함되어야 할 내용이다. 또한 서두에서 본문으로 넘어가는 부분에서 연결성이 떨어지는 경우가 종종 발생하므로, 두 부분을 자연스럽게 이어줄 수 있는 연결 문장도 1~2개 정도 필요하다.

2) 결말 단락 쓰기

결말 단락은 한 편의 글을 마무리하는 단락이다. 앞서 도입 단락에서도 언급했듯이, 결말 단락도 글의 유형이나 쓰임에 따라서 필요 여부도 다르고 쓰는 방식도 다르다. 정보를 제공하는 글 중에서는 사례에 따라 결말 부분을 따로 쓰지 않을 수도 있으며 묘사나 서사문에서도 정서적 흐름이나 이야기 흐름을 방해한다고 판단되면 굳이 결말을 따로 제시하지 않기도 한다. 여기서는 편의상 보고서 혹은 주장하는 글을 중심으로 설명하도록 한다.

흡혈박쥐는 많은 신화를 만들어낸다. 빅토리아 고딕풍의 공포 문학 애호가에게 흡혈박쥐는 단지 목을 축이기 위해 생명의 체액을 빨아 죄 없는 생명을 희생시키는 공포의 대상이다. 이 신화에 '이빨과 발톱이 피범벅이 된 자연'이라는 또 하나의 신화를 결부시켜 보라. 흡혈박쥐야말로 이기적 유전자의 세계에서 최고의 공포의 화신이 아닌가? 하지만 나는 모든 신화에 회의적이다. 만일 특정 사례에서 진실이 어디에 있는지를 알고 싶다면 잘 들여다보아야 한다. 다윈주의에 관한 문헌이 우리에게 알려 주는 것은 특정 생물에 대한 섬세한 예측 같은 것이 아니다. 그것은 더 미묘하고 더 귀중한 무엇인가를 알려주고 있다. 바로 원리를 이해시켜 준다. 그러나 우리에게 신화가 있어야만 한다면, 흡혈박쥐에 관한 실제 사실은 또 다른 도덕적 이야기를 해줄 것이다. 박쥐 자신에게 피는 단순히 물보다 진하기만 한 것이 아니다. 그들은 혈연의 관계를 넘어서 피를 나눈 충성스러운 형제의 연분으로 영속적인 끈을 형성한다. 흡혈박쥐는 기분 좋은 새로운 신화, 즉 서로 나누고 협력하는 신화의 선봉이 될 수 있다. 흡혈박쥐는 이기적 유전자에 지배되면서도 마음씨 좋은 놈이 일등이 될 수 있다는 따뜻한 생각을 퍼뜨릴 수 있을 것이다.

- 리처즈 도킨스 / 홍영남·이상임 옮김 , 〈마음씨 좋은 놈이 일등한다〉, 《이기적 유전자》, 2011, 을유문화사, pp.379-380.

칼럼이나 에세이는 결말 부분을 통해 글 자체의 전체 의미를 요약하고 강조하기도 한다. 위의 글은 흡혈박쥐의 예를 통해 '이기적 유전자에 지배되면서도 이타성을 가진 존재가 개체 번식과 종 유지에 유리하다'는 본문의 내용을 요약하고 주장을 다시 강조하고 있다. 흡혈박쥐에 대한 상식적 생각이 왜 틀렸는지를 자신의 연구를 통해 밝히고 '서로 나누고 협력하는 것'의 중요성을 강조한 것이다. 본문에서는 구체적인 근거를 제시하면서 논의를 전개하므로 자칫하면 전체적인 관점이 흐려지는 경우도 있다. 위의 본문에서는 흡혈박쥐가 어떻게 이타성을 보여주는지에 집중하였기 때문에 그 관찰 결과의 의미화는 다소 미흡하게 서술된 측면이 있다. 따라서 결론에서는 본론의 논의를 총괄하고 종합하면서 다시 한 번 자신의 관점인 '마음씨 좋은 놈이 일등한다.'를 강조한 것이다.

결말 단락은 다음과 같은 내용을 담는 것이 일반적이다. 첫째, 앞선 논의를 요약하면서 자신의 입장을 분명하게 밝힌다. 본론의 논의를 종합하고, 자신의 주장을 강조하는 것이다. 둘째, 대책이나 해결 방안을 제시할 수도 있다. 본문에서 주로 문제점을 지적했다면 결론에서는 대안이나 해결 방안을 언급하는 것도 좋다. 본론에서 서술한 문제와 관련하여 앞으로의 전망이나 다짐, 요망 사항을 서술해도 좋다.

> ① 고3 입시생뿐만 아니라 취업 준비생에게까지 큰 영향을 미치는 학벌 중심 사회는 우리 모두에게 넘기 힘든 벽으로 작용한다. 앞으로 우리 사회는 더 이상 학벌을 계급이자 신분으로 간주해서는 안 된다. 또한 학벌을 그 사람의 가치로 여기는 사회에서 우리는 자신만의 가치를 찾고 새로운 자신만의 성공 기준을 세울 수 있어야 한다. 한국 사회의 고질적 병폐인 학벌 중심 사회, 이제는 달라져야 한다.
>
> – 학생 글

② 아빠 얘기를 통해 네가 옛 선인들의 지혜로운 말과 좀 더 친해졌으면 좋겠다. 그래서 1천 개의 슬슬주를 색깔별로 상자에 담아 복잡한 것을 단순하게, 어려운 것을 쉽게, 갈피를 잡을 수 없는 상태에서 일목요연한 상태로 옮겨가는 슬기를 지니게 되기를 바란다.

옛날을 '오래된 미래'라고 말하기도 한다. 오래된 것을 그저 낡은 것으로만 여기면 안 되겠지. 그 속에 더 멋진 미래가 숨어 있을지도 모르니 말이다.

- 정민, 《정민 선생님이 들려주는 고전 독서법》, 보림출판사, 2012, p.202.

예문 ①과 ②는 모두 본문에서 다룬 내용을 요약하고, 독자에 대한 당부와 요망 사항을 밝히면서 글을 마치고 있다. 이 외에도, 학술적인 글일 경우 본문에서 미처 다루지 못한 문제가 있으면 본 논의의 한계를 밝히고 앞으로 남은 연구 과제를 적을 수도 있다.

연습문제 6

주어진 조건에 따라 도입 단락을 써 보자.

1) **글감** 행복한 대학생활의 조건

방법 구체적인 사건이나 일화를 이야기하며 시작하는 방식

2) **글감** 우리에게 휴식이 필요한 이유

방법 시사적인 내용을 언급하면서 시작하는 방식

3) **글감** 대학의 성적 평가 방식에 대하여

방법 인용을 하면서 시작하는 방식

연습문제 7

다음 글을 읽고, 조건에 맞는 결말 단락을 써 보자.

학교 운동선수들이 각종 폭력에 노출돼 있을 것이라는 예상은 빗나가지 않았다. 국가인권위원회가 최근 전국 초·중·고 학생 선수 6만

3211명을 대상으로 인권실태를 전수 조사한 결과에 따르면, 학생선수 가운데 15.7%가 언어폭력을, 14.7%가 신체폭력을, 3.8%는 성폭력을 경험한 것으로 나타났다. 특히 "더 이상 맞고 싶지 않다"며 신체폭력의 경험을 호소한 선수들이 많았다. 학생선수들의 신체폭력 경험률은 일반 학생(8.6%)보다 2배 가까이 높았다.

'맞으면서 운동한다'는 속설은 낭설이 아니었다. 더 큰 문제는 폭력을 훈련이나 실력 향상을 위한 것으로 받아들이고 있다는 사실이다. 코치나 상급생으로부터 폭력을 경험한 초등학생 선수의 38.7%는 폭력을 당한 뒤 "더 열심히 해야겠다고 생각했다"고 답변했다. 심지어 "운동하면서 맞는 거는 당연하다고 생각한다"는 반응도 있었다. 성폭력 피해자의 절반 이상(57.5%)은 "괜찮은 척 웃거나 그냥 넘어갔다"고 답했다. 학생선수들이 일상의 폭력을 아무렇지도 않은 일로 내면화하고 있다니 문제가 아닐 수 없다.

이번 조사는 올해 초 빙상 코치의 선수 성폭력 사건이 계기가 됐다. 그러나 학생선수 폭력은 모든 스포츠 종목에 퍼져 있었다. 청소년기의 학생선수들은 과도한 훈련으로 학습권과 휴식권을 침해받는 경우가 비일비재하다. 여기에 폭력까지 더해지고 있으니 학생선수의 인권이 참담할 뿐이다. 정부는 앞서 스포츠혁신위원회를 구성해 '스포츠 인권기구' 설립 등을 제안한 바 있다. 그러나 체육계가 외면하고 정치권이 손을 놓으면서 미래의 꿈나무들이 멍들고 있다.

[조건: 대안 중심으로 결말 단락 쓰기]

-'학생선수'폭력 일반학생의 2배, 당장 대책 마련해야, 〈경향신문〉, 2019.11.8. 사설

연습문제 8

결말 단락은 글의 목적이나 유형에 따라 다양하게 구성될 수 있다. 다음 글을 읽고, 단락별로 소주제문을 찾아보자. 더불어 이 글에서 밑줄 친 마지막 단락이 주는 효과가 무엇인지 생각해보자.

'하루 8시간 노동'은 '오래된 꿈'이다. 세상이 꿈꾼 지는 오래되었으나, 많은 이들에게는 여전히 꿈이다. 이런 꿈같은 얘기를 처음 꺼낸 사람은 몽상가나 신기루를 찾는 혁명가가 아니었다. 노동운동에서 나

온 것도 아니었다. 로버트 오언이라는 스코틀랜드의 방직공장 사장이었다.

불과 10살의 나이에 오언은 현존하는 모든 신학은 오류라는 다소 조숙한 결론을 내리고, 세속의 공장에서 일을 배웠다. 배운 것으로 공장을 세우고, 수천명의 노동자를 고용했다. 때로는 16시간이 넘는 장시간 노동이 비인간적이고 비생산적인 점을 깨닫고, 남이 뭐라든 개의치 않고 노동시간을 대폭 줄였다. 그래도 생산성이 줄지 않았다. 다른 공장의 자발적 참여를 기대했지만, 곧장 포기하고 입법운동에 매진했다. 처음에는 10시간을 주장하다가, "하루 8시간 일하고, 8시간 놀고, 8시간 쉬기"로 업그레이드했다. 1817년의 일이었다. 그를 기업들은 '철부지'라 했고 혁명가들은 '공상가'라 했지만, 오언의 '8시간 노동'만큼 세상이 구체적으로 꿈을 꾸게 한 슬로건은 드물다.

21세기에는 방직공장 자리에 정보기술(IT) 회사들이 들어섰다. 밤낮으로 일해서 세운 회사에서 '중단 없는 열정'을 요구하는 젊은 사장들도 있지만, 21세기의 오언도 있다. 실리콘밸리에서는 6시간으로 줄이자는 얘기가 끊임없이 나온다. 리처드 브랜슨은 오언의 '8시간 노동'을 넘어서 일주일에 3~4일 정도만 일하자고 제안했다. 오언에게 방직기계가 있었듯이, 21세기에는 이를 뛰어넘는 디지털 기술이 있다는 것이다. 너스레를 떠는 것이 아니라, 경제적 합리성임을 강조한 것이다.

올해 봄, '8시간 노동'의 봄이 더디게 오는 나라에서 어느 정치지도자가 말했다. 노동시간 규제는 "국민들에게는 마음껏 일할 자유"를 빼앗는 행위이며, "이제 국가가 일방적으로 정해주는 '기준'의 시대에서 경제주체가 자율적으로 맺는 '계약'의 시대로 가야 한다"고 했다. 이른바 "노동자유계약법"의 시대. '8시간 노동'이 '다가오는 꿈'이 아니라 아예 '잘못된 꿈'이라는 것이다. 정부에서도 비슷한 얘기가 계속 나온다. 며칠 전, 4차 산업혁명을 고민하는 위원회는 주 52시간 초과근로 금지 제도가 "개인의 일할 권리를 막"고 혁신을 저해한다고 했다. 똑같은 4차 혁명일진대, 태평양 건너 저쪽에서는 장시간 노동이 혁신을 막는다고 하고, 이 나라에서는 그것의 부재가 혁신을 해친다고 한다.

"일할 권리"는 또 무엇인가. 노동권이란 통상 나라가 국민들에게 일자리를 제공하거나 관련 직업능력을 획득하도록 도와주어야 함을 의미한다. 미국에서는 기이하게도 '일할 권리'가 노조활동을 제한하려는 것이지만, 일반적으로는 실업의 위협에서 국민을 보호하기 위함이다. 장시간 노동이라는 해괴한 '권리'를 의미하지 않는다. 스타트업 업계에서는 직원들이 원해서 한다는데, 그것은 자칫 사장이 보고 싶어 하는 현실이기 쉽고 그것이 바로 노동시간 규제의 이유이기도 하다.

4차 산업혁명의 다른 현장은 여전히 18세기 방직공장이다. 디지털 플랫폼으로 무장한 배달업체에서 일하는 청년들은 하루 12시간씩 일주일에 하루 쉬고 6일 일한다. 월 200만 원도 벌지 못하는 경우가 허다하지만, 그들은 '사장'이라 불린다. 오늘날의 '일할 권리'는 너무 편의적이다. 일자리가 필요할 때는 주지 않고, 일자리를 얻으면 내가 원하는 만큼 일할 수는 없다. 그래서 오언은 인간에게 진정한 자유를 보장하기 위해 필요한 것이 '8시간 노동'이라고 했다.

공장 사장을 해봤던 오언은 일찌감치 '자유계약'의 환상을 버렸다.

기업과 노동 간에 힘의 불균형이 있는 한 '자유계약'이 없음을 알았다. 기업의 자발적 규제가 가진 한계도 진즉 알고, '국가가 정해주는 기준'인 근로기준법을 도입하려 발버둥 쳤다. 그것은 '일방적인' 것이 아니라 가장 현실적인 '꿈'이었기 때문이었다. 백번 양보해서 '자유계약'이 가능하다면, 모든 노동자들이 자유롭게 조직하고 협상하도록 돕는 것이 우선이다. 그가 노동조합과 협동조합 운동에 열정적인 이유였다. 하지만 '자유계약'의 주창자들은 노동자의 '자유' 실현에 무관심하다.

"나의 삶은 쓸모없지 않았다. 다만 내 시대를 앞서갔을 뿐이다." 오언이 죽기 전에 남긴 말이다. 200년이 지나도, 그는 여전히 시대를 앞서 있다. 그것이 그의 위대함이고, 우리 시대의 참담함이다.

-이상헌, '8시간 노동'의 험난한 여정, 〈한겨레신문〉, 2019.10.30.

참고문헌

에릭 캔델 지음 / 전대호 옮김,《기억을 찾아서》, RMK, 2009.

리처즈 도킨스 / 홍영남 · 이상임 옮김, 마음씨 좋은 놈이 일등한다,《이기적 유전자》, 20011, 을유문화사.

서현,《건축, 음악처럼 듣고 미술처럼 보다-인문적 건축이야기》, 효형출판, 2014.

신형철,《슬픔을 공부하는 슬픔》, 한겨레출판, 2018.

정민,《정민 선생님이 들려주는 고전 독서법》, 보림출판사, 2012.

이상헌, '8시간 노동'의 험난한 여정,《한겨레신문》, 2019.10.30.

'학생선수'폭력 일반학생의 2배, 당장 대책 마련해야,《경향신문》, 2019.11.8.

7

서술 방식

글을 쓰기 위한 준비를 마쳤으면 실제 글을 쓰는 집필 단계에 들어간다. 이 단계에서는 이제까지 수집했던 자료와 구체적인 개요를 바탕으로 글을 전개해 나간다. 글의 내용을 효과적으로 조직하기 위해서는 다양한 서술 방식을 적절하게 적용해야 한다. 효율적으로 적용하기 위해서는 서술 방식을 명확하게 이해해야 하는 일이 중요하다.

서술 방식은 글의 목적이나 의도에 따라 달라지는데 크게 설명, 묘사, 서사, 논증으로 나뉜다. 설명은 알고자 하는 내용을 쉽게 풀어서 알려주는 서술 방식이고, 묘사는 어떤 대상을 객관적으로 그려내 보여준다. 또한 서사는 시간의 흐름에 따른 변화의 추이를 전달해주며, 논증은 자기의 견해나 주장의 타당성을 입증하는 서술 방식이다. 이러한 서술 방식은 글의 성격이나 목적에 따라 하나의 방식만으로 전개할 수도 있고, 여러 방식을 부분적으로 적용하여 글의 효과를 높일 수도 있다.

학습목표

1. 다양한 서술 방식의 개념과 효과를 명확하게 이해한다.
2. 여러 서술 방식을 적용하여 실제로 글을 작성하는 훈련을 해본다.
3. 서술 방식의 효율적 적용을 통해 글의 의도와 주제를 명확하게 전달하는 능력을 기른다.

1

설명, 이해하기 쉽게 밝혀 줘

설명은 글쓴이가 잘 알고 있는 대상이나 정보를 이해하기 쉽도록 전달해주는 서술 방식이다. 단어, 구조, 방법, 이치, 사물, 장치, 원인, 결과, 의미, 상황 등 이해와 전달을 필요로 하는 모든 대상에 두루 쓰일 수 있는 서술 방식이 설명이다. 대표적인 설명 방식으로는 정의, 예시, 비교·대조, 분류, 분석 등이 있다. 그런데 이런 여러 방식은 그 자체가 목적이 아니라는 점에 유의해야 한다. 즉 잘 설명하기 위해 정의하고, 비교하며, 예를 들고, 분류하는 것이다. 따라서 어떻게 하는 것이 보다 잘 설명할 수 있는가 하는 효과적인 방법을 늘 염두에 두어야 한다.

1) 정의, 뜻매김을 명확하게 해

정의는 주요한 어구나 대상에 대한 뜻풀이를 통해 설명하는 방식이다. 정의의 방법은 ① 대상의 범위를 한정하거나 ② 주요 개념을 간명하고 명확하게 규정할 필요가 있거나 ③ 글쓴이 나름의 개념을 새롭게 제시하기 위해 사용한다. 대상과 용어에 대한 개념을 명확하게 정의하지 않으면 글쓴이의 의도를 잘못 이해할 수 있기 때문이다. 이러한 정의는 주로 단일 명제로 제시되기 때문에 비교적 명확한 전달이 가능하다. 또한 단락의 도입부에 중심 개념을 먼저 제시함으로써 글의 시작을 자연스럽게 풀어나갈 수 있는 장점도 있다.

> 자기중심주의는 개인으로서의 자기에게 최상의 가치를 부여하는 태도이다. 그것은 개인으로서의 자기를 세계의 중심에 놓고 살아가는 태도이기도 하다. '개인 수준에서 성공을 거둔다면 인생에서는 더 이상 바랄 것도 없다'는 말로 자기중심주의를 설명해볼 수도 있으리라. 이런 의미에서의 자기중심주의는 범인의 시각으로 보면 너무나 자연스러운 것이고 당연한 것이다. 그러나 불교는 이런 의미에서의 자기중심주의가 허망하기 그지없는 것임을 가르쳐 준다. 왜 그것이 허망하기 그지없는 것인가? 엄밀하게 말하면 개인이라는 것은 실체가 없는 허깨비에 불과하기 때문이다.
>
> – 이동하,《현대소설과 불교의 세계》, 역락, 2017, p.15.

위의 글은 자기중심주의를 완전히 떨쳐버린 존재로서 성인(聖人)의 최고 덕목인 겸허와 자비를 강조하기 위해 자기중심주의의 개념을 정의하고 있다. 이러한 정의를 통해 자기중심주의를 완전히 탈피한 사람만이 허구적 존재인 개인의 비실체성 앞에서 겸허하고, 또한 타인에게 자비를 베풀 수 있다고 주장할 수 있기 때문이다. 다음의 글도 핵심 개념을 정의하면서 글을 풀어나가고 있다.

바이오화학 또는 산업바이오라고도 칭하는 화이트 바이오(White Biotechnology)는 바이오플라스틱, 바이오에탄올처럼 석유·석탄 기반 화학제품을 대체할 만한 친환경 제품을 생산하는 기술 분야를 말한다. 합성생물학과 에너지 분야는 좀처럼 관련이 없어 보이지만, 합성생물학을 이용하면 죽은 생물을 활용해 에너지를 만들어내는 석유·석탄과 달리 살아 있는 미생물을 이용해 효율적으로 에너지를 만들어 낼 수 있다.

현재 생물학적 분해 과정을 이용해 옥수수나 사탕수수에서 바이오에탄올을 얻는 방법이 간헐적으로 쓰이고 있다. 그러나 이 방식은 비용 대비 효율이 떨어지는 데다 식용 작물을 태워 에너지를 만든다는 비판에서 자유롭지 않다. 반면 합성생물학을 이용해 설계한 생명체를 인위적으로 투입하면 비식용 작물이나 낙엽 같은 죽은 식물에서도 바이오에탄올을 뽑아낼 수 있다.

– 유진우, 빨강·하양·초록 삼색 바이오 시장 문 열렸다,
〈WEEKLY BIZ〉, 2019.10.11.

합성생물학을 응용한 바이오 연료의 가능성과 그 경제적 가치를 설명하기 위해 바이오 화학의 개념을 정의내리고 있다. 그 뒤를 이어 합성생물학을 이용한 바이오 연료를 만드는 방법을 설명한다. 이처럼 정의는 비교적 정확한 뜻매김과 간결한 형식으로 제시되기 때문에 분명한 전달력을 확보할 수 있으며, 글의 도입부로 활용하는 데도 유용하다.

연습문제 1

'밀레니얼 세대'를 정의하면서 한 단락의 글을 써보자.

2) 예시, 예를 들면 뭐가 좋아?

예시는 추상적인 개념이나 일반적인 원리를 구체적인 예를 들어 설명하는 방식이다. 예시를 활용하면 추상적인 내용을 이해하는 데 많은 도움이 된다. 즉 경험담, 기사, 사건, 역사적 사실, 실험 결과 등 특정한 사례를 들어 설명함으로써 이해하기 어려운 내용도 쉽게 이해할 수 있게 해준다. 추상적이고 장황한 설명보다 구체적인 예들 들어주는 방법이 효과적인 것은 당연하다. 따라서 그 예가 구체적이면 구체적일수록 더욱 좋다.

원숭이, 침팬지, 해달, 독수리 등이 먹이를 캐거나 부술 때 돌을 사용한다는 것은 이미 알려진 사실이다. 하지만 그들의 도구 사용은 극히 단순하고 또 단편적이었던 것으로 알고 있었다. 그런데 이런 인식이 지극히 편협한 생각임을 알았다. 얼마 전에 읽은 신문의 한 기사(최지은, 카푸친 원숭이, 먹이 따라 도구 사용법 진화했다, 〈어린이조선일보〉, 2019.6.26)는 동물들도 도구를 활용하는 방식이 변해왔다는 명백한 사례를 보여준다.

기사에 따르면 어떤 원숭이들은 3000년 전부터 석기(돌)를 사용했으며, 활용 방법도 점점 진화했다는 것이다. 영국 런던대학교 고고학연구소와 브라질 상파울루대학교 등 공동 연구팀은 브라질 세라다카파바라 국립공원에 사는 카푸친 원숭이가 3000년 전부터 먹이를 가공하는 데 석기를 활용했고, 사용 기법을 변형시켜왔다는 논문을 국제학술지 『네이처 에콜로지 앤 에볼루션』에 발표했다. 연구팀은 세라다카파바라 국립공원에서 카푸친 원숭이가 사용한 석기 122개를 찾았는데, 방사성 탄소 연대 측정법으로 조사한 결과 약 3000년 전부터 최근까지 사용된 것으로 그 시기가 다양했다는 것이다.

시기별로 석기 사용법이 다른지도 조사했다. 그 결과 카푸친 원숭이는 약 3000년 전부터 2400년 전까지는 작고 가벼운 돌을 사용했다. 2400년 전부터 300년 전까지는 초기보다 더 크고 무거운 돌을 썼다. 연구진은 카푸친 원숭이가 초기에는 작고 부드러운 먹이를 먹다가, 시간이 지나 크고 단단한 것을 먹게 되면서 이 같은 변화가 나타난 것으로 추정했다. 300년 전부터 최근까지는 다시 중기보다 더 가벼운 돌을 내리쳐 캐슈너트 등을 잘게 쪼개 먹었다는 것이다. 이를 통해 도구를 다양한 방식으로 활용한 존재가 인간만이 아니라는 사실을 확인했으며, 이는 인간 이외의 종에서 오랫동안 도구를 사용해왔음을 보여주는 사례라는 것이다.

구체적인 예를 든다는 것은 자신의 생각을 명료하게 드러낼 뿐 아니라 타당한 근거로 활용할 수 있다는 점에서 중요한 설명 수단이다. 위의 예문은 동물들도 먹이에 따라 도구의 활용 방법을 진화시켜 왔다는 사실을 카푸친 원숭이의 사례를 통해 효과적으로 보여주고 있다. 아마도 앞으로의 연구는 도구를 사용하는 동물들이 수천 년 동안 어떻게 생태 변화에 적응해왔는지가 중요 관심사일 것이다.

이처럼 예시는 흥미롭고 실감나는 사례를 통해 전달할 핵심내용을 강조하거나 또는 구체적으로 이해시키는 데 효과가 있다. 다만 예시를 활용할 때는 주의할 점이 있다. 지나치게 특수한 사례는 글의 내용을 지엽적으로 이해할 우려가 있다는 점, 또한 예시가 장황해질수록 글의 핵심 내용이 약화될 수 있다는 점은 유의해야 한다.

연습문제 2

인간보다 우월한 동물들의 능력을 알아보고, 그러한 능력을 인간이 활용한 구체적인 사례를 찾아 이야기해 보자.

3) 비교와 대조, 비슷하거나 다른 점에 주목해!

비교와 대조는 둘 이상의 대상 사이에 존재하는 유사점과 차이점을 통해 설명하는 방식이다. 비교가 유사점에 기초한다면 대조는 차이점에 기반을 두고 설명하는 방법이다. 하지만 엄밀하게 말하면 대조는 비교에 속한다. 대조와 달리 비교는 그 자체로 유사점과 차이점을 포괄하는 개념이기 때문이다. 비교와 대조는 두 대상 사이의 관계를 통해 설명하는 방법이기 때문에 대상 사이의 특정한 조건이나 기준을 명확하게 설정해야 한다.

> 심리학적으로 종교와 주술은 유사하다. 양자의 기능은 모두 정신의 긴장을 해소시켜 주기 때문이다. 생활의 위기, 특히 죽음에 처했을 때 공포나 불안을 가진 인간은 종교 의례를 행함으로써 그들의 긴장을 풀고 절망을 극복한다. (…) 종교와 마찬가지로 주술도 감정의 긴장 상태에서 일어나 작용한다. 인간의 지식은 완전하지 않기 때문에, 경험적 수단으로 그들이 수행해야 할 종종(種種)의 곤란한 일을 극복할 수는 없다. 그래서 그들은 일종의 대체 행동으로서 주술을 행했고, 이것이 그들 기업의 성공을 방해하는 무기력이나 절망을 없애줌으로써 긴장을 해소시켜준다.
>
> – 에반스·프리차드 / 김두진 역, 《원시종교론》, 탐구당, 1985, pp.70-71.

위의 글은 종교와 주술을 비교한 글이다. 비교의 기준은 심리적 상태이다. 심리학적으로 종교와 주술 모두 정신의 긴장을 해소시켜준다는 점에서 유사하다. 인간은 종교적 제의와 주술적 제의를 통해 긴장을 풀고 절망을 극복한다는 점에서 공통적인 특징을 추출하고 있다. 이처럼 유사점에 근거하여 설명하는 방식이 비교이다. 그런데 비교와 대조 중 하나만을 적용하는 것보다 두 방법을 적절하게 활용하는 설명 방식이 보다 효과적이다. 아래의 예문은 유사점과 차이점을 모두 활용하고 있다.

> 인천 옹진군 북도면에는 신시모도가 있다. 나란히 이어진 신도(信島), 시도(矢島), 모도(茅島)를 합쳐 신시모도다. (…) 인천에서도 '아는 사람만 안다'는 신시모도는 인천국제공항이 있는 영종도 북쪽과 강화도 사이 바다에 있다. (…) 서울 도심에서 인천공항고속도로를 타면 차로 1시간 거리. 도심에서 접근성이 좋지만 배를 타고 들어가야 해 아직 '때가 덜 묻은' 풍경을 간직하고 있다. 평일에는 주민들조차 찾아보기 어려울 정도로 조용하다. 덕분에 잡념을 떨치고 일상으로부터 강제 격리되기에 딱 좋은 환경이다.
>
> 신시모도는 저마다 다른 매력이 있다. 신도는 섬마을 풍경을 만끽하기에 좋다. 신도2리 2차선 도로에서 수변공원 진입로에 서면 아래로 간척지가 펼쳐진다. 수변공원 주차장에 자전거를 세워두고 산책로를 걸으면 마치 바다 위를 걷는 듯한 착각이 든다. 일몰 감상 명소로도 유명하다. 여유가 있다면 북도면에서 제일 높은 해발 179m의 구봉산에 올라볼 만하다. 시도, 모도뿐만 아니라 영종도, 인천대교, 영종대교, 송도신도시, 인천국제공항이 한눈에 내려다보인다.
>
> 시도는 삼형제 섬 중에서 중심지 역할을 한다. 북도면사무소, 북도보건지소, 북도면종합운동장 같은 주요 시설이 모여 있다. '풀하우스'(2004년 작)와 '슬픈 연가'(2005년 작) 등 드라마를 촬영했던 장소도 이곳에 있다. 세트장이 있던 수기해변은 찾는 이들이 꾸준하다. 해변가 캠핑 시설은 주말이면 캠퍼들의 차지. 자전거를 세워두고 수기해변 전망대에 오르면 강화도 마니산이 마주 보인다.
>
> 지형이 배처럼 생긴 모도는 삼형제 섬 중 '포토존' 역할을 톡톡히 한다. 시

도와 모도 사이 연도교를 건너 직진하면 삼거리에서 이정표와 마주친다. 왼쪽은 박주기, 오른쪽은 배미꾸미 조각공원이다. 마치 박쥐처럼 생겼다고 해서 붙여진 박주기(박주가리)에는 'MODO'라고 쓰인 빨간색 조형물이 기다린다. 푸른 하늘과 바다를 배경으로 멋진 기념사진을 찍을 수 있다.

– 박근희, 영종도 옆 신시모도 자전거 여행, 〈조선일보〉, 2019.9.28

이 글은 처음에는 인천 옹진군 북도면에 있는 신도, 시도, 모도의 위치, 이동수단, 소요 시간, 환경의 특수성 등의 공통점을 간략하게 서술한다. 세 개의 섬을 '신시모도'라는 한 이름으로 부르게 한 이유도 이들 섬의 공통점에 근거를 두고 있다. 이어서 글쓴이는 세 섬의 자연환경, 특장점, 관광명소 등 저마다의 개별적 특성을 설명한다. 이러한 대조를 통해 세 섬의 독특한 매력을 드러내면서 신도, 시도, 모도로의 자전거 여행을 추천하는 글쓴이의 설명이 분명하게 전해진다. 이처럼 비교와 대조를 동시에 활용할 때 설명은 더욱 효과적이다. 비교와 대조의 방법을 활용하여 글을 전개할 때는 다음과 같은 절차를 밟는 것이 유용하다.

① 비교의 타당성을 확보할 기준이나 관점을 정한다.

② 이 기준에 근거하여 비교할 대상과 관련된 세부 사항들 이를테면 형태, 양식, 특성, 사고, 영향, 장점, 단점, 속성, 외형 등을 세밀하게 파악한다.

③ 이 중에서 글쓴이의 의도를 분명하게 드러낼 수 있는 사항들을 항목별로 정리한다.

④ 각 항목들을 구체적이고 자세하게 서술한다.

비교와 대조의 설명 효과를 높이기 위해서는 표면적인 유사점과 차이점에 머무는 수준을 넘어서야 한다. 예컨대 매우 흡사해 보이는 두 대상에서 다른 점을 발견해낸다거나, 명백히 달라 보이는 것에서 공통적 속성을 찾아내는 정도의 심도 깊은 인식이 필요하다. 즉 다양성 속에 일관되는 속성, 획일성 안에 존재하는 다양성을 찾아 비교할 때 숨겨진 면의 새로운 발견이라는 점에서 독자에게 전해지는 설명의 효과는 배가된다.

연습문제 3

1) '초콜릿'과 '사랑' 2) '게임'과 '권력' 중 하나를 골라 아래의 예처럼 두 대상 간의 유사점을 찾아 적어보자(5개).

예) 초콜릿과 사랑

1. 처음엔 달콤하지만 시간이 지날수록 맛을 잃는다.
2. 단맛도 있고 쓴맛도 있다.

예) 게임과 권력

1. 둘 다 명령으로 이루어진다.

2. 한 번 잡으면 놓기 싫어한다.

1. ______________________________

2. ______________________________

3. ______________________________

4. ______________________________

5. ______________________________

연습문제 4

1) '애인'과 '친구' 2) '연애'와 '결혼' 중 하나를 골라 아래의 예처럼 두 대상 간의 차이점을 찾아 적어보자(5개).

예) 애인과 친구

1. 애인과는 기쁨을 나누고 친구와는 슬픔을 나눈다.

2. 애인은 문자 보낼 때 다섯 줄 이상이지만 친구는 ㅋㅋ면 충분하다.

예) 연애와 결혼

1. 연애는 그 사람의 모든 것이 알고 싶지만, 결혼은 그 사람의 모든 것을 알게 된다.

2. 연애는 맞는 사람끼리 만나지만 결혼은 살면서 맞춰간다.

1.

2.

3.

4.

5.

4) 분류, 유형별로 묶어 볼래?

① 분류의 개념과 유의 사항

분류는 무질서하게 얽혀있거나 산만하게 흩어져 있는 여러 대상을 일정한 기준에 따라 유형화하여 설명하는 방식이다. 예를 들면 자동차를 배기량에 따라 경차, 소형차, 준중형차, 중형자, 대형차로 묶거나, 비행기를 용도에 따라 여객기, 수송기, 정찰기, 전투기, 폭격기 등으로 범주화하는 방식이 그것이다. 이런 분류를 통해 대상 상호 간의 관계나 전체에서의 위치를 드러낼 수도 있다. 분류의 방법을 사용하여 글을 전개할 때는 다음과 같은 점에 유의해야 한다.

• 한 가지 기준만을 적용해야 한다. 기준이 둘 이상이면 상충할 수 있다.

• 제시된 기준은 명확해야 하고 일관되게 적용해야 한다.

• 분류된 유형 내의 항목들은 공통적인 특성이나 유사성이 있어야 한다.

• 분류된 항목들은 상호 배타적이어서 넘나듦이 없어야 한다.

• 대상 전체를 포괄할 수 있어야 한다.

비행기 날개의 모양은 대개 비슷한 형태라고 생각한다. 하지만 비행기 날개의 모습은 다양하다. 위에서 바라본 날개의 평면 모양에 따라 평익(직선익), 타원익, 후퇴익, 전진익, 델타익 등으로 비행기를 나눌 수 있다.

먼저 평익(직선익)이 있다. 비행기가 처음 등장하던 옛날에 주로 사용된 것으로 공기 역학적인 구조로는 비효율적이지만 단순한 형태로 쉽고 값싸게 생산할 수 있다. 비행이 안정적이며 조종이 쉽다. 주로 경비행기에 사용한다.

다음으로 타원익이 있다. 직선익과 비슷하지만 날개에서 발생되는 양력 분포에 맞춰 설계했기 때문에 양력효율이 높다. 고속 비행 시 공기의 압력을 견뎌내는 역학적 구조가 뛰어나지 않고 구조적으로 생산이 어려워 최근엔 사용하지 않는다.

후퇴익이 있다. 후퇴익은 직선익에 비해 뒤로 기울어진 후퇴각만큼 긴 날개 길이를 가져 공기 압력을 넓게 분산시켜 공기의 저항을 효과적으로 줄일 수 있다. 직진 비행에 안전성이 우수하다. 대부분 제트엔진용 항공기나 고속 항공기에 사용된다.

또한 전진익과 델타익(삼각익)이 있다. 직진익과 달리 델타익(삼각익)은 후퇴

날개와 동체 사이의 빈 공간에 날개를 붙여 넓힌 것으로 효과적인 양력을 얻을 수 있다. 초고속비행이 용이하고 무거운 중량을 견딜 수 있어 전투기용으로 사용된다.

위의 글은 날개의 형태를 기준으로 수많은 비행기를 유형화하여 분류한 글이다. 이러한 분류를 통해 비행기의 종류를 이해하기 쉽게 설명해주고 있다. 물론 비행기는 날개 모양만이 아니라 용도, 동력 장치, 비행 속도 등 다른 기준에 의해 달리 분류될 수 있다. 기준이 달라지면 범주도 달라지고 그 안에 속하는 개별 항목들도 달라지기 마련이다. 따라서 분류로 글을 쓸 때는 어떤 기준을 정하는 것이 효율적인지 신중하게 선택해야 한다.

② 분류의 형식

분류를 활용하여 글을 전개할 때는 일정한 형식에 맞춰 서술하는 것이 설명의 효과를 훨씬 높일 수 있는 방법이다.

㉮ 복권은 어느 날 우리에게 행운을 가져다주는 놀라운 물건이자 1주일 치의 희망이다. ㉯ 우리나라에서 복권이 최초로 발행된 것은 1947년 12월 발행된 올림픽 후원권이다. 이듬해 런던올림픽 경비를 마련하기 위해서였다. 최초로 정기 발행된 복권은 주택복권이며, 현재 가장 대중적인 복권은 로또이다. 1주일 치의 희망을 품고 로또를 사는 사람이 매주 수백만 명에 이른다고 한다. 비록 1000원으로 품는 1주일 치의 희망이라고는 하지만 이러한 행운에만 매달린다면 우리는 성실하게 살아가려는 삶의 의욕을 잃을 수도 있다. 여러 가지 의견이 있겠지만 이 글에서는 ㉰ 복권을 사는 사람들의 심리상태를 중

심으로 ㉣ 희망과 삶에 대한 바람직한 자세를 생각해 보고자 한다.

㉤ 첫째는 바이런형이다. 어느 날 아침 일어나 유명해졌다는 바이런의 말처럼 하루아침에 횡재하여 신세를 고쳐보겠다는 마음으로 복권을 사는 사람들이 있다. 이 유형의 사람들은…….

둘째는 생존형이다. 빚에 쫄려 삶과 죽음의 기로에서 마지막 희망을 걸고 복권을 사는 사람들이 있다. 이 유형의 사람들은…….

셋째는 박카스형이다. 반드시 복권에 당첨되겠다는 욕심이 없이 지친 삶에 어떤 기대와 활력소를 부여하기 위해 복권을 사는 사람들이 있다. 이 유형에 속하는 사람들은…….

위의 예문 중 ㉮에서는 분류 대상에 대한 정의를 내리고 있다. 그리고 정의만으로 부족한 부분은 ㉯를 통해 보충 설명한다. 보충 설명 다음에는 ㉰에서처럼 기준을 제시하고, ㉱에서 글을 쓰는 목적이나 주제를 밝힌다. 그리고 ㉲에서부터 분류된 각각의 유형들의 특성을 본격적으로 설명한다. 이처럼 분류는 일정한 형식을 갖추고 있다. 이를 도식으로 나타내면 아래와 같다.

서론
- 대상의 정의
- 보충 설명
- 기준 명시
- 목적 제시

본론 유형 제시와 구체적 서술

결론 요약과 정리 또는 기대와 전망 등

연습문제 5

아래는 미세먼지 발령 시, 그 대응 방안에 관한 글의 일부이다. 아래의 글을 읽고 서두를 작성하기 위한 분류의 항목이 무엇인지 밝히고, 그 내용을 적어 보자.

교육부의 '미세먼지 대응실무 매뉴얼'에 따른 대응조치 지침서는 크게 4단계로 제시되어 있다. '고농도 미세먼지 예보'는 익일 예보 24시간 평균농도 PM_{10} 81$\mu g/m^3$ 또는 $PM_{2.5}$ 51$\mu g/m^3$ 이상일 때 발령하고, '예비주의보'는 당일예보 '나쁨' 이상 또는 평균농도 PM_{10} 100$\mu g/m^3$ 또는 $PM_{2.5}$ 50$\mu g/m^3$ 이상 2시간 지속할 때 발령한다. 또한 '주의보'는 PM_{10} 150$\mu g/m^3$ 또는 $PM_{2.5}$ 90$\mu g/m^3$ 이상 2시간 지속할 때, '경보'는 PM_{10} 300$\mu g/m^3$ 또는 $PM_{2.5}$ 180$\mu g/m^3$ 이상 2시간 지속할 때 발령한다.

단계별 대응요령은 다음과 같다. 먼저 고농도 미세먼지 예보일 때는 익일 예정된 실외수업에 대한 수업대체 여부 등을 검토하고, 보호자 비상연락망, 안내문 등을 통해 예보상황 및 행동요령을 공지한다. 예비주의보 때는 초등학교 야외수업을 자제하고 바깥공기의 유입을 차단한다. 동시에 체육활동, 현장학습, 운동회 등을 실내 수업으로 대체한다. 주의보 발령 시엔 초·중·고등학교의 야외수업을 단축 또는 금지한다. 06시 이전 경보 발령 시엔 가급적 휴업을 검토하고, 등·하교 시간을 조정하며, 미세먼지 관련 질환자를 파악하여 조기귀가 및 진료 등 특별히 관리한다.

- 교육부, 《고농도 미세먼지 대응실무매뉴얼》, 2017. 2.

연습문제 6

지하철 승객의 유형을 설명하는 글을 쓰다고 가정하고, 서두 단락을 작성해 보자. 단, 명확한 기준을 설정하고, 그 기준에 따른 각각의 유형까지 제시해 보자.

5) 분석, 원인과 이면을 따져볼까

① 분석의 의미와 분석적 사고

사물이나 상황은 단일하지 않고 복합적이다. 컴퓨터나 비행기가 한 개의 단일 부품으로 이루어진 기계가 아닌 것이나, 빈곤의 문제가 개인의 게으름 때문만이 아닌 사회의 구조적인 문제와 연관된 것 등을 예로 들 수 있다. 이처럼 분석이란 사물, 상황, 개념을 구성하는 복합체(개념)을 여러 부분이나 요소들로 잘게 쪼개어 체계적으로 이해하고 설명하는 방법이다. 우리는 일상에서 분석이란 말을 자주 듣고 또한 자주 사용한다. 그런데 실제로는 분석이 아닌 경우가 많다. 때론 통계이거나 때론 종합이거나 때론 예견을 분석이라고 말하기도 한다. 그러나 분석은 정의, 인용, 비교, 분류 등과는 또 다른 인식 작용을 전제로 한다.

분석적 사고의 예

어떤 남자가 교회에 불을 질러 많은 사상자를 냈다. 이 방화 사건에 대한 기사를 읽은 대부분의 사람들은 "세상에 그런 일이!" 하고 넘어간다. 이러한 반응은 개인적 느낌이나 가십에 불과하다. 그런데 누군가 교회에 불을 지른 이유를 나름대로 따져본다. 왜 그 남자는 교회에 불을 질렀을까? 첫째, 가정을 돌보지 않은 아내를 향한 분노 때문이었을까? 둘째, 목사에게 개인적 원한이나 앙심이 있었나? 셋째, 아님 그냥 술김에? 넷째, 종교적 갈등? 다섯째, 그것도 아니라면 비록 사교(邪敎)라고 할지라도 다양성을 인정하지 않는 우리 사회의 단면이 그 남자에게 투영된 결과일까? 이처럼 방화의 '결과'에 대한 '원인'을 조목조목 따졌다면 분석적 사고라고 할 수 있다.

위의 예처럼 분석이란 〈결과의 원인〉을, 〈표면이 아닌 이면〉을, 〈현상을 넘어 본질〉을, 〈전체에서 부분〉을 따지면서 체계적으로 설명하는 방법이다.

> 외형적으로 문화민족주의는 한국 대중문화의 우월감을 국가적인 맥락에서 표출하는 이데올로기로 볼 수 있다. 그러나 그 안에는 민족문화의 정치적 유산의 흔적이 배어 있을 뿐 아니라 동아시아 내 한국의 경제발전에 대한 자부심도 그 저변에 깔려 있다. 1970년대 저항적 민족문화운동가들이나 정치운동가들이 같은 시기를 살았던 상업적인 청년문화연예인들과 한류의 경쟁력을 높이기 위해 의기투합할 수 있는 정서적 공통분모가 문화민족주의라는 것도 눈여겨볼 대목이다. 다른 한편으로 대중적인 차원에서 문화민족주의는 한류에 대한 애국적인 반응을 통해 식민지 지배에 대한 문화 콤플렉스의 대항개념으로 작용하기도 한다. (…) 한류는 이제 문화적 콤플렉스에 대한 과도한 반작용이란 자기 방어적인 태도에서 벗어나 적극적으로 '하위 문화제국주의적' 지배 논리를 설파하는 문화민족주의로 작용하기도 한다.
>
> – 이동연, 《아시아문화연구를 상상하기》, 그린비, 2006, p.189.

위의 글은 일본의 한류 현상을 두고, 그 저변에 작동하고 있는 문화민족주의의 시각에서 분석한 글이다. 문화민족주의에 기반을 두고 일본의 한류 현상을 분석할 때 한류는 기존의 한국사회에서 나타난 일본 콤플렉스나 저항적 민족주의와는 다른 내셔널적인 담론이 생산될 수 있다. 이러한 인식에서 한류가 그 동안 타자로서의 일본에 대한 자국 민족주의의 구축으로서의 기능을 수행해왔다는 것을 분석적으로 설명하고 있는 것이다.

② 분석의 유형

어떤 대상이나 상황을 효과적으로 분석하기 위해서는 분석의 대상과 목적이 무엇인지 분명하게 인식해야 한다. 대상과 목적에 따라 분석 방법이 달라지기 때문이다. 크게 개념적 분석, 물리적 분석, 기능적 분석, 인과적 분석, 연대기적 분석으로 나눌 수 있다.

개념적 분석	• 불가시적인 추상적, 관념적인 대상을 설명하는 방식 • 문학, 예술, 종교, 신화, 역사, 언어, 평화, 이상, 자유 등
물리적 분석	• 물질적인 대상을 분석해 내는 방법 • 비행기의 구조, 자동차의 부품, 인체의 기관, 곤충의 몸체, 대기의 성분 등
기능적 분석	• 어떤 원리로 작용하는가, 라는 기능적 관점과 의문을 해명하는 방식 • 컴퓨터의 작동 원리, 방송국의 송출 신호와 TV 시청의 과정 등
인과적 분석	• 결과로서 나타난 현상의 원인을 설명할 때 사용되는 방법

연대기적 분석	• 명태가 사라진 이유, 제비를 보기 어려운 현상, 성장률이 둔화된 원인 등 • 사건의 경과에 따른 변화의 추이를 시간적 단위에 근거하여 해명하는 방법 • 경제 개발 계획에 따른 경제 성장, 김동리 소설의 시기별 특성 등

③ 분석의 예

독자에게 신선한 공감을 주는 깊이 있는 분석이 되기 위해서는 사물, 상황, 현상에 대한 탐구력과 남다른 분석적 시각이 수반되어야 한다.

"어제 말한 보고서, 내일 아침까지 준비할 수 있나요?"

룰루랄라 퇴근 모드이던 직원 A, B, C에게 이런 메신저가 날아든다. 발신자는 부장. 문구는 정중한데 내용은 '청구서'다. 시계는 오후 5시를 넘겼다. 뭘 시작하기도, 끝내기도 어정쩡한 시간이다. 갑(甲)에게 회신은 해야 하는데 뭐라고 쓸까. 을(乙)은 마음속 '넵 툴박스(toolbox)'에서 적당한 연장을 고른다.

"넵!" (직원 A)

"넵.." (직원 B)

"넹" (직원 C)

부장 메신저에 도착한 답은 이렇게 제각각이다. 요것 봐라. 부장은 고개를 갸우뚱한다. 모두 '알겠다'고는 했지만 사뭇 다른 심리가 만져지기 때문이다.

받침이나 느낌표, 말줄임표에 단서가 있다. A는 "당연하죠! 가능합니다", B는 "일단 알겠습니다", C는 "알았다니까요"라고 답한 셈이다. (…)

넵병은 심리적인 맥락을 살펴야 한다. 조사 결과 직장인은 '더 의욕적으로 보이려고' 또 '더 공손해 보이려고' 넵을 사용하는 것으로 확인됐다. 더 의욕적으로 보이려고 '네' 대신에 '넵'을 쓰는지 묻자 '그런 편이다'가 37%, '매우 그렇다'가 10%로 나타났다. 더 공손해 보이려고 '네' 대신에 '넵'을 쓴다는 응답은 '그런 편이다' 33%, '매우 그렇다' 9%였다. '나는 당신의 을로서 자발적이고 예의 바르다'는 신호를 보내고 싶어하는 강박은 20~30대에서 두드러졌다. (…)

스테디셀러 '회사의 **'를 쓴 김**씨는 "회사 후배들에게 뭘 이야기하면 '알겠다'의 80% 이상이 '넵'으로 돌아온다"며 "가장 안전하기 때문"이라고 말했다. 그는 "직장인이 피해야 할 회신도 있다"며 '네' '네.' '네..' 등 세 가지를 꼽았다. "윗사람은 아랫사람이 자기 말을 알아들었는지 의심하고 확인받고 싶

	부하 직원의 심리	받은 상사의 속마음
넵!	당연하죠! 가능합니다	파이팅 있네
넵..	일단 알겠습니다	뭔가 불만이 있나?
넵	절대적으로 따르겠습니다	역시 믿을 만하네 (*부작용: 누워서 '넵'을 쳤나?)
네.	알겠지만 좀 불쾌하다	손이 미끄러져 점을 잘못 찍었나?
네	알겠습니다	진짜 알아들은 걸까?
넵ㅠ	죄송합니다	으이구
넵?	뭐라고 하는 거지?	으이구X2
넵넵	'넵'만 쓰면 불안하다	파이팅 있네X2
넹	알았다니까요	친근감의 표현인가 (*주의: 진지한 상황에서는 금물)
넵~	티 안 나는 짜증	알아들었군
헉 넵;	어떡하지?	전화해야겠네

어한다. '네'라고 하면 의심이 든다. '네.'는 반항하는 듯한 느낌을 준다. '너..'처럼 말줄임표를 붙이는 것도 금기(禁忌)다. 불만이 있는데 말을 못하는 것처럼 비치니까. 물론 최악의 회신은 무응답이다."

– 박돈규, '넹' '넵' 사이… 의욕충만인가 립서비스인가, 〈조선일보〉, 2019.10.5.

직장인들 사이에 이른바 '넵병(病)'이 유행하고 있다고 한다. '넵병'이란 문자나 메신저에서 상사의 지시에 '넵'이라고 대답하는 일을 빗대어 이르는 현상이다. 위의 예문은 이러한 '넵병'의 현상에 대해 흥미롭게 분석하고 있다. 기사에 따르면 넵의 바다는 넓다. '넵넵!' '넵' '넵~' '네..' '넹' '넴' '넵ㅠㅠ' '넵;' '네네네넵'… 등. 위의 표는 그 기초 해독법이라고 한다.

연습문제 7

위의 예문과 그림을 기반으로

1) 친구 메시지에 대한 답변

2) 부모님 메시지에 대한 답변

3) 교수님 메시지에 대한 답변

4) 이성 친구의 메시지에 대한 답변

경험으로 나누어 그 안에 내재된 심리상태에 대해 서로 생각을 나눠보자.

연습문제 8

아래의 현상에 대한 이유를 생각해보자.

1) 골프공의 요철은 왜 있을까?

2) 손잡이가 달린 컵과 그렇지 않은 컵의 차이는 무엇일까?

3) 시계의 바늘은 왜 오른쪽으로 움직일까?

4) 반면 트랙 경기는 왜 시계 반대 방향으로 경기를 치를까?

2

묘사, 실감나게 보여줘 봐

1) 묘사와 설명의 차이는 뭔가

묘사는 대상을 객관적으로, 마치 그림처럼 생생하게 재현해내는 서술 방식이다. 그러므로 묘사는 독자의 상상력에 의해 대상의 모양, 색채, 감촉, 향기, 특징, 소리 등이 마치 보이는 듯, 만지는 듯, 들리는 듯이 생생하게 재현해내야 한다. 여기서 객관적 재현이란 글쓴이의 주관적 판단, 느낌, 해석, 생각 등이 드러나지 않아야 한다는 것을 뜻한다. 만일 글쓴이의 주관적 판단, 해석, 의견 등이 표현된다면 그것은 묘사가 아니라 설명이 되고 만다. 묘사의 관건은 글쓴이의 주관적 개입이 아니라 독자의 감각과 상상력에 의해 얼마나 풍요롭고 실감나게 재현해내느냐에 달려 있다.

그 남자가 올라타자 모두가 자리를 피하였다. 그 남자는 정말 험상궂게 생겼다. 아마도 몇 번은 감옥에 갔다 왔을 법한 인상이었다. 얼마나 험상궂었던지 그 남자를 쳐다본 아이마저 울어 버렸다. 그뿐만이 아니었다. 그 남자의 얼굴에는 이상한 독기마저 흐르고 있었는데, 바로 그 때문에 그는 아마도 남들에게 경원 당하거나 아무도 그에게 가까이 다가가지 않을 것이다.

위 예문에는 그 남자의 모습이 글쓴이의 판단과 느낌에 따라 '험상궂다'고 '몇 번은 감옥에 갔다 왔을 법한 인상'이라고 직접 규정하여 전달되고 있다. 이러한 주관적 설명에는 글쓴이가 제시하는 정보만 전달될 뿐 독자의 상상력은 개입할 여지가 없다.

그 남자가 올라타자 모두가 자리를 피하였다. 그의 각진 얼굴 왼편에는, 그러니까 왼쪽 눈 밑으로 깊은 상처가 길게 패여 있었고, 아주 완강한 턱 선 위로 가는 입술이 삐죽이 벌어져 그 틈으로 예리한 송곳니가 불빛에 번뜩였다. 뿐만 아니라 흉터 진 안면 바로 위에 자리한 왼쪽 눈은 오른 쪽 눈과 달리 약간 감겨 있었는데, 그 안에서 데굴데굴 굴러대는 작은 눈동자는 마치 독 오른 뱀의 눈과 흡사했다.

위의 글은 앞의 예문과 달리 글쓴이의 주관적 판단이나 인상이 서술되지 않고 있다. 그 남자의 험상궂은 얼굴이 마치 사진을 보여주듯 객관적으로 그려지고 있다. 이를 통해 독자들은 상상력을 통해 그 남자의 험상궂은 얼굴을 풍요롭게 재생해 낸다.

2) 묘사의 종류로는 뭐가 있지

① 객관적 묘사

묘사에는 객관적 묘사와 주관적 묘사가 있다. 객관적 묘사는 정보와 지식의 전달 등 설명을 목적으로 하는 묘사이기에 설명적 묘사 또는 실용적 묘사라고 한다. 객관적 묘사의 예로는 인상착의, 제품의 구조, 사용설명서, 건물의 형태 등을 들 수 있다.

객관적 묘사의 요건
- 정확하고 실용적으로
- 장황하지 않고 간결하게
- 객관적이면서도 세밀하게

〈가〉

갤러폰6는 세로로 긴 사각형의 모양이다. 하지만 모서리 부분만은 부드러운 곡선의 형태로 되어 있다. 전체 크기는 가로 약77mm, 세로 약156mm, 두께는 7.4mm이며, 무게는 201g이다. 앞면과 뒷면 모두 유리로 되어 있다. 화면은 5.6인치로 강화 HD 디스플레이이다. 해상도는 1980x1080에 인피니티 트루 디스플레이가 탑재되어 있다. 디스플레이에 탑재된 여섯 개의 센서를 이용해 주변광에 따른 색상과 밝기를 자동으로 조절한다.

갤러폰6의 앞면 맨 아래 쪽에는 나지막한 돌출형의 버튼이 보인다. 버튼의 테두리는 금색이다. 또한 버튼에는 지문인식 기능이 탑재되어 있다. 앞면과 뒷면을 이어주는 옆면은 유광의 은색이고, 항공우주 등급의 알루미늄 합금으로 마감 처리되어 있다. 옆면 맨 아래의 가운데 부분에는 USB를 연결하는 단자가 오목하게 패였다. 왼쪽에 8개의 구멍과 오른쪽에 8개의 구멍이 있다. 이 구멍들은 스피커이다.

뒷면을 이등분으로 나누어 보면 상단의 우측 1/3 부분에 1,500만 화소의 듀얼 카메라가 있다. 갤러폰6의 듀얼 카메라는 여러 사진 모드가 지원이 된다. 와이드 앵글 및 망원렌즈를 탑재하고 있어 광학 줌 기능도 가능하다. 또한 뒷면에는 이 회사의 로고가 있다. 회사 로고는 갤러폰6의 중앙 맨 위쪽으로부터 약 3cm부분부터 약 5.5cm까지 부분에 새겨져 있다.

〈나〉

서울 중구에 있는 '동대문디자인플라자'(DDP)'는 연면적이 축구장 8개 크기인 85,320㎡에 달한다. 외관은 SF 영화에 나오는 우주선처럼 독특한 곡면이다. 둥그런 것도 아니고, 타원형도 아닌 일정한 규칙이 없는 비정형(非定型), 비대칭의 형상이다.

DDP의 외관은 모두 은색 알루미늄 판으로 덮여 있다. 가로와 세로 각 1.5m, 30㎏짜리 알루미늄 판 약 45,133장으로 이루어져 있다. 자세히 보면 알루미늄 외장 패널은 단 한 장도 같은 것이 없다. 이 판들은 하나하나 휘어진 위치와 각도가 모두 제각각이다. 판전체가 일정한 각도로 휘어진 '1차 곡면' 판도 있고, 각 부분의 휘어진 정도가 다른 '2차 곡면'도 있다. 지하 3층, 지상 4층으로 총 높이 29m이지만 겉으로는 층이 구분되지 않는 형태이다.

내부로 들어가면 입구에 카페가 있고 카페 맞은편은 녹지가 조성되어 있다. 알림터, 배움터, 살림터, 동대문역사문화공원, 어울림광장 등 5개의 시설과 15개 공간으로 나눠진다. 하지만 하나의 계단이 층과 층을 연결하는 구조이다. 곡선으로 이루어진 외관처럼 건물 내부에도 직선은 없다. 넓은 공간과 좁은 통로, 안과 밖이 뒤섞인 형상으로 층과 층, 공간과 공간이 부드러운 곡선으로 이어진다. 또한 창문이 없는 내부 곳곳에는 환풍기가 위치해 있고, 바닥과 낮은 벽면에는 냉난방기가 설치되어 있다.

〈가〉는 스마트폰의 외형을 묘사한 글의 일부이다. 앞면과 옆면을 군더더기 없이 객관적이면서 세밀하게 묘사하고 있다. 묘사문 전체를 읽는다면 스마트폰의 뒷면의 자세한 외형은 물론 카메라 화소, 내장메모리, 배터리 용량, 기능 등에 대한 정보까지 보고 만지듯 알 수 있을 정도이다. 〈나〉는 동대문디자인프라자(DDP)를 묘사한 글이다. 독특한 외관과 내부의 특징을 간결하면서도 객관적으로 보여준다. 전체적으로 외관을 묘사하고 내부로 이동하는 순서로 서술되고 있다. 두 예문 모두 글쓴이의 주관적 판단과 생각을 최대한 배제하고 정보 전달이라는 목적에 충실하게 묘사하고 있다.

연습문제 1

위의 〈가〉를 참고하여 본인의 소지품 중 하나를 골라 자세하게 묘사해 보자.

② 주관적 묘사

주관적 묘사는 객관적 묘사와 달리 대상의 외형적 모습을 그대로만 재현해 내지 않는다. 대상에 대한 글쓴이의 정서, 인상, 심리적 반응 등이 덧붙여 서술된다. 실제적인 목적이 아니라 대상에 대한 깊은 인상이나 감흥을 표현하기에 심미적 묘사라고 한다. 이 주관적 묘사는 독자의 미적 감흥을 불러일으키는 묘사이다.

주관적 묘사의 요건	• 실감과 미적 감흥의 전달 • 대상의 특징을 포착할 수 있는 섬세한 관찰력 • 대상에서 받은 인상과 감흥을 세련되고 감각적인 언어로 형상화 • 글쓴이의 정서를 용해시켜 표현

타작마당 돌가루 바닥같이 딱딱하게 말라붙은 뜰 한가운데 어디서 기어들었는지 난데없는 지렁이가 한 마리 만신에 흙고물 칠을 해 가지고 바동바동 굴고 있다. 새까만 개미 떼가 물어 뗄 때마다 지렁이는 한층 더 모질게 발버둥질을 한다. 또 어디선지 죽다 남은 듯한 쥐 한 마리가 튀어나오더니 종종걸음으로 마당 복판을 질러서 돌담 구멍으로 쏙 들어가 버린다.

군데군데 좀 구멍이 나서 썩어 가는 기둥이 비뚤어지고 중풍 든 사람의 입처럼 문조차 돌아가서 북쪽으로 사정없이 넘어가는 오막살이 앞에는, 다행히 키는 낮아도 해묵은 감나무가 한 주 서있다. 그러나 그게라야 모를 낸 후 비 같은 비 한 방울 구경 못한 무서운 가뭄에 시달려 그렇지 않아도 쪼그라졌던 고목 잎이 볼 모양 없이 배배 틀려서 잘못하면 돌배나무로 알려질 판이다. 그래도 그것이 구십 도가 넘게 쪄 내리는 팔월의 태양을 가리어, 누더기 같으나마 밑둥치에는 제법 넓은 그늘을 지웠다. 그걸 다행으로 깔아 둔 낡은 삿자리 의에는 발가벗은 어린애가 파리똥 앉은 얼굴에 땟물을 조르르 흘리며 울어댄다.

– 김정한, 사하촌(寺下村), 《한국문학전집 11》, 삼성출판사, 1987, p.340.

위의 예문에서 볼 수 있듯이 주관적 묘사는 여러 감각적인 언어들을 통해 주관적이고 감각적인 인상으로 표현된다. 돌가루 바닥, 딱딱한 뜰, 물어 뜯기는 지렁이, 바둥바둥, 죽다 남은 쥐, 썩어가는 기둥, 쪼그라든 고목, 배배 틀린 돌배나무, 팔월의 태양, 땟물 등……. 여기에 가뭄에 시달리는 농민들의 고통, 농촌의 궁핍한 상황에 대한 글쓴이의 안타까운 정서도 투영되어 있다. 그 때문에 사하촌이 구체적이고 생생하게 재현되면서 마치 눈앞의 장면처럼 실감하게 된다.

연습문제 2

다음은 에리카 캠퍼스를 묘사한 한양대 1학년 학생들의 글이다. 잘된 묘사문과 그렇지 않은 묘사문을 구분하고, 잘된 점과 미흡한 점에 대해 생각을 나눠보자.

묘사문 1)

에리카의 봄은 햇볕은 따스하지만 바람이 많이 불어 조금 춥다. 내가 생각하는 에리카의 봄은 호수공원이 대표적이라고 생각한다. 지금 내 눈에 보이는 호수공원은 평화롭고 한적하다. 그네에 앉아서 춤추듯 바삐 움직이는 분수는 나를 시원하게 해주고 주변을 생기 있게 해준다. 분수 주변의 초록 빛깔의 나무들과 풀들은 건강하게 자기 자리에서 굳건하게 호수공원을 지켜주고 있다. 곳곳에 핀 꽃들은 이곳을 아름답게 해주고 있다.

묘사문 2)

4월의 중반에 접어들면서 에리카 캠퍼스에도 봄이 왔다. 제1공학관을 나서면 푸른 나무가 보이고, 공학관 앞길을 쭉 따라 3공학관을 지나가면 왼쪽엔 학술정보관이, 오른쪽엔 학생복지관이 있다. 학생복지관 옆길을 지나면 호수공원이 보인다. 호수공원엔 구조물이 일렬로 세워져 있고, 물이 채워진 호수공원은 분수까지 틀어서 매우 시원한 분위기를 자아낸다. 호수공원을 돌면 쪽길이 나타나는데 그 길은 디자인대학으로 통한다. 디자인 대학에는 조각상이나 조형물들이 곳곳에 설치되어 있고, 그 주변에는 짝을 지어 과제를 하는 학생들이 여러 명 보인다. 디자인 대학을 지나면 벚꽃이 눈처럼 휘날리는 벚꽃길을 만날 수 있다. 에리카의 명소로 알려진 그 길은 기숙사 앞까지 쭉 뻗어있는데 대운동장 쪽 벚꽃길 또한 탁 트인 예쁜 길이라서 몇몇 아저씨들이 카메라로 사진을 찍고 있다. 사진 찍는 아저씨들 앞에는 서너 명씩 모여 담소를 나누는 학생들의 모습도 보인다. 그 길을 따라 걸으면 오른쪽에

진회색의 약대건물이 들어서 있고, 길 끝에 하늘로 높게 솟은 게스트 하우스가 나온다. 그 옆 셔틀콕에서는 학생들이 집에 가기 위해 버스를 기다리며 서 있다. 셔틀콕 앞길을 따라 다시 복지관을 거쳐 작은 분수 4개와 큰 분수 2개가 힘차게 물을 뿜고 있는 호수공원으로 돌아온다. 에리카 캠퍼스의 봄은 벚꽃이 아주 예쁘게 날리고 봄의 향기가 한껏 나고 있었다.

묘사문 3)

한양대 에리카의 호수공원은 물과 나무가 조화를 이룬 것이 마치 낙원 같다. 가운데 분수는 하늘을 찌를 것 같이 높이 솟아 있다. 분수가 떨어지는 소리는 깊은 산 속 계곡에서 떨어지는 폭포같이 맑고 청아하다. 나뭇가지에 돋아난 새순들은 여리고 싱싱하고 아름다운 푸른빛을 띠고 있어 추운 겨울을 이겨낸 생명감이 기특하다. 나무의 중간 중간 피어 있는 꽃들은 달콤하게 익은 체리같다. 체리빛만이 아니라 복숭아 같은 핑크빛을 띤 꽃도 있다. 4계절 내내 붉은 빛을 띠는 단풍나무는 붉은 사과 같다.

묘사문 4)

학교 전체에 봄이 찾아왔다. 한양대학교 에리카 캠퍼스 정문에서 경상대학 쪽으로 조그만 정원이 있었다. 갈색 땅 위에 노란 민들레가 자기를 봐달라는 듯이 피어 있고, 팝콘같이 포근하게 생긴 벚꽃나무는 봄바람에 한 잎씩 떨어지고 있다. 경상대학을 지나 본관 앞에는 마치 하늘에 포효하는 듯한 사자상과 잘 빚어놓은 떡처럼 예쁘게 다듬어진 나무들이 있다. 하늘은 상하기 직전의 뿌연 우유 마냥 희뿌였다. 황사가 엷게 날리는 길 건너에 호수공원이 있다. 넓은 가슴처럼 커다란 호수공원의 맑은 물은 마치 나의 청렴한 정신과도 같다. 화단에는 마치 봄이 온 것을 자랑하는 것처럼 새싹이 파릇파릇 돋아 있고, 봄을 맞이한 나무에는 꽃송이들이 가득하다. 목련은 그녀의 탐스러운 입술 같고, 벚꽃잎은 팝콘 같다. 아직 불어오는 바람은 차갑지만 공기 속으로 엷은 풀냄새가 실려 온다. 마지막 추위가 물러가면 온 캠퍼스는 봄기운으로 덮일 것이다.

③ **묘사의 요건**

정확하고 효과적인 묘사를 위해서는 몇 가지 요건이 필요하다. 첫째, 일정한 관점과 순서를 통해 묘사해야 한다. 눈에 보이는 대로 묘사하면 부분과 부분, 부분과 전체의 조화를 이루지 못하고 산만한 나열이 되기 쉽다. 예를 들면 왼쪽에서 오른쪽 혹은 오른쪽에서 왼쪽, 위에서 아래 혹은 아래에서 위로, 전체에서 부분 혹은 부분에서 전체, 안에서 밖으로 혹은 밖에서 안으로, 시각의 고정 혹은 시각의 이동 등으로 적절한 순서와 일관성을 유지해야 한다.

둘째, 목적과 대상에 맞게 묘사해야 한다. 묘사의 목적이 정보 전달인지 미적 감흥의 표현인지, 대상이 추상적인 관념(또는 내면 심리)인지, 구체적인 사물(상황)인지에 따라 묘사의 객관성과 주관성이 달라진다. '꽃'도 사는 사람과 파는 사람의 처지에 따라 관점이 다르며, '안개'도 바다에서 시야가 막혀 위험한 상황에 처했을 때의 안개와 그런 상황에 빠지지 않고 객관적으로 바라보는 안개는 감각적으로나 미적으로 다르기 때문이다.

셋째, 치밀하고 생생하게 묘사해야 한다. 객관적 묘사이든 주관적 묘사이든 대상을 세밀하게 관찰하고, 특징을 정확하게 포착하여, 세련되고 명료하게 표현해야 한다. 그렇지 않으면 묘사의 정확성도, 표현의 구체성도, 생생한 실감도 표상되지 않는다.

넷째, 전체와 부분에 대한 적절한 취사선택을 해야 한다. 대상의 세부적인 사항들을 모두 다룰 수는 없다. 그것은 불가능할 뿐 아니라 불필요한 일이다. 오히려 묘사의 집중력과 일관성을 떨어뜨릴 수 있다. 따라서 대상을 구성하는 세부 사항 중에서 무엇을 선택하고 무엇을 버릴지 신중하게 결정해야 한다. 묘사한 것 외에 프레임 밖의 사물과 상황은 존재하지 않는 것과 같다. 묘사에서 기억해야 할 것은 "보여주는 것만이 세상의 전부이다."라는 사실이다. 그래서 고민해야 한다. "무엇으로 보여줄까!"

연습문제 3

최근에 본인이 보았던 영화(드라마, 웹툰) 중 가장 인상적이었던 장면을 실감나게 묘사해보자.

연습문제 4

아래의 예문은 친구의 얼굴을 묘사한 학생 글이다. 이를 참고하여 옆에 앉은 친구의 얼굴을 일정한 순서에 따라 묘사해보자.

얼굴 피부색은 서해 갯벌을 닮은 구릿빛이다. 그 위에 만지면 부서질 것 같은 푸석한 머리카락은 곱슬하며 불에 그을린 것처럼 새까맣다. 그 아래에는 넓은 이마가 놓여 있고, 모아이 석상 같은 얼굴형에 눈썹은 갈매기 형상이다. 눈썹과 눈썹 사이 미간 아래로 조금 낮은 듯한 콧대가 자리 잡고 있다. 콧대 윗부분은 하늘로 솟을 것처럼 벌어졌지만 코끝으로 내려가는 중간부터는 누구에게 얻어맞은 것처럼 갑자기 밑으로 꺼져 있다. 코 양 옆으로 구슬같이 반짝이는 까만 눈동자와 그 위로 반달형의 돌칼 같은 눈매가 작지만 답답하지 않게 덮고 있다. 코 밑에는 입술선이 선명한데, 살짝 붉은 입술이 한일자(一)로 그어져 있고 웃을 때면 하얀 이가 가지런하게 드러난다.

3
서사, 이야기로 풀어 봐

1) 서사의 구성 요소는 무엇인가

서사는 시간의 흐름에 따른 사건, 행위, 상황 등이 전개되는 과정을 서술하는 글쓰기 방식이다. 시간의 흐름 속에 변화하는 사건들의 연속을 일정한 질서에 따라 제시해야 한다. 이러한 서사를 구성하기 위해서는 행위의 주체가 있어야 하고(인물), 그 주체가 벌이는 일련의 행위가 있어야 하며(사건), 그 행위가 이루어지는 시간과 공간이 있어야 한다(배경). 주체가 벌이는 의미 있는 행위들의 시간적 변모를 통해 독자들은 사건을 상상하고, 정서적으로 반응하게 된다.

사건의 전개 과정을 서술하는 서사에는 일반적으로 설명, 묘사, 대화 등이 복합적으로 사용된다. 사건은 전달되어야 한다. 그런데 사건 자체만의 제시만으로 변화의 과정을 효과적으로 드러내기는 어렵다. 따라서 어떤 방식을 통해 효과적으로 전달하느냐에 따라 설명, 묘사, 대화 등이 사용된다. 이를테면 설명과 대화의 방법으로 사건의 의미와 전개를 압축적으로 제시하는 한편으로, 묘사를 통해서는 상상력을 자극하고 생생하게 전달할 수 있다.

「눈이 내리는 군요」

버스 안. 창쪽으로 앉은 사나이는 얼굴빛이 창백하다. 실팍한 검정외투 속에 고개를 웅크리고 있다. 긴 머리칼은 귀 뒤로 고개 위에 덩굴 줄기처럼 달라붙었는데 가마 부근에서는 몇 낱이 하늘을 향해 꼿꼿이 섰다.

「예. 진눈깨빈데요」

그의 머리칼 위에 얹힌 큼직큼직한 비듬들을 바라보고 있던 옆엣 사람이 역시 창밖으로 시선을 던진다. 목소리가 굵다. 그는 멋 내는 것을 좋아하는 모양이다. 하얀 목도리가 밤색 잠바 속으로 그의 목을 감싸 넣어 주고 있다. 귀 앞머리 끝에는 면도 자국이 신선하다. 그는 눈발 빗발 섞여 내리는 창밖에 차츰 관심을 모으기 시작한다. 버스는 이미 떠날 시간이 지났는데도 태연하기만 하다.

「뭐? 아, 진눈깨비! 참 그렇군」

그들 등 뒤에서 털실로 짠 감색 고깔 모자를 귀밑에까지 푹 눌러쓴 대단히 실용적인 사람이 창문 쪽에 앉은 살찐 젊은 여자에게 몸을 기댄다. 그녀는 검은 얼굴에 분을 허옇게 바르고 있다. 그는 창문 유리에 이마라도 대야 되겠다는 듯이 목을 쑥 뽑고 창밖을 내다본다. 여자는 가슴이 답답하다. 남자의 왼쪽 어깨쭉지가 그녀의 앞가슴께를 짓누르고 있다. 그러나 남자는 별로 불편한 기색이 없다. 여자도 잘 참는다. 그녀는 머리를 의자 뒤에 기대 버린다. 윤이 나는 탐스러운 머리채가 의자의 밋밋한 비닐 위로 나신처럼 곡선을 그린다. 잠바를 입은 앞자리의 사내가 뒤를 돌아본다.

– 서정인, 강,《창작과비평》, 1968. 봄, p.23.

위의 예문에서 작가는 대화, 설명, 묘사를 통해 인물과 상황을 생생하고 효과적으로 전달하고 있다. 시골 버스 정류장에서 버스에 탄 인물들이, 내리는 눈에 대해 반응하는 '대화'를 통해 그들의 성격을 짐작하게 만든다. 또한 그들의 옷차림, 앉은 자세, 행동, 반응 등의 '묘사'는 이들의 구체적인 행색과 인물됨의 차이를 선명하게 떠올려주고, '굵은 목소리', '멋 내는 것을 좋아하는 모양', '대단히 실용적인', '가슴이 답답한 여성' 등등의 '설명'을 통해서는 이들의 상태와 성격을 직접 제시하고 있다.

2) 실용적 서사와 심미적 서사의 차이는?

① 실용적 서사

서사에는 두 종류의 서사가 있다. 사건에 관한 정보나 지식을 객관적으로 제시하기 위한 실용적 서사가 있고, 정서적 반응과 미적 감흥을 불러일으키는 심미적 서사가 있다. 전자가 비예술적 서사(비문학적 서사)라면 후자는 예술적 서사(문학적 서사)라고 할 수 있다. 실용적 서사는 일반적으로 사실의 기록, 연구의 경과, 신문의 기사, 개인적 연대기, 실험 보고서 등에 사용된다.

〈가〉

사슴벌레가 어른벌레로 겨울나기를 하는 경우는 주로 가을에 번데기가 되어 어른벌레로 변한 후에 겨울나기를 한다. 애벌레로 겨울나기를 하는 경우는 7~8월에 부화한 어린 애벌레의 경우와 지난여름에 알에서 부화하여 성장한 3령의 애벌레의 경우로 1령, 2령, 3령의 형태로 겨울을 난다.

애벌레는 번데기가 되기 위해서 자신이 먹고 자라던 나무근처의 땅속으로 이동한 후 흙 속에 번데기방을 만들어 번데기가 된다. 어른벌레로 겨울을 나고 6월이 되면 활동하기 시작하여 6월 말부터 7월에 걸쳐 짝짓기를 한 후 7월 말부터 알 낳기를 시작하여 8월말이면 대부분 알 낳기를 끝낸다. 알에서 부화한 애벌레는 2~3년의 기간을 지나서 어른벌레로 변화한다.

-《두산백과》

〈나〉

2011년 2월 23일 오후 9시 3분경 제주 해상에서 5명을 태운 남해지방해양경찰청 제주항공대 소속 AW-139 응급 헬기가 연락이 두절돼 해경이 수색에 나섰다.

제주해양경찰서 등에 따르면 당시 헬기에는 항공대 소속 기장 이** 경위와 부기장 권** 경위, 정비사 2명 등 항공대원 4명과 제주해경 1502함 소속 이** 순경(여)이 탑승한 것으로 알려졌다.

탑승자 5명의 생존 여부는 아직 확인되지 않았다. 해경 관계자는 "바다에 추락한 것으로 추정돼 수색을 벌이고 있다"고 말했다.

헬기는 이날 오후 7시 반경 제주공항을 출발해 제주시 한경면 차귀도 서쪽 128km 지점에 있던 경비함에서 갑자기 쓰러진 이 순경을 태우고 제주대병원으로 가던 중이었다.

헬기는 1502함에서 출발한다는 보고를 한 지 40분 뒤인 오후 9시 3분경 연락이 끊겼다. 이 순경은 연락 두절 직전까지 목포에 있는 한 병원과 원격응급의료시스템을 통해 진료를 받고 있었던 것으로 전해졌다. 경찰과 해경은 사고 직후 해경 순찰함 등을 급파해 사고 해역을 수색하고 있다. AW-139 헬기는 이탈리아 아구스타 웨스트란드사가 제작한 것으로 21일 제주항공대에 배치된 응급헬기다.

- 제주서 5명 탄 해경 헬기 실종, 〈동아일보〉, 2011.2.24

〈가〉는 사슴벌레의 생태와 성장 과정을 시간별로 정리하였고, 〈나〉는 실종된 해경 헬기에 대한 상황과 그 과정을 시간별로 작성하고 있다. 두 예문 모두 사실의 기록과 전달이다. 때문에 글쓴이의 상상력과 정서는 철저히 배제되어 있다. 이 점에서 정보 제공을 목적으로 한 실용적 서사에 해당한다. 이처럼 시간의 흐름에 따른 사건의 전개 과정을 충실히 정리해서 서술한다면 실용적 서사의 요건은 충족된다.

② 심미적 서사

심미적 서사는 실용적 서사와 달리 미적 감흥과 정서의 만족을 지향한다. 그런 만큼 다양한 예술적 장치와 기법 등이 요구된다. 심미적 서사의 예술적 장치 중 가장 기본적인 것으로 플롯을 들 수 있다.

㉮ 왕이 죽자 왕비도 죽었다.

㉯ 왕이 죽자 슬픔을 못 이겨 왕비도 죽었다.

㉰ 왕비가 죽었다. 사인(死因)을 아는 사람이 하나도 없었는데 왕이 죽은 슬픔 때문이라는 것이 밝혀졌다.

- E.M.포스터 / 이성호 옮김, 《소설의 이해》, 문예출판사, 1984, p.98.

위의 ㉮ ㉯ ㉰는 같은 내용을 다른 방식으로 전달하고 있다. 그 차이는 아래와 같다.

㉮ 왕이 죽자 왕비도 죽었다	사건의 나열	단순한 이야기(story)
㉯ 왕이 죽자 슬픔을 못 이겨 왕비도 죽었다	원인과 결과	구성(plot)
㉰ 왕비가 죽었다. 사인(死因)을 아는 사람이 하나도 없었는데 왕이 죽은 슬픔 때문이라는 것이 밝혀졌다.	원인과 결과	신비를 간직한 플롯

㉯와 ㉰는 둘 다 플롯이다. 그런데 ㉰는 두 가지 점에서 ㉯와 차이가 있다. 첫째, 원인과 결과의 시간 순서가 바뀌었다. ㉯의 순서는 '왕의 죽음(원인)' ⇒ '왕비의 죽음(결과)'인데, ㉰는 '왕비의 죽음(결과)' ⇒ '왕의 죽음(원인)'의 순서로 제시된다. 즉 서술시간이 변형되어 있다는 점이 다르다.

둘째, ㉰는 ㉯와 달리 "왕비는 왜 죽었을까?" 하는 독자들의 호기심을 불러일으킨다. 그리고 점차 왕비가 죽은 원인, 즉 처음에 감추어져 있던 사실과 진실이 사건의 전개와 더불어 조금씩 밝혀지는 형식이다. ㉰가 신비를 간직한 플롯인 이유이다. 대부분의 소설, 영화, 드라마는 이런 구성 방식에 기초하고 있다.

이처럼 단순한 이야기(story)와 구성(plot)의 기본적인 차이는 첫째, 인과 관계의 여부에 있다. 둘째, 서술시간의 변형 여부에 달려있다. 시간의 흐름에 따른 순차적인 전개가 이야기라면, 플롯은 물리적 시간과는 별도로 목적과 주제에 맞게 서술시간을 변형하는 방식으로 재구성할 수 있다. 가령 '과거-현재' 또는 '원인-결과'를, '현재-과거-현재'나 '결과-원인'으로의 재배열이 가능하다. 예를 들면 다음과 같다.

항목	누가	누구를	언제	어디서 만났다	어떤 관계로 지내다가
단어					
항목	무슨 일로 헤어졌다	그 후 각각 어떻게 살다	어디에서	무슨 일로 다시 만나	그 다음엔 어떻게 되었나
단어					

㉮ 위의 표를 아래의 표처럼 시간의 순서대로 각 항목의 빈칸을 단어로 채운다.

항목	누가	누구를	언제	어디서 만났다	어떤 관계로 지내다가
단어	윤승희	겐조	1937년	서대문 형무소	도움과 편의 제공
항목	무슨 일로 헤어졌다	그 후 각각 어떻게 살다	어디에서	무슨 일로 다시 만나	그 다음엔 어떻게 되었나
단어	승희의 탈옥	독립군과 일본군 순사	1943년 경시청	암살자와 대좌의 보좌관	승희의 발각 겐조의 죽음

㉯ 단어들을 연결하여 문장으로 만든다.

> 윤승희와 겐조는 1937년 서대문 형무소에서 만났다. 겐조는 윤승희에게 도움과 편의를 제공하곤 했는데, 승희가 탈옥하면서 두 사람은 헤어진다. 그 후 독립군과 일본 순사로 살아가다가 1943년 경시청에서 암살자와 대좌의 보좌관으로 다시 만난다. 암살을 실행하기도 전에 발각되고 승

희를 도우려던 겐조는 죽게 된다.

㉰ 여기에 인과성을 강화하고 서술시간을 변형하여 서사문의 얼개를 작성한다.

1943년 대한독립군으로 활동 중인 윤승희는 일본 대좌 암살을 목적으로 경시청에 잠입한다. 대좌의 생일 축하 연회가 한창 진행 중에 안전을 책임지고 보좌를 맡은 형사 와카바야시 겐조는 수상한 이를 발견하게 된다. 탐문 결과 그녀는 5년 전 겐조가 순사로 있을 때 수용소에서 만났던 윤승희였다.

1937년, 광복신문 기자였던 윤승희는 반일 내용의 기사를 써서 형무소에 수감이 되었다. 당시 겐조는, 그런 상황에서도 의기에 찬 윤승희를 보며 마음이 기울었고, 승희에게 수형 생활에 필요한 많은 도움과 편의를 제공해 주었다. 시간이 지날수록 서로에 대한 호감과 연모의 마음은 커져 갔다. 하지만 서로의 처지가 달라 마음만큼 가까워질 수는 없었다. 그러던 어느 날 수용소의 감시가 소홀해진 틈을 타 겐조는 승희의 탈옥을 돕고 그날 이후 서로는 만날 수 없었다.

시간이 지나 5년 만에 둘은 독립군과 일본 형사의 처지로 재회하게 된다. 암살을 해야 하는 승희와 이를 막아야 하는 처지였지만 겐조의 마음은 흔들렸다. 그러나 암살을 실행하기도 전에 승희의 거사 계획은 발각되었고 죽음의 위험에 처하게 된다. 결국 겐조는 승희의 도주를 돕기를 작정하고 그의 탈출을 돕다가 대좌의 총에 사살된다. 탈출에 성공한 승희는 죽어가는 겐조의 마지막 모습을 떠올리며 눈물을 흘린 채 어둠 속으로 사라진다.

연습문제 1

다음 순서에 따라 서사문을 작성해보자.

㉮ 아래 표의 빈칸을 채운다.

항목	누가	누구를	언제	어디서 만났다	어떤 관계로 지내다가
단어					
항목	무슨 일로 헤어졌다	그 후 각각 어떻게 살다	어디에서	무슨 일로 다시 만나	그 다음엔 어떻게 되었나
단어					

㉯ 단어들을 연결하여 문장을 만든다.

㉰ 인과성을 강화하고 서술시간을 변형하여 서사문으로 작성한다.

연습문제 2

아래의 시는 '과거-현재'의 순차적 구성으로 되어 있다. 여기에 시간을 변형하여 '현재-과거-현재'로 재구성하여 작성해 보자.

신부는 초록 저고리 다홍치마로 겨우 귀밑머리만 풀리운 채 신랑하고 첫날밤을 아직 앉아 있었는데, 신랑이 그만 오줌이 급해져서 냉큼 일어나 달려가는 바람에 옷자락이 문 돌쩌귀에 걸렸습니다. 그것을 신랑은 생각이 또 급해서 제 신부가 음탕해서 그 새를 못 참아서 뒤에서 손으로 잡아다니는 것이라고, 그렇게만 알곤 뒤도 안 돌아보고 나가 버렸습니다. 문 돌쩌귀에 걸린 옷자락이 찢어진 채로 오줌을 누곤 못 쓰겠다고 달아나 버렸습니다.

그러고 나서 사십 년인가 오십 년이 지나간 뒤에 뜻밖에 딴 볼 일이 생겨 이 신부네 집 옆을 지나가다가 그래도 잠시 궁금해서 신부방 문을 열고 들여다보니 신부는 귀밑머리만 풀린 첫날밤 모양 그대로 초록 저고리 다홍치마로 아직도 고스란히 앉아 있었습니다. 안스러운 생각이 들어 그 어깨를 가서 어루만지니 그때서야 매운재가 되어 폭삭 내려앉아 버렸습니다. 초록 재와 다홍 재로 내려앉아 버렸습니다.

- 서정주, 신부, 《질마재 신화》, 일지사, 1979, p.10.

4

논증, 내 주장이 납득이 돼?

논증은 아직 명확하지 않은 사실이나 현상에 대해 자기의 견해를 주장하고, 적절한 논거를 제시하면서 증명하는 서술 방식이다. 설명은 정보를 이해하기 쉽도록 전달해주고, 묘사는 대상을 객관적으로 생생하게 재현해내며, 서사는 시간의 흐름에 따라 사건이 전개되는 과정을 서술한다. 이 점에서 논증과 크게 다르다. '성희롱 예방교육'을 예로 들어보자.

설명 성희롱이란 무엇이고, 그 교육은 어디서 어떤 프로그램으로 진행되며, 예상되는 기대 효과는 무엇인지를 중심으로 서술한다.

묘사 교육의 현장과 교육 내용을 눈으로 보듯 객관적으로 보여준다.

서사 교육의 전개 과정을 시간적 순서에 따라 기술한다.

논증 논증은 '성희롱 예방교육은 필요하다' 또는 '필요하지 않다'고 주장하고, 타당한 근거와 합리적인 방식으로 독자들을 설득한다.

이러한 논증은 크게 '무엇'을, 어디에 '근거'하여, 어떤 '방식'라는 세 요소로 구성된다. '무엇'은 명제이며, '근거'는 타당한 근거이고, '방식'은 논증이다.

1) 명제의 요건과 종류에는 무엇이 있나

① 명제의 요건

명제는 어떤 문제와 현상에 대한 글쓴이의 주장이나 견해를 간결하게 문장화한 것이다. 논증을 위한 명제는 몇 가지 요건을 전제로 한다.

첫째, 단일해야 한다. '교육비를 감소시키고 학비를 지원해야 한다.'처럼 둘 이상의 주장은 상충될 수 있으며, 논증의 일관성과 집중력을 떨어뜨릴 수 있다.

둘째, 명확해야 한다. 자기 견해에 대한 확신이 전제되지 않으면 명제는 막연하거나 모호해진다. 따라서 주견이 뚜렷해야 한다.

셋째, 불편부당(不偏不黨)해야 한다. 선입견이나 편견 등에 의해 한쪽으로 치우쳐서는 안 된다. '혼전 임신은 비도덕적이다.'라는 명제는 과거의 인식에서 탈피하지 못한 부적절한 명제이다.

넷째, 객관적 타당성을 확보할 수 있어야 한다. '한민족의 심저에는 세계에서 가장 강렬한 한(恨)이 흐른다.'는 명제는 객관적 타당성을 확보하기가 쉽지 않다. 논증은 주장의 타당함을 설득시키는 데 있는데, '심저에 흐르는 가장 강렬한 한(恨)'이라는 주장의 보편타당한 근거를 제시하기는 어렵다. 명제를 제시할 때는 이런 몇 가지 사항에 유의해야 한다.

② 명제의 종류

사실명제
- 사건이나 상황의 진위에 대한 판단을 담고 있다.
- 예를 들면 '호주의 수도는 시드니이다.'라는 명제는 '맞다', '틀리다'라는 진위 여부를 포함하고 있다.

가치명제
- 삶의 태도, 이념, 현상, 가치관 등에 관한 평가적 주장을 표명한다.
- '삶의 가치는 봉사에 있다.'라는 명제를 예로 들 수 있다

정책명제
- 제도·정책·상황 등의 당위성을 주장하면서 그 실현을 요구하는 명제이다.
- '낙태를 허용해야 한다.'는 명제가 그것이다.
- '~해야 한다'는 형식으로 서술되기에 당위명제로 불리기도 한다.

연습문제 1

다음의 명제가 사실 명제인지, 가치 명제인지, 정책 명제인지 구분해보자.

1. 미국의 수도는 뉴욕이다. [ ]
2. 태양은 지구의 둘레를 돈다. [ ]
3. 돈은 인생에서 가장 중요하다. [ ]

4. 사생활 보호보다 공공의 알권리가 우선한다. [ ]

5. 환경 보존이 개발보다 중요하다. [ ]

6. 어느 사회에서나 검열은 필요악이다. [ ]

7. 이기주의는 공공의 적이다. [ ]

8. 대학에서는 학문을 해야 한다. [ ]

9. 분자 운동은 온도가 올라가면 활발해진다. [ ]

10. 지식인은 사회의 불공정성에 책임 있는 발언을 해야 한다. [ ]

2) 사실논거와 소견논거는 무엇인가?

명제는 독자들을 설득할 수 있는 합리적인 근거를 통해 뒷받침되어야 한다. 명제가 외견상 그럴듯하더라도 독자들이 충분히 이해하고 공감할 만한 타당한 근거를 제시하지 못하면 그것은 공허한 주장에 불과하다. 따라서 논거는 논증을 위한 필수적인 요소이다. 논거에는 사실논거와 소견논거가 있다. 사실논거는 그 주장이 사실임을 입증할 수 있는 사료, 통계, 분석, 수치, 실험 등 객관적인 자료들을 논리적 근거로 삼는 것이다. 소견논거는 타당한 사실이라고 신뢰할 수 있는 전문가의 견해를 자기주장의 근거로 제시함으로써 주장의 설득력을 높인다. 다음의 〈가〉는 사실논거로, 〈나〉는 소견논거로 자신의 주장을 전개하고 있다.

〈가〉

무역 갈등은 세계 경제의 위기를 가져온다. 미국과 중국의 무역 갈등의 여파를 보면 알 수 있다. 그 동안 고속 성장을 해왔던 중국 경제가 미·중 무역 갈등의 영향으로 성장 둔화를 겪고 있다. 중국의 올해 1, 2, 3분기 GDP(국내총생산) 성장률은 각각 6.4%, 6.2%, 6%를 기록했다. 4분기에도 하락세가 이어질 것이라고 전망한다. 무역 갈등으로 인한 수출 둔화가 가장 중요한 요인이다.

또한 국제통화기금(IMF)의 진단도 이 사실을 증명한다. IMF는 최근 발표한 세계 경제 전망에서 성장률 전망치를 종전 3.2%에서 3%로 낮춰 잡았다. 세계경제가 동반 침체에 직면하고 있는 여러 통계를 근거로 들고 있다. 세계경제의 양대 엔진인 미국과 중국이 강한 파열음을 내고 있고, 이런 가운데 EU를 비롯한 여러 무역 갈등의 여파로 세계적으로 제조업 활동과 투자가 줄어들고 있다. 특히 수치상으로도 세계 총생산(GDP)의 0.8%인 7,000억 달러(약 820조원)가 내년까지 증발할 것이라는 예상은 무역 갈등으로 인한 세계 경제의 위기를 그대로 보여준다.

〈나〉

분노에 대한 일반의 인식은 부정적이다. 분노는 파괴적일 뿐만 아니라 언어적 공격성과 신체적 공격성으로 강하게 표출될 수 있기 때문이다. 그러나 분노는 삶을 변화시키는 동적인 힘과 상황 대응력을 준다는 점에서 긍정적인 기능을 수행하기도 한다. 아니타 팀페(Anita Timpe)의 견해에 따르면 분노는 행동을 실행하기 위한 에너지를 준다는 것이다. 상황을 꼭 변화시켜야 한다고 느낄 때 분노는 무언가를 움직일 수 있도록 만들어준다. 다시 말해 자신의 이해를 주장하게 해주고, 자신의 욕구에 따라 삶을 구현할 수 있는 힘을 제공하준다는 것이다. 다수의 심리학자들 역시 분노를 경험하는 어떤 사람들은 활력과 자신감, 신체적인 강인함, 용감함을 느끼게 되고, 사회적인 변화를 추구하는 거의 모든 사회적인 운동들은 분노를 추진력으로 삼고 있다고 주장한다.

〈가〉에서 밑줄 친 '무역 갈등은 세계 경제의 위기를 가져온다.'는 견해가 명제이다. 이러한 주장을 미국과 중국의 무역 갈등, 중국의 경제성장 둔화, IMF의 진단, 제조업 활동과 투자 감소 등 세계 경제의 위기적 상황을 사실논거로 활용하면서 뒷받침하고 있다. 〈나〉에서도 밑줄 친 문장이 단락의 명제이다. 이러한 명제의 확실성과 신뢰성을 증명하기 위하여 그 분야 전문가들의 연구 결과와 견해를 소견논거로 활용하고 있다.

연습문제 2

다음의 주장에 필요한 사실논거와 소견논거를 한 가지씩 적어보자.

1. 미세먼지 문제의 해결을 위해 친환경차의 운행을 확대해야 한다.

1) 사실논거 :

2) 소견논거 :

2. 백두산의 천지는 한국의 영토이다.

1) 사실논거 :

2) 소견논거 :

3) 논증, 너의 주장을 증명해 봐

논거를 단순히 제시하는 것만으로 논증은 이루어지지는 않는다. 논거를 바탕으로 논리적인 결론을 도출하기 위해서는 일정한 절차가 필요하다. 즉 추론의 과정이 있어야 한다. 추론이란 신뢰할 만한 사실이나 소견 등을 논거로 삼아 타당한 결론을 이끌어내는 것이다. 연역적 추론(연역법)과 귀납적 추론(귀납법)이 대표적이다.

① 연역법

연역법은 가장 널리 사용되는 추론 방법으로 일반 명제로부터 개별 명제를 도출하는 방식이다. 여기서 일반 명제는 전제이고 개별 명제는 결론이다. 그러니까 전제를 토대로 결론을 추론해 내는 것이 연역법이다. 이때 전제가 '참'인가 '거짓'인가에 따라 결론 역시 '참'과 '거짓'으로 귀결된다. 따라서 연역법에서는 전제가 결론을 지배하는 힘이 절대적이다. 연역법에서 타당한 결론을 도출하기 위한 방법 중 가장 널리 사용되는 것은 삼단논법이다.

- **대전제** 모든 사람은 배꼽을 가지고 있다.
- **소전제** 나는 사람이다.
- **결 론** 그러므로 나는 배꼽이 있다.

삼단논법으로 결론을 이끌어 낼 때는 주의해야 할 사항들이 있다.

㉮ 전제가 되는 대전제와 소전제가 모두 참이고 이 전제로부터 파생된 논리적 귀결이 결론일 때만 참이다. 전제가 참이 아니면 그 결론 역시 참일 수 없다. 예를 들면 "어떤 사람만 배꼽을 가지고 있다."는 전제로부터 이끌어진 결론은 참일 수 없다.

㉯ 대전제와 결론 사이에는 매개항인 소전제가 존재해야 하며, 논리적 연결 관계가 적절해야 한다. 비약이 있거나 용어의 개념이 다르거나 지나친 일반화일 경우엔 오류가 발생한다. 예를 들면 "술은 간경화의 원인인데, 술을 즐기는 너는 간경화로 죽을 것이다."는 비약이 심한 예이다.

㉰ 전제에 이미 결론의 내용이 포함되어야 한다. 대전제를 설정할 때 반드시 고려해야 한다. 그렇지 않으면 전제와 결론은 논리적으로 귀결될 수 없다. "실용적인 것은 중요하다. 컴퓨터는 실용적이고 그래서 유용하다."는 논법을 예를 들 수 있다.

㉱ 전제는 참이지만 이 전제로부터 도출되지 않은 불합리한 추론에 유의해야 한다. 예를 들면 "눈이 오면 미끄럽다. 지금 미끄럽다. 그러므로 지금 눈이 온다."라고 할 때 눈이 오는 경우 외에 미끄러운 원인은 아주 많다. 또한 "성실한 사람은 술도 마시지 않고 지각도 하지 않는다. 김 대리는 술도 마시지 않고 지각도 하지 않는다. 따라서 김 대리는 성실하다."는 예도 그렇다. 김 대리가 도박이나 게임에 중독된 사람일 수 있기에 결론은 옳지 않다.

그런데 삼단논법이 언제나 삼단이어야만 가능한 것은 아니다. 대전제, 소전제, 결론 중의 하나가 빠진 경우도 흔하다. 아래의 예처럼 어느 한 항목이 빠져도 무방할 만큼 명확한 부분은 생략되기도 한다.

대전제 생략 나폴레옹은 사람이었다. 그러므로 나폴레옹은 죽었다.

소전제 생략 그 직무에 준법정신이 필요하다면 그 사람은 절대 그 직무를 맡을 수 없다.

결론 생략 사랑하는 사람들은 서로를 아껴준다. 그 둘은 서로 사랑하는 사이이다.

연습문제 3

다음 중 2개를 골라 삼단논법으로 입증해보자.

1. 나는 성공할 것이다.

- 대전제 :
- 소전제 :
- 결　론 :

2. 세종대왕은 훌륭하신 임금이다.

- 대전제 :

- 소전제 :

- 결　론 :

3. 나의 전공은 가치 있는 학문이다.

- 대전제 :

- 소전제 :

- 결　론 :

연습문제 4

우리의 일상에서 삼단논법 중 대전제, 소전제, 결론 중 하나가 생략된 대화의 사례를 3개 정도 찾아보자.

② 귀납법

한편, 귀납법은 특수한 사실이나 개별적인 현상을 통해 일반적인 결론을 이끌어 내는 추론방법이다. 하나 이상의 사실이나 현상이 옳으면 그와 관련된 전체도 옳다고 가정하는 것이다. 예를 들면 아래와 같다.

- 사람, 사자, 원숭이, 곰, 고래, 캥거루, 돼지, 개, 토끼 등은 새끼를 낳고 젖을 먹여 기른다.
- 사람, 사자, 원숭이, 곰, 고래, 캥거루, 돼지, 개, 토끼 등은 모두 포유류이다.
- 따라서 모든 포유류는 새끼를 낳고 젖을 먹여 기른다.

여러 개별적 사례들을 통하여 '포유류는 새끼를 낳고 젖을 먹여 기른다'는 일반적 결론을 도출하고 있다. 이처럼 귀납법은 하나 이상의 개별적인 사례가 일반적인 경우에도 동일하게 적용될 것이라는 개연성에 기반을 두고 있다. 따라서 귀납법에서 개별적 사례와 일반적 결론 사이에는 필연적인 관계가 없다. 그만큼 오류가 발생할 가능성이 크다. 이러한 오류의 가능성을 줄이고 결론의 타당성을 확보하기 위해서는 유의할 점이 있다.

첫째, 일반화에 필요한 여러 사례들을 되도록 많이 수집·검토·관찰해야 한다. 개별 사례는 많을수록 좋다. 다다익선이다.

둘째, 수집하고 검토할 사례가 나머지 전체를 대표하는 전형적인 것이어야 한다.

셋째, 개별적 사례들은 충분히 검증되어야 한다. 만일 일반적인 결론을 위반할 사례가 발견된다면 반드시 해명되어야 한다. 아니면 그 결론은 오류일 수밖에 없다.

- **귀납법 추론의 전개 과정** 개별적 현상 ⇨ 가설 ⇨ 실험 ⇨ 일반화

귀납법 추론에서 '일반화'는 법칙화, 이론화, 체계화라고 할 수 있다. 엄밀하게 말하면 일반화된 결론(법칙, 이론)으로 나머지 개별적 사실(현상)들을 모두 설명할 수 있을 때 비로소 귀납법의 일반화는 성립할 수 있다. 이처럼 귀납법은 개별적 사례로부터 출발하기 때문에 일반화로서의 확장 가능성이 아주 높은 방법이다. 이 때문에 사회과학이나 자연과학 등 여러 학문 분야에서 폭넓게 활용되고 있다.

연습문제 5

다음의 결론을 귀납법으로 전개해보자.

1. 태양계의 행성은 모두 태양의 주위를 돌고 있다.

2. IT 업계의 창업자들은 혁신마인드를 소유하고 있다.

참고문헌

《두산백과》

교육부,《고농도 미세먼지 대응실무매뉴얼》, 2017. 2.

김정한, 사하촌,《한국문학전집 11》, 삼성출판사, 1987.

박근희, 영종도 옆 신시모도 자전거 여행, 〈조선일보〉, 2019.9.28.

박돈규, '넹' '넵' 사이… 의욕충만인가 립서비스인가, 〈조선일보〉, 2019.10.5.

서정인, 강,《창작과비평》, 1968. 봄.

서정주, 신부,《질마재 신화》, 일지사, 1979.

유진우, 빨강 · 하양 · 초록 삼색 바이오 시장 문 열렸다, 〈WEEKLY BIZ〉, 2019.10.11.

이동연,《아시아문화연구를 상상하기》, 그린비, 2006.

이동하,《현대소설과 불교의 세계》, 역락, 2017.

제주서 5명 탄 해경 헬기 실종, 〈동아일보〉, 2011.2.24

최지은, 카푸친 원숭이, 먹이 따라 도구 사용법 진화했다, 〈어린이조선일보〉, 2019.6.26.

아니타 팀페 / 문은숙 역,《분노는 나의 힘》, 북폴리오, 2008.

에반스 · 프리차드 / 김두진 역,《원시종교론》, 탐구당, 1985.

E.M.포스터 / 이성호 옮김,《소설의 이해》, 문예출판사, 1984.

8

자기소개서 쓰기

최근 취업에 관심을 갖게 된 에리카 씨. 오늘도 그의 시선은 학교 여기저기에 설치되어 있는 게시판을 향한다. '별다른 것이 없군.' 하던 찰나, 눈에 들어온 초록색 포스터 한 장.

'시흥·안산 지역 청년 취업박람회라고?' 오늘은 10월 1일 화요일. '내일까지야? 내일은 수요일…….' 수요일 수업이 없는 에리카 씨는 주저 없이 점심 약속을 미루자는 연락을 친구에게 전한다.

"응, 난데. 갑자기 일이 생겨서……."

다음 날. 처음 와보는 박람회장은 이른 시간임에도 사람들로 가득하다. 에리카 씨는 평소 관심이 많던 분야의 부스는 물론 생소한 분야의 부스까지 부지런히 찾아다니며 취업 정보를 모은다.

어느새 오후 3시. 슬슬 돌아갈 채비를 하고 있던 에리카 씨에게 행사 관계자로 보이는 한 사람이 얇은 책자 하나를 건넨다. '최근 자기소개서 항목 사례집?' 에리카 씨는 가벼운 마음으로 그것들을 훑어보기 시작한다. 그리고 얼마 지나지 않아 그의 얼굴은 굳어진다.

"자신의 인생관을 쓰고 그 인생관을 갖게 된 계기라 할 수 있는 경험이나 사건을 서술하되, '원인-과정-결과-변화' 순으로 쓰시오(200자 이상, 600자 이내)."

"자신의 성격의 장, 단점을 서술하되 장점이 어떻게 만들어졌는지, 단점은 어떻게 극복해왔는지를 구체적인 사건을 통해 쓰시오(200자 이상, 500자 이내)."

"입사 후 포부를 서술하되 자신이 10년 후에 있음을 가정, 과거를 회상하는 형식으로 쓰시오(200자 이상, 700자 이내)."

뭐지, 이것들은? 이것들을 도대체 어떻게 써야 하지? 게다가 200자 이상으로?

1
자기소개서를 쓴다는 것의 의미

자기소개서는 간단히 정의하면 '자신이 어떤 사람인지 알리는 글'이다. 따라서 자기소개서는 자기 탐색의 과정을 우선적으로 요구한다. 자신을 알리려면 자신을 아는 것이 먼저이기 때문이다. 그런데 자기 탐색적 글이라는 이런 성격보다 더 중요한 특성을 자기소개서는 갖고 있다. 이는 자기소개서가 특정한 대상을 전제로 하는 설득적 글이라는 점이다.

자기소개서는 대개 하고 싶은 어떤 일을 하려고 할 때, 그 일을 주관하는 곳에서 요구함으로써 쓰게 된다. 예를 들어 어떤 봉사활동을 하기 위해서는 해당 봉사활동을 주관하는 단체에서 요구하는 여러 가지 서류들과 함께 '지원서'라는 이름의 자기소개서를 작성해 제출해야 한다. 인턴십 프로그램이나 교환학생 프로그램 등 이런저런 프로그램에 지원하거나 각종 장학금을 신청할 때도 마찬가지다. 졸업 후 입사를 위해서는 더 말할 나위가 없다.

그렇다면 왜 어떤 일을 주관하는 곳에서는 자기소개서를 요구하는 것일까? 이유는 간단하다. 지원하는 사람이 정말 그 일을 잘할 수 있는 사람인지 알아야 하기 때문이다. 그 일을 잘하지 못하는 사람을 선택하면, 당연하게도 그 일은 잘못될 수밖에 없을 테니 말이다. 이렇게 볼 때 자기소개서는 그것을 요구하는 곳에 있어 목적이 분명한 글이다.

그렇다면 자기소개서를 쓰는 나에게는 어떠한가? 자기소개서를 쓰는 나 또한 분명한 목적을 갖고 있다. 그것은 다름 아닌 내가 원하는 그 일을 하는 것이다. 그런데 원하는 그 일을 하려면, 자기소개서를 요구한 그곳을 설득해야만 한다. '나는 그 일을 잘할 수 있는 사람'이라는 것을 보여줌으로써 말이다. 따라서 자기소개서는 '특정한 대상이 요구하는 인물을 자기 탐색의 과정을 통해 만들어 보여줌으로써 나의 목적을 실현하고자 하는 설득적 글'로 다시 한번 정의할 수 있다. 이 장에서는 입사용 자기소개서를 중심으로 자기소개서를 잘 쓰는 방법에 대해 살펴볼 것이다.

학습목표

1. 자기소개서의 중요성을 인식한다.
2. 좋은 자기소개서의 핵심과 기본적 요소들을 이해한다.
3. 자기소개서의 항목을 이해하고 그에 맞는 나를 찾아 쓰는 방법을 익힌다.

2
자기소개서는 얼마나 중요할까?

우리가 살고 있는 이 시대를 흔히 인풋(Input)이 아닌 아웃풋(Output)의 시대라 한다. 이 말의 의미는 간단하다. 능력보다 역량을 더 중시하는 시대라는 것이다. 스펙으로 대표되는 능력이 할 수 있는 가능성이라면, 역량은 하는 것, 해내는 것이다. 지금은 할 수 있는 가능성으로서의 인풋이 아닌, 해낸 것으로서의 아웃풋을 더 중시하는 시대인 것이다.

취업을 기준으로 생각해보자. 우리들 대부분은 학벌, 학점, 토익 등의 외국어 성적, 각종 자격증, 해외연수나 교환학생 경험, 인턴십 경험 등으로 이루어진 '스펙'이 입사를 가능하게 하는 결정적인 요인이라 생각할 것이다. 하지만 블라인드 채용의 시대, 이 계량 가능하고 수치화 가능한 스펙들은 점점 더 채용을 위한 고려의 대상에서 제외되고 있다. 스펙만으로는 지원자가 어떤 사람인지, 그 일에 정말 적합한 사람인지 제대로 알 수 없기 때문이다. 일례로 대기업 합격 평균 스펙은 학점 3.6점, 토익 797점, 인턴 경험은 1회 정도, 자격증은 1개 이상 정도라 한다. 우리 시대의 채용이 스펙 중심이 아닌 역량 중심으로 변화하고 있다는 구체적 증거인 것이다.

스펙은 '단지 과거에 내가 이룬 것의 종합일 뿐'이다. 모든 기업은 현재에 안주하지 않고 미래를 도모한다. 그렇기에 입사지원서에 적힌 과거의 능력보다 자기소개서에 적은 미래의 역량을 더 중시할 수밖에 없다. 이 역량의 유무를 검증하는 가장 일반적인 방법인 자기소개서가 입사를 하는 데 있어 '가장 중요한 서류'일 수밖에 없는 이유가 바로 여기에 있다.

물론 자기소개서의 중요성이 입사에만 한정된 것은 아니다. 말했듯, 이런저런 프로그램이나 봉사활동에 지원할 때도, 각종 장학금을 신청할 때도 주관기관들은 자기소개서를 요구하고, 이 자기소개서를 통해 합격 여부나 수혜 대상을 결정한다. 그런데 그 결정의 기준 또한 과거의 스펙이 아닌 미래의 가능성에 더 무게를 두고 있다. 해외 인턴십 프로그램 지원서에서 "지원한 회사(지역)를 희망하는 이유와 파견 후 계획"을 첫 번째로 묻고, 두 번째로는 "본인의 역량과 경쟁력을 자유롭게 표현"하라는 요구를 하는 것도 그 때문이다.

3

좋은 자기소개서의 핵심은?

1) 자기소개서는 자기 '소개서'가 아니다

좋은 자기소개서를 쓰는 데 있어 명심해야 할 가장 중요한 점은 아이러니하게도 자기소개서는 '자기를 소개하는 글'이 아니라는 것이다. 왜 그럴까? 이는 자기소개서를 요구하는 이유와 자기소개서를 작성하는 목적 때문이다. 우선 기업을 포함한 각종 주관기관이 자기소개서를 요구하는 이유는 첫째, 자신들과 함께 할 수 있는 인성을 갖춘 사람을 찾는 것이다. 둘째, 지원 분야의 그 일을 잘할 수 있는 인재를 찾는 것이다. 셋째, 미래를 함께 도모할 수 있는 역량을 지닌 리더를 찾는 것이다.

한편, 자기소개서를 작성하는 작성자의 목적은 합격이다. 그런데 그 목적은 작성자 자신이 이룰 수 없고, 주관기관을 통해서만 이룰 수 있다. 따라서 작성자는 철저하게 주관기관의 입장에서 주관기관이 원하는 그 사람, 그 인재, 그 리더가 바로 자신임을 증명하는 내용으로 자기소개서를 작성해야 한다. 자기소개서의 문항을 분석하고, 이에 맞는 나를 찾는 과정, 즉 자기 탐색의 과정이 필요한 이유가 바로 여기에 있다.

이는 또한 주관기관에 대한 분석이 필요한 이유이기도 하다. 자기소개서는 지원하는 주관기관의 역사와 문화, 경영 전략 혹은 사업 방향, 주관기관이 추구하는 인재상과 미래의 비전 등을 치밀하게 조사, 연구한 뒤에 작성해야 하는 것이다. 그래야만 바로 그 기업 혹은 기관, 바로 그 분야(업무) 혹은 사업에서 요구하는 상(像)을 그릴 수 있고, 이에 맞는 자기를 찾아 전할 수 있기 때문이다.

2) 자기소개서는 자기 '증명서'다

따라서 자기소개서의 모든 문항은 하나의 목적, 정확히는 하나의 목표에 집중해야 한다. 그 목표는 당연하게도 합격이다. 그런데 자기소개서의 작성자는 다른 어떤 기관이 아닌 바로 그 기관에 지원하는 것이며, 그 기관의 다른 어떤 부서나 사업이 아닌 바로 그 부서나 사업에 지원하는 것이다. 따라서 자기소개서의 모든 문항은 바로 그 기관, 바로 그 부서에서 일하거나 바로 그 기관, 바로 그 사업을 함께 하기 위한 것이라는 목표에만 집중하는 내용이어야 한다.

이렇게 목표에 집중하다 보면, 작성한 자기소개서의 각각의 문항은 하나의 상(像)으로 집중할 수 있게 된다. 물론 그 상은 주관기관이 원하는 바로 그 사람, 그 인재, 그 리더의 모습이다. 우리 몸이 따로 떨어질 수 없는, 따로 떨어져선 안 되는 유기체인 것처럼 자기소개서의 각 문항의 내용 또한 그 상(像)을 중심으로 유기적으로 연결될 때, 목표는 실현될 수 있는 것이다.

19○○년 서울에서 저는 늘 든든한 힘이 되어주시는 사업가 아버지와 올바름을 중시하는 어머니 사이에서 2남 1녀 중 장남으로 태어났습니다. 부모님께서는 항상 꾸중보다는 믿음과 격려로 지켜봐 주셨고, 저는 긍정적이며 적극적인 태도를 갖게 되었습니다.

성장과정을 묻는 문항에서 예문의 작성자는 자신이 '긍정적이며 적극적인 태도를 갖게 되었'다고 '주장'하고 있다. 그러나 자기소개서는 주장하는 글이 아니고, 주장하는 글이어서는 안 된다. 주장만으로는 설득을 할 수 없기 때문이다. 그 주장을 증명해줄 만한 증거, 곧 사례가 있어야만 하는 것이다. 다음을 보자.

부모님께서는 늘 꾸중보다는 믿음과 격려를 보내주셨습니다. 초등학교 3학년 때는 산수가 너무 어려워 거의 포기를 하고 있었는데, 부모님께선 혼을 내는 대신 '넌 잘할 수 있어'라고 계속해서 격려해주셨고, …(중략)… 그 결과 교내 산수 경시대회에서 2등을 할 수 있었습니다. 이후 저는 매사에 긍정적이며 적극적인 태도를 갖게 되었습니다.

위 예문에는 '긍정적이며 적극적인 태도'를 갖게 된 계기가 잘 드러나 있어 작성자가 그러한 태도를 지닌 사람이라는 것을 믿을 수 있게 한다. 이처럼 설득을 위해서는 증명할 수 있는 사례가 필요한데, 이는 결국 자신의 삶을 탐색함으로써 찾아낼 수 있는 것이다. 비유하자면, 자기소개서는 '내가 범인임을 증명하는 알리바이를 통해 내가 범인임을 증명하는 글'이라 말할 수 있다. 물론 여기에서 '범인'은 주관기관이 요구하는 상(像)으로서의 사람, 인재, 리더의 비유이다.

한편, '증명서'적 성격이라고 부를 수 있을 자기소개서의 이러한 특성은 스토리텔링에 대한 요구를 이끌어낸다. 스토리텔링은 스토리 곧 이야기를 이야기하는 것이다. 그리고 스토리는 '인물, 사건, 배경을 갖춘' '한 덩어리'의 독립되고 완결된 글을 말한다. 자기소개서는 어떤 한 인물이 어떤 행동, 곧 사건을 통해 어떤 역량을 가진 인물로 변화했다는 내용의 스토리를 일정한 배경 위에서 텔링, 곧 이야기하는 것이어야 한다. 왜냐하면 이럴 때, 주관기관이 원하는 상(像)이 명확히 그려질 수 있고, 이를 통해 '강한 신뢰'를 줄 수 있기 때문이다. 자기소개서에서 스토리텔링만큼이나 에피소드가 강조되는 이유도, 바로 이 행동(사건)의 구체성을 에피소드가 보여줄 수 있고, 이를 통해 더욱 강한 신뢰를 줄 수 있다는 데 있다.

> 처음 아르바이트를 한 곳은 패스트푸드점이었습니다. 처음에는 부끄럽기도 하고 낯선 일이기도 해서 실수를 많이 했습니다. 하지만 책임감을 가지고 열심히 일했습니다. 그러던 어느 날, 같은 반 친구 한 명이 가족들과 함께 외식을 하러 왔습니다. 그 친구를 보는 순간 부끄러웠던 저는 일을 팽개치고 주방으로 도망쳤습니다. 그러자 저를 따라 들어온 점장님이 이유를 물었습니다. 저는 마음을 다독인 뒤 사실을 말했습니다. 제 말이 끝나자 점장님이 조용한 음성으로 말씀했습니다. '자기 힘으로 돈을 벌

고 있는 네가 훨씬 부자이고 자랑스러운 거야.' 잠시 뒤, 저는 그 친구의 부모님께 인사를 드리러 갔습니다.

그 사건 이후 저는 저를 소중히 여기자는 생각을 하게 되었습니다. 이후, 여러 가지 아르바이트를 하면서 대인관계와 위기 대처 방법 등 중요한 교훈도 얻을 수 있었습니다. 모두가 스스로 성장할 수 있는 값진 기회였습니다. 그리고 그 경험들은 더 큰 저를 만들 수 있는 기회이기도 했습니다.

위 예문의 주인공에게는 신뢰감을 가질 수 있다. 분명한 에피소드를 통해 '대인관계와 위기 대처 방법'이라는 역량을 가진 사람이라는 상(像)이 설득력 있게 전달되고 있기 때문이다. 이 신뢰감은 자연스럽게 앞으로도 '스스로 성장할 수 있'을 것이라는 미래에 대한 믿음과도 연결되는 것이어서 주관기관이 예문의 주인공을 선택하는 결과를 만들기에 충분한 것이다.

이렇듯 자기소개서는 증명서이고, 그 증명서를 증명하는 알리바이이다. 왜 이곳이고, 왜 이 일인가라는 물음에 대한 '필연성'의 드라마를 통해 '이곳일 수밖에 없고 이 일일 수밖에 없는' 한 인물을 나로부터 끌어내 보여주는 것이 곧 자기소개서인 것이다.

4

좋은 자기소개서, 이렇게 써라

1) 형식의 기본을 이해해야 한다

① 시간의 여유를 두고 성의 있고 정확하게 써야 한다

성공적인 자기소개서를 쓰기 위한 기본 사항 중 형식적 측면의 첫 번째는 시간의 여유를 두고 성의 있고 정확하게 써야 한다는 것이다. 심지어 6개월 정도의 시간을 두고 써야 한다고 주장하는 이도 있을 정도이다.

자기소개서는 지원자의 인성, 특히 성실성과 책임감의 유무를 알아봄으로써 조직 구성원으로서의 적절성 여부를 확인하고자 하는 목적도 있는 글이다. 따라서 성의가 없는 자기소개서는 조직 구성원으로서의 적절성이 부족하다는 의미로 전달되며, 이는 곧 탈락이라는 최악의 결과로 연결된다. '성의 없는 자기소개서는 아무리 스펙이 좋아도 탈락'시킨다는 한 대기업 인사 담당자의 말이 그 증거이다.

자기소개서가 성의 없게 비춰지지 않기 위해서는 우선 공란을 남기면 안 된다. 자기소개서에서 요구하는 모든 문항에는 너무 짧지 않게, 글자 수가 제한되어 있다면 그에 맞게 적정한 양의 내용을 기재해야 한다. 그리고 무엇보다 정확하게 써야 한다. 자기소개서를 읽는 담당자들이 꼽은 실수 중 가장 많은 비중을 차지하는 것이 바로 맞춤법과 띄어쓰기 오류 및 오탈자였다. 이런 실수들은 사소해 보이지만, 지원자를 '성의 없는 사람', '노력하지 않는 사람', '능력 없는 사람'으로 만든다. 이 정확성과 관련하여 유의할 점으로는 다음과 같은 것들이 더 있다.

자기소개서는 공적인 문서이므로 특별한 경우가 아니라면 표준어로 작정해야 한다. 또한 한자나 영어의 과도한 사용도 금해야 한다. 가독성을 떨어뜨리고 오자의 가능성을 키우기 때문이다. 이모티콘을 사용하는 것도 금물이다. "안녕하세요^.^ 이제부터 제 소개를 드릴 텐데요^&^"처럼 작성하면 진지함을 느낄 수 없고, 이로 인해 신뢰감을 가질 수 없게 된다. '인터넷 줄임말'을 쓰는 것도 금물이다. 휠, 모솔, 안습, 넘사벽, 완소, 비번, 강추 등 너무 많이 써 익숙해진 줄임말을 생각 없이 쓰게 되면, 이모티콘을 사용했을 때와 같은 부정적 결과를 낳게 된다.

정확한 자기소개서를 위해 마지막으로 유의해야 할 점은 자기소개서를 쓸 때는 붙여넣기를 하지 말아야 한다는 것이다. 회사 이름 잘못 적기, 지원부서 잘못 적기 등의 치명적인 실수들은 대개 이 붙여넣기의 결과이다. 붙여넣기는 주로 시간적 여유가 없을 때 하게 된다. 따라서 자기소개서는 시간적 여유를 두고 차근차근 작성해야 한다. 나아가 지원하는 기업이나 기관, 부서나 사업의 특성을 충분히 반영한 '일대일' 맞춤형 자기소개서를 작성하려는 자세를 가져야 한다. 그래야 충분한 성의가 느껴질 수 있기 때문이다.

② 일목요연한 전달이 가능하도록 써야 한다

한 조사에 따르면 기업의 인사 담당자가 자기소개서 한 편을 검토하는 데 할애하는 시간은 6~7분에 불과하다고 한다. 각종 프로그램을 주관하는 기관이나 장학금을 수여하는 기관의 담당자도 크게 다르지 않을 것이다. 지원자는 늘 많고, 그렇기에 시간은 늘 촉박할 것이기 때문이다. 따라서 자기소개서는 일목요연한 전달이 가능하도록 써야 한다.

이를 위해서는 우선 문장을 간결하게 써야 하는데, 무엇보다 같은 단어나 문장을 반복하거나 이런저런 사실들을 장황하게 열거하는 것, '하고', '하니', '하며', '해서' 등의 연결어미를 통해 문장을 길게 늘이는 것 등을 금해야 한다. 다음으로 일목요연한 전달을 위해서는 두괄식으로 서술해야 한다. 그래야 시간이 없는 담당자가 한눈에 핵심 내용을 확인할 수 있다.

이에 더해 소제목(타이틀, 헤드라인)을 다는 것도 필요하다. 소제목은 지원자의 인성이나 경력, 역량 등을 효과적으로 보여줌과 동시에 내용의 일관성 여부를 한눈에 알아볼 수 있게 해주기 때문이다. 소제목은 또한 '각인효과'도 거둘 수 있다. 인상 깊은 소제목은 면접 단계에서 질문을 이끌어낼 수 있고, 입사 후에도 오랫동안 회자되는 효과를 얻을 수 있는 것이다.

마지막으로 일목요연한 전달을 위해서는 일관된 표현을 사용해야 한다. 이를테면 '나는'에서 '저는'으로 바뀐다든가, '이다'와 '입니다'를 섞어 쓰게 되면, 가독성이 떨어져 일목요연하게 전달되지 않는다.

③ 참신한 표현을 사용해야 한다

"1980년 1월 1일 엄하신 아버지와 자애로운 어머니 밑에서 태어나"로 시작해 "최선을 다하겠습니다."나 "열심히 일하겠습니다."로 끝나는 자기소개서는 절대로 좋은 결과를 가져다줄 수 없다. '버릇 있는 외동아들' 같은 소제목 등을 이용해 강렬한 인상을 주거나 "그럼 며칠 뒤에 뵙겠습니다." 같은 의외의 마무리로 호기심을 자극하는 자기소개서만이 합격이라는 목표를 달성하게 해준다. "머슴을 해도 대감 집에서 하라는 말이 있습니다."라는 유명한 지원동기를 떠올려보면 참신한 표현의 중요성을 알 수 있을 것이다.

④ '~인지, ~하다 보니, ~게 되다, ~같습니다' 등의 표현은 금물이다

'부모님의 가르침 때문인지 ~ 하게 되었습니다.', '이런 동기 때문인지 ~ 했습니다.', '하다 보니 ~ 하게 되었습니다.', '하게 되었고, 가게 되었고, 갖게 되었고, 쓴게 되었습니다.', '~같습니다.' 등의 표현은 꼭 필요한 경우가 아니라면, 절대 금물이다. 무언가를 주체적으로 이루었다는 능동성을 전해주지 못할뿐더러 자신감과 확신이 결여된 사람으로 느껴지기 때문이다. "부모님의 영향을 받아서인지 일찌감치 혼자 살게 되었고, 그러다 보니 독립심을 키우게 된 것 같습니다." 같은 서술이 바로 그렇다.

2) 내용의 기본도 이해해야 한다

① 문항마다 방향을 분명히 해야 한다

자기소개서를 쓸 때는 각 문항마다 해당 문항을 지원한 기관의 인재상이나 가치관, 또는 미래 비전의 측면에서 기술할지 아니면 지원한 직무에 집중해 기술할지 분명한 방향을 설정해야 한다. 다음 예문을 보자.

> 저의 최대 강점은 의심이 많다는 것입니다. 부정적으로 느껴질 수도 있지만 이는 철저하다는 말과 같은 말이라 할 수 있습니다. 거대 물류 업체인 ○○○○에서 제품을 파악하는 일은 아주 중요합니다. 구매자에게 제품을 전달하기까지는 선박 및 공급선 계약부터 시작해 수많은 금전적 계약들이 얽혀 있습니다. 따라서 허술한 파악이나 부주의로 인한 사소한 실수는 막대한 인적, 물적 손실이라는 결과를 초래합니다. 저는 끊임없이 의심하는 사람이고, 의심한 것을 재차 확인하는 사람입니다. 대학 1학년을 제외한 3년 동안 투표함 관리를 맡을 수 있었던 것도 이 때문입니다. 또 …(하략)….

위는 '트레이딩 영업' 분야에 지원한 지원자의 자기소개서 중 '본인의 최대 강점' 문항에 대한 서술의 일부이다. 예문에서 작성자가 강조하고 있는 것은 '의심'이다. 이는 물류 관리라는 직무에 꼭 필요한 요건이다. 따라서 위는 직무에서 요구하는 역량에 서술의 방향을 집중한 자기소개서라 할 수 있다.

> 저의 좌우명은 '절대 포기하지 않는다. 언제나 도전한다.'입니다. 저는 저의 이 도전정신에 걸맞은 회사를 동반자로 꿈꿔왔습니다. ○○자동차는 저의 가치관과 꿈에 가장 적합한 회사입니다. ○○자동차는 ○○○○년에 설립되었습니다. 국내 최초였습니다. 국내 최초의 자체 모델 승용차인 ○○○○를 생산한 것도 ○○자동차였습니다. ○○○○년에는 미국에 ○○를 수출함으로써 우리나라 자동차 산업의 새 장을 열었습니다. 도전정신이 없었다면 이 모든 것들은 불가능했을 것입니다.

위는 모 자동차 회사에 지원한 지원자가 작성한 '회사를 지원한 기준과 ○○자동차가 적합한 이유' 문항에 대한 서술 내용이다. 이 글은 특정 직무에서 요구되는 역량보다는 '도전정신'이라는 지원기관의 가치관과 미래의 비전에 집중해 자신이 필요한 인재임을 설득하고 있다. 이처럼 자기소개서의 각각의 문항은 무엇을 기준으로 기술할지 방향을 분명하게 정한 상태에서 그에 맞는 내용으로 기술되어야 한다.

② 역량이 드러날 수 있도록 써야 한다

말했듯, 우리 시대의 채용은 스펙 중심이 아닌 역량 중심으로 변화하고 있다. 역량은 어떤 능력 그 자체가 아니라 그 능력을 발휘할 수 있는 '능력의 능력'이다. 예를 들어 업무 수행 역량 중 고객 지향 역량을 지닌 사람은 고객의 요구를 파악하고 이를 충족시키며, 문제가 발생했을 때, 이를 적극적으로 해결한다. 만약 이러한 역량이 있음을 보여주려 한다면, 고객을 편안하게 해주는 자신만의 노하우나 고객의 불만을 해결해준 경험 등이 필요하다.

이처럼 역량이 있음을 설득할 수 있는 방법은 역량을 가지고 있다고 말하는 것이 아니라 증명하는 것이다. 즉 그러한 역량을 보여줄 수 있는 경험이나 성취를 통해 자신을 증명할 때, 설득은 가능해지는 것이다. 따라서 구체적인 에피소드가 필요하고, 구체적인 결과물, 곧 공모전 입상 등의 각종 수상 이력 등을 제시하는 것이 필요하다. 여기에 더해 미래의 성취 가능성까지 제시한다면 더욱 좋다. 성취를 강조하는 것이 역량을 증명하는 것이라면, 미래의 성취 가능성을 강조하는 것은 지원한 기관에서 요구하는 발전 가능성을 확인할 수 있게 해주는 것이기 때문이다. 역량의 증명을 요구하는 문항에 대한 다음과 같은 대답은 이에 대한 좋은 예이다.

> 트레이딩 영업 분야에서 가장 필요한 역량은 '어학 능력과 커뮤니케이션 능력'이라고 생각합니다. …(중략)… 저는 호주에서 어학연수를 할 때 카페에서 일했습니다. 그곳에서 저는 손님 응대는 물론 음료 조달 업체와 거래까지 하게 되었습니다. 깔끔한 일처리 덕분에 나중에는 커피원두 조달 업체를 선정하는 과정에도 참여할 수 있었습니다. 이 과정에서 저는 사람을 응대하는 방법과 함께 업계에서 쓰이는 각종 전문 용어를 배울 수 있었습니다. 좀 더 고급의 영어를 공부하는 기회와 이를 구사하는 경험 또한 할 수 있었습니다. 그러한 경험 덕분에 귀국 후 저는 학교에서 주최하는 '비즈니스 잉글리시' 대회에서 여러 차례 대상을 받기도 했습니다.

③ 긍정적인 내용이어야 한다

> 저는 ○○대학교 ○○학과 4학년에 재학 중인 ○○○입니다. 저는 나름 최선을 다해 공부를 했습니다. 하지만 어려운 가정환경 때문에 시간을 써야 할 일이 많아 평균 학점은 3.5밖에 되질 않습니다. 자격증도 취득한 것이 없습니다. 그럴 시간이 없어 도전하지 못했기 때문입니다. 그럼에도 만약 입사를 허락해주신다면 저의 모든 것을 바쳐 귀사의 발전을 위해 모든 노력을 다하겠습니다.

위와 같은 부정적이고 우울한 자기소개서를 읽고 합격을 시켜줄 담당자가 있을까? 성장과정이나 학창 시절, 성격의 장단점 등을 적을 때 밝은 면만을 적을 수는 없을 테고, 성격의 경우는 어두운 면도 꼭 써야 한다. 그럼에도 자기소개서에서는 어두운 면을 극복한 드라마를 보여주거나, 긍정적인 것으로 만들 수 있다는 믿음을 심어줘야 한다. 자기소개서를 요구하는 모든 기관은, 특히 기업은 기본적으로 미래에 투자하는 것이고, 응시자에게 원하는 것 역시 더 나은 미래를 만들 수 있는 역량이기 때문이다. 따라서 자기소개서는 긍정적인 내용이어야 하고, 부정적인 것 또한 극복의 스토리나 긍정으로의 변화를 보여주기 위한 소재로써 기술되어야 한다. 긍정적인 자기소개서를 작성하는 방법 중 하나는 작성자의 마음이 '유쾌할 때' 쓰는 것이다. 밤에, 심리적으로 쫓기는 상태에서 쓰는 것이 아니라 좋아하는 낮 시간에 기분이 좋은 상태에서 써야만 긍정적인 자기소개서가 나올 수 있기 때문이다.

3) 문항이 요구하는 '바로 그'를 '나'로 만들어야 한다

자기소개서에서 요구하는 문항은 그것을 요구하는 곳마다 조금씩 차이가 있다. 그중에는 "나의 인생관과 세계관을 요약하고, 그것을 형성하는 데 가장 큰 영향을 준 것(인물, 책, 영화 등)과 어떻게 영향을 주었는지 설명하시오(100자 이상 600자 이내)"라든가 "내 삶에 있어 가장 기억에 남는 일에 대해 상세히 기술하십시오. 사건, 원인, 과정, 결과를 중심으로(15줄 이내)"처럼 매우 구체적인 문항들도 있다.

하지만 그럼에도 이들 문항을 아우를 수 있는, 그리하여 대개의 자기소개서 관련 논의에서 공통적으로 등장하는 문항들이 있는 것도 사실이다. 지금부터는 이 공통 문항들, 즉 '성장과정 / 성격의 장단점 / 학창 시절 및 경력 / 지원동기 / 입사 후 포부' 등 다섯 가지 문항을 대상으로 성공적인 자기소개서를 작성하는 방법을 구체적으로 살펴보겠다.

① 성장과정: 배움을 통한 '바로 그로서의 나'의 형성 드라마를 써야 한다

성장과정은 연대기처럼 사실을 나열하는 것이 아니라 인성 및 가치관 측면과 능력(역량) 측면에서 자신의 인생에 긍정적인 영향을 미친 인물이나 사건, 또는 특별한 대상을 중심으로 기술해야 한다. 왜냐하면 자기소개서에서 성장과정을 요구하는 이유는 성장과정 중 어떤 인물이나 사건, 또는 특별한 대상이 현재 지원자의 모습과 인생관에 영향을 미쳤는지 알아봄으로써 지원기관이나 분야에서 요구하는 역량을 지닌 사람인지 아닌지, 조직에 잘 적응할 수 있는 인성을 갖춘 사람인지 아닌지를 가려내기 위함이기 때문이다.

성장과정은 특히 조직에 잘 융화될 수 있는, 긍정적 인성과 가치관을 지닌 사람이라는 상(像)을 그리는 데 집중해야 한다. 이때 가장 좋은 방법이자 꼭 필요한 방법은 스승을 만드는 것이다. 인간은 '학습을 통해 만들어지는 존재'라는 점에서 지금의 나는 그냥 만들어진 것이 아니라 스승을 통해 만들어진 것이고, 이 스승의 존재는 지금의 긍정적인 나를 증명해주는 일종의 알리바이가 되어주기 때문이다. 이에 더해 이 스승의 가르침은 나의 미래의 방향이자 지표이기도 하다는 점에서 스승의 존재는 중요하다. 물론 스승이 꼭 사람일 필요는 없다. 어떤 사건일 수도 있고, 어떤 책이나 영화, 심지어는 웹툰일 수도 있다.

> 제게 엔지니어의 꿈을 갖게 해주신 분은 저의 아버지입니다. 아버지께서는 평생을 엔지니어로 근무하시면서 책임감과 성실함이 무엇인지 몸소 보여주셨습니다. 누구보다 먼저 출근하셨고, 누구보다 꼼꼼하게 현장과 설비들을 점검하셨습니다. 0%의 오류는 아니었겠지만, 거의 완벽한 일처리를 보여주신다는 친구분들의 칭찬을 성장하는 내내 들을 수 있었습니다. 이러한 아버지의 모습을 보며 저는 성실함과 책임감을 제 삶의 가치관으로 삼아왔습니다. 이제 ○○○에서 그 성실함과 책임감을 통해 최선을 다하는 모습을 보여주고 싶습니다.

위는 '책임감'과 '성실함'이라는 긍정적 인성과 가치관을 만들어준 스승으로 아버지를 제시한 성장과정의 예다. 이 예시에서 문제가 되는 것은 먼저 책임감과 성실함이 증명되지 못하고 있다는 점이다. 반복해 말했듯, 주장만으로는 설득할 수 없다. 따라서 이 주장을 증명할 수 있는 예시, 즉 사건(에피소드)이 반드시 추가되어야 한다. 예를 들어 아버지가 아픈데도 출근을 하셨다거나 내가 아픈데도 친구와의 약속을 지켰다거나 하는 예시가 그것이다. 이 예문에서 문제가 되는 또 다른 점은 내가 아닌 아버지가 주인공처럼 느껴진다는 것이다. 자기소개서의 주인공은 다른 누구도 아닌 나여야 한다. 주관기관은 지원자의 스승이 아닌 지원자를 알고자 자기소개서를 요구하는 것이니 말이다. 따라서 아버지를 조연으로 느끼게 할 수 있는 내용이 필요하다. 조금 전 예를 든 '아픈데도 친구와의 약속을 지킴' 같은 내용 말이다.

② 성격의 장단점: 업무와 관련된 장점과 단점의 극복 드라마를 써야 한다

성격의 장단점은 우선 자신의 성격 중 장점을 골라 쓰되, 지원하는 분야에서 요구하는 역량과 관련이 있는 것을 써야 한다. 예를 들어 영업 분야에 지원한다면 낙천적 성격이나 적극성, 승부근성, 도전정신, 친화력, 판단력 등을 강조해야 한다. 광고나 홍보 분야라면 진취성, 적응력, 융통성 등에 집중해야 한다.

다음으로 장점만이 아닌 단점도 반드시 제시해야 한다. 단점이 없는 사람은 없기 때문이다. 다만 단점의 경우, 반드시 그것을 극복한 사례 내지 극복하려는 노력이나 보완할 수 있는 해결책도 함께 제시해야 한다. 극복하지 못한 단점, 극복 가능성이 없는 단점을 가진 사람을 선택할 곳은 없을 것이기 때문이다.

한편, 이들 장단점을 제시할 때는 "긍정적인 사람입니다.", "참을성이 좀 부족합니다."처럼 추상적으로 서술하면 안 된다. 구체성이 결여되어 신뢰를 주지 못하기 때문이다. 따라서 장단점을 제시할 때는 간접적 제시, 곧 가족이나 친구의 표현을 빌리거나 어떤 사건, 곧 에피소드를 통해 제시해야 한다. 또한 '별로 없다.'거나 '잘 모르겠다.'라고 쓰는 것은 금물이다. 자기 탐색조차 제대로 못 하는 사람이자 장점도, 극복의 경험도 없는 사람이 되어버리기 때문이다.

> 제 성격의 장점은 성실성입니다. 습득력이 빠른 편은 아니지만, 일단 맡은 일은 최대한 열심히, 그리고 꾸준하게 하여 일을 마무리 짓습니다. 저의 단점은 순간적 상황 대처가 조금 미흡하다는 점입니다. 어떤 일을 할 때, 약간의 돌발 상황이라도 생기면 저는 빠르게 대처하기보다는 천천히 고민하며 접근합니다. 이는 저 자신 스스로도 느끼는 부족함입니다. 이에 저는 계획한 일을 할 때, 생길 수 있는 변수를 최대한 고려하는 한편, 변수가 발생한 이후의 대처 방안도 생각해두려 노력하고 있습니다.

위 예문의 주인공이 내세운 장점은 성실함이다. 그러나 이 성실함이 '최대한', '열심히', '꾸준하게' 같은 피상적인 수식어로 주장만 되고 있을 뿐, 구체적인 사례가 없어 신뢰를 주지 못하고 있다. 게다가 밑줄 친 '습득력이 빠른 편은 아니지만' 같은 부분 때문에 장점의 강도마저 줄어들고 있다. 단점에 대한 진술은 더욱 문제다. '빠른 대처가 미흡'하다는 점을 단점으로 내세웠다면, 이를 극복한 사례나 이에 대한 대처 방안을 보여줘야 하는데 '최대한 고려'나 '대처 방안도 생각해두려 노력'이라는 피상적인 진술만으로 이를 대신하고 있기 때문이다. 장점의 신뢰성은 물론 단점을 극복하는 드라마도 보여주지 못하는 이런 소개로는 담당자를 절대 설득하지 못한다.

예문의 작성자가 만약 밑줄 친 '천천히 고민하며 접근'이라는 성격 혹은 특성을 강조하고, 이를 성실성과 연결했다면, '빠른 대처에는 미흡하지만, 천천히 고민하며 접근하여 성실하게 일을 해내는 한 인물의 상'을 만들어낼 수도 있었을 것이다.

한편, 자기소개서에 제시하는 단점은 최대한 장점과 연결하여 쓰는 것이 좋다. 그래야 장점이 돋보이고, 단점이 진짜 단점이 아닌, 장점의 부산물처럼 느껴질 수 있기 때문이다. 다음 예문을 보면, '확실한 것을 좋아함'이라는 장점이 자연스레 '고집이 셈'이라는 단점으로 연결되면서 이러한 느낌을 주는 효과를 얻고 있다.

> 전 무엇이든 확실한 것을 좋아합니다. 어떤 목표가 정해지면 확실한 결과가 보일 때까지 끝까지 밀고 나갑니다. 이 때문에 가끔 '고집이 세다'라는 말을 듣는 것도 사실입니다. 그래서 저는 항상 주위 분들의 조언에 귀를 기울이고, 다른 사람의 관점에서 생각함으로써 단점을 보완하려 노력하고 있습니다.

③ 학창 시절 및 경력: 과거와 현재, 그리고 미래를 이을 수 있도록 써야 한다

이 문항은 입시 경험부터 전공 선택, 전공 공부는 물론, 동아리 활동 등을 포함하는 교내외 활동, 아르바이트 경험, 자격증 및 외국어 능력 등 다양한 요소 중 장점이나 강점이 될 만한 것들을 선택해 기재하면 된다. 물론 그 선택의 기준은 지원하는 기관 및 분야와 얼마나 긴밀한 관련을 맺고 있느냐이다. 한편, 이 문항은 지원자의 능력 및 성향과 함께 조직 적응력과 조직에서의 역할을 알아보고자 요구하는 것이기에 긍정적인 대인관계와 리더십도 보여줄 수 있도록 작성해야 한다.

이 문항을 기술할 때는 핵심적인 것들만 골라 구체적이고 특별한 에피소드 형식으로 제시해야 하고, 그로부터 얻은 교훈도 함께 제시할 필요가 있다. 또한 '이러저러한 이유로 사회활동을 많이 하지 못했습니다.'라고 쓰는 것보다는 사소한 것이라도 '뭔가 배우고 느낀 것'을 찾아 기재해야 한다.

무엇보다 학창 시절 및 경력 문항은 다른 문항들과 긴밀한 관련을 맺을 수 있도록 작성해야 한다. 왜냐하면 이 문항은 성장과정에서 만들어진 지원자의 인성 및 능력과 성격의 장단점이 이런저런 경험이나 경력 속에서 긍정적으로 실현되었음을 보여줄 수 있는 부분이기 때문이고, 이를 통해 지원동기의 필연성과 입사 후 포부의 신뢰성 혹은 실현 가능성을 증명하는 알리바이가 될 수 있는 부분이기 때문이다.

> 저는 성인이 된 후부터 꾸준히 아르바이트를 해왔습니다. 대부분 고객 응대 업무였습니다. 그래서 저는 고객의 입장에서 생각하는 것이 익숙해졌고, 실제로도 고객의 입장에서 일했습니다. 일례로 카페에서 일할 때는 손님들 대부분이 특정 음료가 너무 달다고 해서 이를 사장님께 건의, 레시피를 바꿨던 적이 있습니다. …(중략)… 저의 이런 장점을 살리기 위해 품질관리부에 지원했습니다.

위 예문은 "해당 직무 분야에 지원하게 된 이유와 선택 직무에 본인이 적합하다고 판단할 수 있는 이유 및 근거를 제시"하라는 문항에 대해 쓴 글의 일부이다. 작성자가 지원한 분야는 '품질관리부'이다. 이 문항이 묻고 있는 것은 사실 '지원동기'이다. 작성자는 지원동기의 적절성, 정확히는 필연성을 요구하는 다음 구절 '선택 직무에 본인이 적합하다고 판단할 수 있는 이유 및 근거'를 경력을 통해 제시하고 있다.

품질관리라는 업무에서 요구하는 핵심 역량은 바로 밑줄 친 부분, 즉 고객 응대와 고객의 입장에서 생각하는 것이다. 작성자는 해당 분야에서 요구하는 역량을 자신의 경험 중에서 적절하게 선택해 전달하고 있다. 더구나 고객 응대 아르바이트를 꾸준히 해왔다는 점을 강조함으로써 이 역량이 자연스럽고 필연적인 것임을 알려주고 있음과 동시에 지원동기의 필연성 또한 확보하고 있다. 이에 더해 '사장님께 건의, 레시피를 바꿨던 적이 있'다는 성공 사례를 통해 역량을 증명함으로써 '증명서'로서의 신뢰성과 함께 '문제 해결 능력'이라는 미래의 가능성까지 확보하고 있다.

④ 지원동기: 오직 필연성에만 집중해 써야 한다

지원동기는 입사 후 포부와 함께 대부분의 인사 담당자가 꼽는 가장 중요한 문항이다. 지원동기에서 전해야 할 것은 '왜 다른 일이 아니고 이 일인가?'와 '왜 다른 곳이 아니고 이곳인가?'라는 물음에 대한 답이다. 이 답을 정답으로 만들기 위해 지원동기 문항에서는 필연성을 보여줘야 한다.

지원동기의 필연성은 자신의 삶 속에서 확인할 수 있는 원인과 결과, 즉 인과관계를 통해 드러나야 한다. 왜냐하면 이럴 때 동기가 확실한 사람으로 인정받을 수 있으며, 이를 통해 바로 이곳에서 바로 그 일을 해야만 하는 사람, 정확히는 할 수밖에 없는 사람임을 인정받을 수 있기 때문이다.

예를 들어 아나운서를 지원한 경우, 가까운 지인이 사는 곳에 사고가 났는데 연락이 안 되던 중 지원자가 지원하는 바로 그 방송국에서 가장 신속하고 정확하게 보도를 해줘 안심할 수 있었고, 이후 정보 전달의 중요성과 함께 지원하는 방송국에 대한 갈망이 생겼다고 하면, 담당자들은 지원동기의 필연성을 느낄 수 있을 것이다.

지원동기는 또한 스승이나 경험 등을 통해 갖게 된 꿈의 성취나 전공의 실현을 중심으로 작성해야 한다. 그래야 동기의 필연성이 전해질 수 있으며, 이 동기를 실현하고자 하는 성취 욕구가 강하다는 것을 충분히 인정받을 수 있기 때문이다.

마지막으로 지원동기는 현재만이 아닌 미래와도, 아니 현재보다는 미래와 더 많은 관련을 맺고 있어야 한다. 현재에 안주하고자 하는 집단은 없기 때문이다. 따라서 지원동기는 지원한 기관의 특성과 비전, 인재상 등이 자신의 꿈의 성취나 전공의 실현과 긴밀한 관계를 맺고 있음을 구체적으로 보여주어야 한다. 이를 위해서는 물론 지원한 기관의 특성과 비전, 인재상을 충분히 연구한 뒤 작성해야만 한다.

> 어릴 적부터 이사를 자주 한 저에게 집은 추억입니다.
>
> 집은 단순한 거주지가 아닙니다. 집은 수많은 사건과 추억과 시간을 담고 있는 삶의 공간입니다. 초등학교 시절 오래된 난로가 있던 거실은 따뜻했던 가족을, 중학교 시절 처음 갖게 된 내 방은 친구들과의 즐거웠던 추억을, 고등학교 시절 책상이 절반을 차지했던 방은 건축가를 꿈꾸던 추억을 떠오르게 합니다.

이러한 저에게 ○○건설의 '꿈을 설계하고 희망을 짓는다.'는 경영 이념은 특별하게 다가왔습니다. 제가 경험했던 것처럼 미래를 꿈꾸고 추억을 담을 수 있는 공간을 ○○건설과 함께 만들고 싶습니다.

특별히 꾸미거나, 많은 것을 열거하지 않았는데도 '왜 다른 일이 아니고 이 일인가?'와 '왜 다른 곳이 아니고 이곳인가?'라는 물음에 명확한 대답을 전하고 있다. 거창하거나 강렬한 요소가 있는 것도 아닌데, 성공적인 지원동기로 읽히는 이유는 경험과 꿈의 필연적 관계, 그리고 그 꿈과 기업과의 자연스러운 연결, 이에 더해 미래까지 아우르는 내용 덕분이다. 이 모든 것이 지원자가 원하는 '이곳'에서의 '이 일'을 지극히 당연한 것으로, 그럴 수밖에 없는 것으로 만들어주고 있다. 지원동기는 자기소개서에서 가장 중요한 부분이지만, 가장 길게 쓸 필요는 없다. 이 예문처럼 필연성에만 집중하면 된다.

⑤ 입사 후 포부: 구체적이고 실현 가능한 미래를 제시해야 한다

입사용 자기소개서에서 요구하는 입사 후 포부 항목은 지원자의 잠재력과 발전 가능성을 알아보기 위한 것이다. 이 입사 후 포부는 첫째, 지원동기, 즉 꿈의 성취나 전공의 실현과 긴밀하게 연결되도록 기술해야만 한다. 그래야 필연성을 확보할 수 있기 때문이다.

둘째, 신뢰감을 줄 수 있도록 구체적이어야 한다. 이를 위해 '열심히', '최선을 다해', '혼신의 노력으로' 등의 피상적이고 막연한 수식어는 피해야 한다. 대신 '하겠다.', '할 것이다.'라는 서술어에 방점을 찍고 작성해야 한다.

셋째, 실제 업무를 통해 실현할 수 있는 일이나 기업의 비전 및 인재상에 부합하는 일을 제시해야 한다. 기업은 지원자가 꿈꾸는 포부, 즉 미래가 기업의 미래와도 관련이 있는 것이기를 바라기 때문이다.

마지막 넷째, 무엇보다 중요한 것은 입사 후 포부는 실현 가능한 것이어야 하며, 지원자의 역량을 통해 실현 가능하다는 믿음을 줄 수 있어야 한다는 것이다. 이를 위해 자신이 역량을 발휘했던 사례와 그 성과를 함께 제시할 필요가 있다.

물론 입사 후 포부가 꼭 거창할 필요는 없다. 아래 예문처럼 작지만 실천할 수 있는 포부를 제시하면 구체성과 신빙성을 통해 신뢰를 확보할 수 있다.

> 사비를 털어서라도 입사 후 한 달 동안 하루에 한 분씩 선배님과 만남의 자리를 마련하겠습니다. 이를 통해 신입 직원 중 업무 숙지가 가장 빠른 직원이 되겠습니다.

다음 예문처럼 자신의 특기나 장점을 이용해 할 수 있는 일을 제시하는 것도 좋은 방법이다. 그 자체로 실현 가능성을 가지며, 자기 이해가 충실한 사람이라는 인식을 심어줄 수 있기 때문이다.

> 저는 그 누구보다 꼼꼼합니다. 이 꼼꼼함을 이용해 저는 각종 문서를

직무 종류, 우선순위, 협력업체 등으로 세분해 정리함으로써 '자료 관리자'가 되겠습니다. 또한 최소한 한 달에 한 권씩, 가장 주목받는 책을 읽고 이를 요약해 공유하겠습니다. '요약은 저의 제2의 전공'이라고 자부할 수 있습니다. 제 컴퓨터에 있는 A4용지 1,500매 분량의 '요약 창고'가 그 증거입니다. 앞으로 저는 가장 필요하고 재미있는 자료를 직원들과 공유하는 '움직이는 자료실'이 될 것입니다.

연습문제 1

다음은 한 은행의 자기소개서 문항이다. 왜 이런 문항을 요구하는지, 그리고 무엇을 써야 할지 토론해보자.

"공통의 비전을 가진 여러 사람을 이끌고 리더십을 발휘하여 성과를 이끌어낸 경험이 있으신가요? 어떠한 장애물이 있었으며, 당신은 그것을 어떻게 극복하셨나요? 이번에는 옛 속담이나 사자성어를 이용하여 당신의 리더십 성공 스토리를 이야기해주세요."

연습문제 2

'나'는 어떤 사람일까? 예시처럼 다섯 개의 문항에 한 줄로 나를 표현해보자.

성장과정	예시) 일찌감치 시작한 독립생활
학창 시절	예시) 격려가 만들어낸 강인함과 따뜻함
자랑할 만한 경력	예시) 홀로 해낸 리모델링
장점	예시) 말하지 않아도 알아
단점	예시) 혼자 있고 싶을 때가 많아

연습문제 3

아래 문항에 대한 내용을 성장과정을 통해 200자 이상 600자 이내로 작성해보자. 단 제목은 [연습문제 2]의 '성장과정' 문항에 적은 것으로 해야 한다.

"예상치 못했던 문제로 인해 일이 계획대로 진행되지 않았을 때, 이를 현명하게 극복하여 성공적으로 마무리했던 경험을 서술해주세요."

연습문제 4

다음 인용문은 직무에서 요구되는 '역량/인성'을 직무에 맞게 세분하여 제시한 것이다. 먼저 직무를 정하고, 그 직무에 제시된 역량 및 인성 중 필요하다고 판단되는 세 가지를 선택한 뒤, 이 세 가지를 가진 사람임을 설득할 수 있을 만한 '학창 시절 및 경력'을 상상해보자. 그리고 이를 300자 이상 600자 이내로 써보자.

직무에 맞는 역량/인성

인사, 총무, 교육: 리더십, 혁신적 사고, 원만한 인간관계, 팀워크, 통솔력, 신뢰성, 정직성, 분석적 사고, 신체적 강인성, 인적·물적자원 관리, 이해력, 티칭 능력, 수리력, 판단력 등

영업, 고객관리: 넓은 인간관계, 활발하고 낙천적인 성격, 도전정신, 승

부근성, 넓고 다양한 지식, 적극성, 커뮤니케이션 스킬, 협상력, 친화력, 신뢰성, 상황 판단력 등

기술, 건설, 엔지니어링, 생산관리 분야: 분석적 사고, 적응성, 융통성, 신체적 강인성, 유연성 및 균형, 기술 설계, 공간 지각력, 수리력 등

구매, 자재관리: 꼼꼼함, 신뢰성, 책임감, 독립성, 인내, 수리력, 이해력, 범주화, 정직성, 분석적 사고, 물적자원 관리, 신체적 강인함, 수적 감각 등

광고, 홍보: 창의력, 순발력, 진취성, 적응력, 융통성, 이해력, 글쓰기 능력, 인적 네트워크, 집중력 등

마케팅(기획): 리더십, 도식화 능력, 분석적 사고, 적극성, 진취성, 분석 및 평가, 판단력, 집중력, 추진력, 인적자원 관리, 티칭 능력, 창의력 등

상품기획, 개발(기획): 분석력, 시장에 대한 안목, 수적 감각, 도식화 능력, 책임감, 진취성, 창의력, 판단력, 이해력, 추리력, 탐색 능력 등

금융(자산관리): 분석적 사고, 꼼꼼함, 스트레스 감내성, 적응성, 융통성, 판단과 의사결정, 수리력, 논리적 분석, 추리력 등

법무: 법률적 지식·경험, 협상력, 마찰의 중개·협의, 검토·분석·해석·판정·조사, 냉철함, 논리력, 판단력 등

재무관리: 수적 감각, 수리력, 물적자원 관리, 범주화, 정직, 꼼꼼함, 책임감 등

해외 주재, 영업, 무역: 적극성, 대담성, 커뮤니케이션 스킬, 도전정신, 끈기, 협상력, 기획력, 폭넓고 다양한 지식, 유창한 외국어 실력, 적응력, 활동성 등

비서: 침착함, 신뢰성, 융통성, 상황 판단력, 부지런함, 인내심, 꼼꼼함, 스트레스 감내성, 배려, 시간 관리, 이해력, 글쓰기 등

-김세준, 정승일,《자기소개서 비법노트》, 북마에, 2013, pp.47~48.

연습문제 5

[연습문제 1]의 토론 결과를 바탕으로 다음 문항에 대한 답변을 '성격의 장단점'과 관련해 200자 이상, 600자 이하로 작성해보자.

"어떤 일을 여러 사람과 함께 했던 경험이 있겠지요? 그리고 리더십을 발휘하여 좋은 결과를 이끌어낸 경험도 있겠고요? 이에 대해 써보세요."

참고문헌

김기호 외,《이공계열 맞춤형 글쓰기》, 영남대학교 출판부, 2017.

김세준, 정승일,《자기소개서 비법노트》, 북마에, 2013.

김정태,《스토리가 스펙을 이긴다》, 갤리온, 2010.

내털리 커내버, 클레어 메이로위츠 / 박정준 역,《비즈니스 글쓰기의 모든 것》, 다른, 2013.

대학 글쓰기 교재 편찬 위원회,《대학 글쓰기》, 충북대학교 출판부, 2018.

대학 글쓰기 교재 편찬 위원회,《대학 글쓰기의 이론과 실제》, 한국외국어대학교 출판부, 2013.

문병용,《이력서 자기소개서 상식사전》, 길벗, 2009.

조윤경,《자기소개》, 커뮤니케이션북스, 2016.

조정래,《스토리텔링 멘토링》, 행복한미래, 2013.

표형종,《자기소개서 직무사례 100》, 진서원, 2013.

한양대학교 교양국어위원회 편,《글이 삶이다》, 한양대학교 출판부, 2017.

신정숙, 취업용 자기소개서 지도방안 연구,《동남어문논집》 40호, 동남어문학회, 2015.11.

직장인 글쓰기 100명 중 97명 '글쓰기 잘하고 싶다', 〈베타뉴스〉, 2009.10.19.

구직자 4명 중 1명 "대기업 간다면 취업 재수도 불사", 〈뉴시스〉, 2019.09.29.

입사지원서에 가장 많이 등장하는 실수는?, 〈이투데이〉, 2019.10.01.

"꼭 입사하고 싶습니다"..이래놓고 뽑으라고요?, 〈머니투데이〉, 2019.11.02.

성장 과정 체크포인트, http://www.career.co.kr/info/history/view2.asp?boardType=6&seq=1807

성장배경 자기소개서 샘플 컨설팅,http://www.career.co.kr/info/history/view2.asp?boardType=6&ct=&jc=&resume_type=&subject=&target=&kw=&seq=1804

입사지원서 작성요령, https://blog.naver.com/edu1771/221048049769

입사지원서에 자주 등장하는 7가지 실수들, http://blog.naver.com/PostView.nhn?blogId=2round05327&logNo=50027278261

입사지원서에 쓰지 말아야 할 비호감 표현, http://www.career.co.kr/info/history/view2.asp?boardType=6&ct=&jc=&resume_type=&subject=&target=&kw=&seq=1812

자기소개서, http://www.albamon.com/community/Alba_info/tb_resume_doc_view?idx=2

자기소개서, http://www.albamon.com/community/Alba_info/tb_resume_doc_view?idx=2

자기소개서 작성법, http://blog.naver.com/PostView.nhn?blogId=edu1771&logNo=221048060588&parentCategoryNo=&categoryNo=&viewDate=&isShowPopularPosts=false&from=postView)

지원동기 작성하는 방법, http://www.career.co.kr/info/history/view2.asp?boardType=6&ct=&jc=&resume_type=&subject=&target=&kw=&seq=1810

취업 자소서 자기소개서 꿀팁!!, https://clantown1733.tistory.com/22

특별한 사람보다는 필요한 사람이 되겠습니다, http://www.albamon.com/community/Alba_info/tb_resume_doc_view?idx=11

호감을 주는 문장력, http://www.career.co.kr/info/history/view2.asp?boardType=6&seq=1811

9

-

업무적 글쓰기

수준급의 영어회화 실력, 1회의 어학연수, 3회의 해외여행, 각종 봉사활동과 다양한 아르바이트 경험, 1회의 인턴십 등 스펙이 출중한 에리카 씨. 그는 자신의 스펙을 활용하고 싶고, 이를 통해 능력을 인정받고 싶다. 그러나 자신의 그런 스펙을 사람들이 잘 몰라서인지 능력을 발휘할 기회를 얻기조차 쉽지 않다.

그러던 어느 날, 에리카 씨는 속해 있는 동아리에서 한대신문에 보낼 정기 공연 관련 보도 자료를 쓰는 일을 맡게 된다. 기회가 온 것이다. 그런데 보도 자료? 그게 뭐지? 보도 자료는 어떻게 써야 하지? 인터넷을 뒤져 보고, 도서관에서 책도 빌려와 읽어보지만, 잘 정리가 되지 않는다. 너무 일반적인 얘기들이어서 오히려 더 어렵게 느껴지기도 한다.

고민하던 에리카 씨는 지난 학기에 글쓰기를 가르쳐주셨던 교수님께 도움을 청하기로 마음먹는다. 그런데 이런, 찾아뵙고 사정을 전하려니 벌써부터 떨린다. 평소 말을 잘하지 못하는 것은 아니지만, 교수님과 대화를 나눠야 한다고 생각하니 어떻게 준비하고, 어떻게 말해야 할지 막막하기만 하다.

결국 에리카 씨는 이메일로 사정을 전하고 도움을 얻기로 한다. 하지만 웬걸, 교수님의 이메일 주소를 적고 나니 제목부터 어떻게 써야 할지 난감하기만 하다. 한두 번 써본 이메일도 아닌데 말이다. 에리카 씨는 과연 이 난관들을 잘 극복하고 능력을 인정받을 수 있을까?

1
생소한 보도 자료와 어려운 이메일 쓰기

우리는 예문 속 에리카 씨처럼 능력을 인정받길 원한다. 능력은 과정과 결과를 통해 측정되고 인정된다. 그런데 과정은, 각종 형태의 결과와는 달리 그 대부분이 말과 글로 이루어져 있다. 결국 우리는 말과 글로 우리의 능력을 평가받고, 말과 글을 통해 능력을 인정받아야 하는 것이다.

이 장은 우리의 능력을 평가하는 지표가 되는 저 둘, 말하기와 글쓰기 중 글쓰기, 그중에서도 보도 자료와 이메일 쓰기를 살펴보기 위해 마련되었다. 보도 자료와 이메일은 다른 여타의 업무적 글쓰기, 즉 제안서, 보고서, 기획서 등등처럼 대개 오랜 준비의 시간을 허락하지 않는다. 게다가 우리 대부분은 에리카 씨처럼 잘 모르기에 보도 자료를 어려워하고, 잘 써야 하기에 이메일을 두려워한다. 이 장의 목표는 글을 통해 능력을 인정받아야 하고, 글로써 능력을 인정받으려 하는 우리들이 가진 그러한 어려움과 두려움을 해결하고 해소해주는 것이다.

학습목표

1. 보도 자료와 이메일의 중요성을 인식한다.
2. 보도 자료의 의미를 이해하고, 성공적인 보도 자료 작성 방법을 익힌다.
3. 이메일 쓰기의 기본적인 사항을 이해하고 좋은 이메일 쓰기의 방법을 익힌다.

2

낯설지만 중요한 보도 자료, 어떻게 써야 할까?

1) 보도 자료는 왜 필요할까?

보도 자료란 공공기관이나 기업에 특별한 것이나 자랑할 만한 뉴스가 생겼을 때 이를 알리기 위해 언론에 배포하는 글을 말한다. 이 중 기업에서 보도 자료를 배포하는 경우는 대개 신제품 출시, 해외 진출, 중요한 성과, 새로운 투자, 최근 개발하고 있는 상품 혹은 연구의 공개, 행사나 수상, 다른 기업과의 제휴, 콘퍼런스 개최 등이 있을 때이다. 물론 이런 특별한 일이 없을 때도 배포되는데, 이때는 주로 기업의 이미지와 신뢰도 향상을 목적으로 한다.

그런데 기업은 왜 언론을 통해 저러한 것들을 알리려 하고, 언론을 통해 이미지와 신뢰도를 높이려 할까? 이들 질문에 대한 첫 번째 대답은 물론 비용 때문이다. 대기업이나 중견기업이 아닌 이상 광고를 하는 것은 쉽지 않다. 엄청난 비용이 들기 때문이다. 하지만 작은 기업들도 광고는 필요하다. 그렇기에 많은 기업들이 보도 자료를 필요로 하는 것이다.

그러나 그 많은 기업이 보도 자료를 필요로 하는 이유가 비용의 문제에만 있는 것은 아니다. 단지 비용의 문제라면, 대기업들과 중견기업들은 이를 필요로 하지 않을 것이다. 그럼에도 이들 기업조차 보도 자료를 필요로 하는 이유는 보도 자료가 지닌 저렴한 비용 이상의 탁월한 강점, 다름 아닌 신뢰와 주목 때문이다. 소비자 혹은 대중은 광고보다 뉴스에 더 주목하고 이를 더 신뢰한다. 아니 '광고는 안 믿지만 뉴스는 신뢰'하고, 광고는 주목하지 않지만 뉴스는 주목한다. 같은 약품이라 하더라도 광고에 나오면 단지 광고되는 상품일 뿐이지만, 기사 형태인 보도 자료로 제시되면 믿을 만한 의학 정보로서 주목하는 것이다. 바로 이 점이 모든 기업들이 보도 자료를 필요로 하는 이유이다.

2) 성공적인 보도 자료는 어떻게 써야 할까?

① 성공적인 보도 자료의 시작은 좋은 기획이다

성공적인 보도 자료, 즉 기사가 될 수 있는 보도 자료를 만들기 위해서는 우선 좋은 기획이 필요하다. 그리고 그 기획의 첫 단계는 '뉴스 가치'를 만드는 것이다. 언론사는 기업이 배포한 보도 자료가 기사로 보도할 만한 가치가 없다고 판단되면 기사화하지 않기 때문이다. 기사로서의 가치를 인정받을 수 있는 기준들과 그 기준을 충족시킬 수 있는 방법들을 간단하게 정리하면 다음과 같다.

첫째, 시의성이 있는 것이어야 한다. 시의성 여부는 보도 자료의 내용이 지금 보도할 만한 가치가 있는 것인지를 기준으로 한다. 예를 들어 8월 한여름에 신제품 온풍기 보도 자료는 이 기준을 충족하지 못한다.

둘째, 적절성을 가져야 한다. 적절성은 보도 자료의 내용이 보도에 적합한 것인지를 기준으로 한다. 예를 들어 성인용품 관련 보도 자료는 특별한 경우가 아니라면 보도의 대상이 될 만한 가치를 갖추지 못한 것으로 판단될 것이다.

셋째, 변별성을 갖춘 것이어야 한다. 언론사가 기사 가치를 판단하는 기준 중 하나는 변별성을 가진 특별한 것인가의 여부다. 이비인후과 의사가 귀지를 파내는 도구의 역사를 담은 글과 함께 의사 자신이나 자신이 일하고 있는 이비인후과에 대한 보도 자료를 작성한다면 이는 분명 기사가 될 수 있을 것이다.

넷째, 성공스토리와 감동스토리는 늘 기사가 될 가능성을 높여준다. 보도 자료가 드라마나 영화처럼 역경을 극복한 과정을 담고 있으면, 더 잘 기억되는 것은 당연한 일이기 때문이다. 이런 스토리가 있는 보도 자료는 또한 SNS를 통해 확산할 가능성도 커서 더 큰 효과로 이어질 수 있는 가능성도 갖고 있다. '3년의 연구, 3년의 고생 뒤 3년 만에 300억 수출기업으로'나 '10년 동안 헤어져 있던 인연을 다시 만나게 해준 SNS' 등이 그 예이다.

마지막으로 선정 혹은 시상이라는 이벤트를 통해 기사 가치를 확보하는 방법도 있다. 엄청나게 많은 선정들과 시상들이 있지만, 여전히 그런 것들을 기사로 접할 수 있는 것을 보면, 이는 좋은 기획임이 틀림없어 보인다. '에리카캠퍼스는 핫플레이스 10선을 선정했다'라거나 '에리카캠퍼스는 지역 우수 학생 100명을 선발, 시상식을 가졌다' 등이 그 예이다.

② 보도 자료는 공공언어가 지켜야 할 기본을 갖춰 써야 한다

성공적인 보도 자료 작성을 위해 무엇보다 먼저 고려해야 할 사항은 '보도 자료는 일반 시민, 즉 공공을 대상으로 한 글'이라는 점이다. 따라서 보도 자료는 공공언어가 지켜야 할 기본을 갖춰 작성해야 한다.

공공언어란 '한 사회의 구성원들이 읽을 것을 전제로 사용하는 언어'로 각종 공문서나 계약서, 약관, 사용 설명서, 현수막 등은 물론 대중 강연에서 사용하는 언어까지를 모두 포함한다. 이 공공언어가 지켜야 할 기준은 크게 '정확성'과 '소통성' 영역으로 나눌 수 있다. 이 중 정확성 영역은 '퇴고하기'와 함께 모든 글쓰기에서 기본적으로 요구되는 것들이기에 여기서는 소통성 영역의 기준들만을 살펴보겠다.

"숲에 On, ○○구 블로그 공모전 실시"

○○구의 역사, 문화, ㉠관광이랑 ○○구의 따뜻한 이야기를 공모합니다.
참가는 나이 제한 없이 ○○구의 ㉣인싸라면 누구나 ㉡가능해요.

○○○구는 2019.03.25.(월)부터 ~ 2019.05.31.(금)까지 "숲에 On, ○○구 블로그 공모전"을 실시합니다. 참가 방법은 이메일 (1234@○○○○.go.kr)로 신청하여 주시면 되고, 신청 확인 후에는 ㉢답멜을 보내드릴 것입니다. 보내실 때 이메일 제목은 "㉤숲에 On, ○○구 블로그 공모전(본인 이름)"으로 보내주시고 응모하시는 본인 블로그 포스팅 제목 앞에 반드시 [○○구 블로그 공모전]을 표시한 후 ㉥접수해야만 합니다.
주소란은 바뀐 도로명주소를 이용해서 작성해주세요. 접수 확인 메일이 오지 않으면 전화 (☎00-000-0000)로 ㉧문의해야 합니다. 접수 마지막 날인 5월 31일 금요일에는 많은 분들의 접수로 인해 혼잡이 예상되니, 되도록 여유 있게 접수 부탁드립니다. 수상 발표일 전에 블로그를 비공개로 설정하거나 블로그 공모전에 제출하신 작품을 다른 블로그로 이동 또는 블로그에서 삭제하시면 심사를 할 수 없으니 이점 유념하여주시기 바랍니다. (수상작 발표일까지 ㉦주소 이동 금지)

위는 공공언어가 지켜야 할 기준이 좀 더 강하게 적용되는 공공 기관 보도 자료의 일부이다. 이를 통해 소통성을 지닌, 즉 더 좋은 소통을 할 수 있는 보도 자료의 요건들을 살펴보면 다음과 같다.

첫째, 보도 자료는 공공언어로서의 품격을 지켜야 한다. 이를 위해 보도 자료에서는 구어적인 표현이나 정체불명의 신조어를 삼가야 한다. 위 예시에서 ㉠관광이랑의 '랑'은 구어체 연결 어미이고, ㉡가능해요의 '해요'는 구어에 많이 쓰이는 해요체의 종결 어미이며, ㉢답멜은 구어적이면서 동시에 신조어이기도 한 줄임말이다. 한편 ㉣인싸와 ㉤숲에 On은 정체불명의 신조어이다. 이는 다음과 같이 바꿔야 공공언어로서의 품격을 확보할 수 있다.

㉠관광이랑 → '관광, 그리고'
㉡가능해요 → '가능합니다'
㉢답멜 → '답 메일'
㉣인싸라면 → '주민이라면'
㉤숲에 On → '숲 마을'이나 '숲 동네'로 대체하거나 삭제

둘째, 고압적이고 권위적인 표현은 삼가야 한다. 위 예시에서 ㉥접수해야만 합니다와 ㉦주소 이동 금지는 그것을 읽는 사람들, 즉 공공에 고압적인 느낌으로 전해진다. 또한 ㉧문의해야 합니다는 문의의 주체인 공공보다 객체인 기관이 더 상위에 있는 듯한 느낌을 전해준다. 따라서 이들은 다음과 같이 바꿔야 한다.

㉥접수해야만 합니다 → '접수해주시기 바랍니다'
㉦주소 이동 금지 → '주소 이동을 하지 말아주시기 바랍니다'

ⓞ문의해야 합니다 → '문의해주시기 바랍니다'

셋째, 쉽게 읽고 쉽게 이해할 수 있도록 써야 한다. 이를 위해선 먼저 시각적 편의성을 고려해야 한다. 위 예처럼 밑줄 등을 통한 핵심 내용의 강조가 부족하여 한눈에 전달이 안 되거나 너무 좁은 자간과 줄 간격으로 인해 시각적으로 불편하면 안 된다. 또한 제목과 본문의 글자 크기가 같아 핵심 내용 파악이 어렵거나 들여쓰기를 하지 않아 읽기가 불편해도 안 된다.

더 쉬운 전달을 위해서는 또한 간결해야 한다. 물론 간결성은 여타의 업무적 글쓰기를 포함한 모든 글쓰기에서 요구되는 조건이다. 하지만 보도 자료는 '기자가 그대로 베껴서 써도 되는' 글이기에 간결성의 중요성이 다른 어떤 글보다 크다. 이 간결성을 확보하기 위해 보도 자료에서는 한 문장 안에 여러 개의 핵심어를 나열하거나 연결어와 연결 어미를 지나치게 많이 사용해서는 안 된다.

한편, 문화 시설이 턱없이 부족한 산간, 도서, 벽지 거주자나 중증 장애인, 독거노인 등 거동이 힘들어 문화 예술 콘텐츠 향유가 어려운 대상자를 위하여, 지역별로 '기획사업'이 제공된다.

'기획사업'은 아동, 장애인 등에게 이동 편의 및 보조 인솔자 등을 제공하는 '모셔오는 서비스', 거동이 불편해 집 밖 출입이 어려운 노인 또는 장애인을 위해 재능기부자들이 '맞춤형 프로그램'을 마련하여 방문하는 '찾아가는 서비스' 등으로 구성된다.

이번 사업은 우리 ○○○도가 주최하는 사업으로 사업의 성사를 위해 우리 도의 유력 인사들이 참여하는 한편, 도내에 있는 각 학교의 장들도 참여했고, 신청을 통해 선발된 어르신들도 참여했으며, 역시 신청을 통해 선발된 학생 대표들도 참여하여 알차고 성공적이며, 유례가 없는 사업이 될 것이라고 자부할 수 있다.

위 예문의 두 번째 단락을 보면, 기획사업, 모셔오는 서비스, 맞춤형 프로그램, 찾아가는 서비스 등 4개의 핵심어가 한 문장 안에 나열되어 있다. 읽는 사람이 어려움을 겪을 수밖에 없다. 세 번째 단락의 경우는 연결어와 연결 어미를 지나치게 많이 사용해 문장이 길어진 경우로서 예문의 밑줄 친 부분은 모두 연결어 또는 연결어미이다. 이를 고쳐 좀 더 간결한 문장으로 만들어보면 다음과 같다.

→ '기획 사업'은 다음 두 가지 서비스를 중심으로 구성된다. 하나는 아동, 장애인 등에게 이동 편의 및 보조 인솔자를 제공하는 '모셔오는 서비스'이다. 다른 하나는 거동이 불편해 집 밖 출입이 어려운 노인 또는 장애인을 방문하는 '찾아가는 서비스'이다. 이 중 후자의 경우는 재능 기부자들이 '맞춤형 프로그램'을 마련하여 서비스를 하게 된다.

이번 사업은 우리 ○○○도가 주최하는 사업이다. 사업의 성사를 위해 도내 유력 인사들과 각 학교의 장들이 참여했다. 또한 신청을 통해 선발된 어르신들과 학생 대표들도 참여했다. 이번 사업은 분명 알차고 유례없는 성공적인 사업이 될 것이라 자부할 수 있다.

더 쉬운 읽기라는 점에서 보도 자료가 지켜야 할 지켜야 마지막 기준은 쉽고 친숙한 용어를 사용해야 한다는 것이다. 종합일간지와 텔레비전의 경우, 신문기자는 중학교 3학년, 방송기자는 초등학생도 알아듣게 보도하는 것이 원칙이라고 한다. 보도 자료도 기사인 만큼 이에 걸맞은 수준으로 작성해야 한다.

'당월 업무 보고'

1. 관내 MOU 관련 자료를 확보했습니다.
2. PT와 E-Mail을 적극 활용해 행정 홍보를 하였습니다.
3. 연말 정기 바자회 디피를 위한 컨설팅을 받았습니다.
4. 당해 연도 결산 준비를 시달하였습니다.

쉽고 친숙한 용어 사용과 관련하여 문제가 되는 대표적인 것들은 어려운 한자어의 사용, 익숙하지 않은 전문 용어의 사용, 외래어와 한자어의 남용 등이다. 위 예문의 경우, 먼저 전문 용어인 MOU는 MOU(Memorandum Of Understanding, 양해각서)로 풀어쓰는 한편 우리말을 병기해 좀 더 쉽게 이해할 수 있도록 해야 한다. 이는 신조어나 낯선 용어에 대해서도 마찬가지다. 다음으로 PT와 E-Mail의 경우는 이미 일반화된 외래어이니 프레젠테이션과 이메일로 바꿔 쓰거나 순화어인 발표와 전자우편으로 고쳐 써야 한다. 세 번째로 디피와 컨설팅은 전시, 진열 및 조언, 상담이라는 우리말이 있기에 굳이 사용할 필요가 없는 외래어이다. 마지막으로 당월, 당해 연도, 시달 등의 친숙하지 않거나 어려운 한자어는 각각 이번 달, 올해, 지시 등의 친숙하고 쉬운 말로 바꿔 써야 한다.

마지막 넷째, '성, 신체나 장애, 인종, 지역이나 국적, 직업이나 출생' 등과 관련한 차별적 표현을 삼가야 한다. 따라서 다음과 같은 표현을 사용하게 되면, 보도 자료는 실패할 수밖에 없게 된다.

분류		예시	내용
성	여성 명칭	여성에게만 주어지는 명칭	미혼모, 미망인
	여성 강조	여성임을 특별히 드러냄	여의사, 여대생, 여기자
	신체 강조	여성의 신체적 측면을 이용	처녀림, 처녀작, 처녀생식
	고정관념	남녀에 대한 고정관념 반영	시집가다, 바깥사돈
	여성 비하	여성을 비하	계집애, 마누라
신체 신체	장애 비하	신체장애를 비하	귀머거리, 벙어리, 절름발이
	장애 이용	신체장애를 이용	벙어리 냉가슴, 절름발이 행정
	외모 비하	외모를 비하	뚱보, 숏다리
	외모 강조	불필요한 외모 강조나 묘사	몸짱, 얼짱, 섹시, S라인
인종 국적	인종 비하	특정 인종 비하 또는 차별	검둥이, 잡종, 유색인, 혼혈아
	자국 중심	자국 중심적인 사고	교포/동포/재외국민, 코시안
	지역 차별	특정 지역 중심 또는 차별	서울 명동 같은, 명동보다 좁은
직업 출생	직업 비하	특정 직업을 비하	잡상인, 봉급쟁이, 노가다
	부적절 지칭	부적절한 지칭	간호원, 청소부, 신용불량자
	출생 비유	특정한 출생을 비하	사생아, 미숙아

지금까지 살펴본 내용은 좋은 보도 자료를 위한 기본적인 사항들이다. 이제 이를 전제로 다음 항에서는 보도 자료의 작성 순서를 따라가면서 성공

적인 보도 자료 작성법에 대해 살펴보겠다. 특별한 경우를 제외하면, 보도 자료는 '제목과 부제목(리드) → 본문 → 보일러 플레이트와 담당자 연락처' 순으로 구성된다.

③ 제목과 부제목: 관심을 끌 수 있도록 작성해야 한다

제목은 보도 자료의 성공 가능성, 곧 기사화 가능성의 70%를 차지할 만큼 중요하다. 따라서 제목은 첫째, 보도 자료의 내용을 한눈에 파악할 수 있도록 핵심 메시지와 가장 중요한 키워드를 조합해 써야 한다. 예를 들면 "○○전자, 시스템 에어컨 세척 케어 서비스 실시"처럼 말이다.

둘째, 보도 자료의 제목은 인터넷 시대의 독자들, 즉 제목을 통해 기사를 볼지 말지 결정하는 독자들의 시선을 끌 수 있도록 써야 한다. 이를 위해 제목은 8~15자 정도의 1줄 분량으로 써야 하고, 가독성을 위해 중복되는 단어는 피해야 하며, 누구나 이해하기 쉬운 용어로 써야 한다. 물론 이는 기본적인 사항들이다. 이를 전제로 제목은 무엇보다 호기심을 자극할 수 있도록 써야 한다.

예를 들어 "에리카캠퍼스는 핫플레이스 10선을 선정했다"보다는 "에리카캠퍼스가 선정한 10곳의 핫플레이스는 어디?" 같은 제목을 사용해야 하는 것이다. "구매자의 60%, '재구매 의사 있다.'고"처럼 인용 부호를 활용하는 것도 시선을 끌 수 있는 좋은 방법이다. 또한 "2019년 겨울, 12번째 축제, 그리고 40인의 참가자"처럼 숫자를 사용하는 것도 좋은 방법이다. 숫자는 수학과 과학의 영역이기에 그 자체로 신뢰를 줄 수 있으며, 다른 말들과 어울려 말만으로는 가능하지 않은 효과를 거둘 수 있는 힘을 가지고 있기 때문이다. '마음을 움직이는 101가지 이야기'에서 101을 빼면, 101이라는 숫자가 있을 때와는 전혀 다른 느낌을 갖게 되는 것처럼 말이다.

한편, 대개의 보도 자료는 '리드'라고 불리는 두 줄 정도의 부제목으로 제목을 뒷받침한다. 그래야 좀 더 분명하게 핵심을 전달할 수 있기 때문이다. 이 부제목 역시 가장 중요한 요건은 관심을 끌 수 있어야 한다는 것이다. 제목이 시선을 끌어오는 것이라면, 리드는 본문을 읽도록 유인하는 것이기 때문이다. 따라서 리드는 짧으면서도 강렬한 메시지를 담고 있어야 한다. 다음은 보도 자료의 제목과 부제목의 예이다.

> **"○○전자, 시스템 에어컨 세척 케어 서비스 실시"**
>
> ○○전자 이번 주부터 8월 말까지 시스템에어컨 세척 케어 서비스 실시
> 무더위가 계속되고 깨끗한 공기에 대한 관심이 높아져 이번 이벤트를 준비

④ 본문: 원칙을 지켜 써야 한다

대개 A4용지 1.5매 정도로 작성되는 본문은 제목과 부제목을 통해 선택된 보도 자료의 실제 기사화 여부를 좌우하는 부분이다. 보도 자료의 성공, 즉 기사화를 위해서는 이 본문을 내용면에서나 형식면에서나 원칙에 맞게 작성해야 한다.

먼저 내용적 측면에서 보도 자료의 본문은 언론 기사의 가장 중요한 덕목인 정직성과 신뢰성을 갖추고 있어야 한다. 논문으로 발표된 신기술이나 특허를 신청한 제품에 대한 보도 자료가 대부분 기사화되는 것은 이 때문

이다. 반대로 심한 과장이나 강한 홍보성 표현은 신뢰감을 떨어뜨리기 때문에 기사화되기 힘들다. '세계 최초' 같은 표현이나 '가장 뛰어난', '업계를 선도하는' 같은 표현에 보도 자료를 담당하는 기자들은 눈살을 찌푸린다고 한다. '보도 자료는 의견이 아닌 사실을 써야 한다.'는 말이 있듯, 정직성과 신뢰성은 보도 자료의 본문이 갖춰야 할 가장 중요한 요건인 것이다.

다음 형식적 측면에서 보도 자료의 본문이 지켜야 할 원칙들로는 첫째, '누가, 언제, 어디서, 무엇을, 어떻게, 왜'의 원칙, 곧 육하원칙에 따라 작성해야 한다는 것이다. 말했듯, 보도 자료는 곧 언론 기사이기에 이 원칙은 반드시 지켜져야 한다.

둘째, 본문은 핵심 정보를 앞에 내세우는 두괄식으로 작성해야 한다. 흔히 보도 자료의 서술 형식을 '역피라미드형'이라고 하는데, 이는 중요한 정보부터 덜 중요한 정보 순으로 내용을 배치하라는 의미이다. 이렇게 해야 독자가 마지막까지 관심을 가질 수 있기 때문이다. 덧붙여 두괄식으로 본문을 작성해야 하는 또 다른 이유는 기사가 길 경우 뒤부터 잘라내기 때문이다. 핵심을 뒤에 두면 핵심이 잘려나가게 되는 것이다.

그 외, 좀 더 성공적인 본문을 작성하는 방법을 덧붙여보면 다음 세 가지가 있다. 첫째는 전문가나 고위직의 말을 인용하는 것이다. 이 방법은 보도 자료를 통해 알리고자 하는 대상의 가치를 상징적으로 보여줌과 동시에 보도 내용의 신뢰성을 확보할 수 있다. 둘째는 이미지를 활용하는 것이다. 시각의 시대, 비주얼의 시대, 보는 것이 곧 믿는 것인 시대인 오늘날, 독자들은 기사를 읽는 것이 아니라 본다. 따라서 적절한 이미지가 있다면, 그것을 보도 자료에 넣는 것은 선택이 아닌 필수 사항이다. 셋째는 본문에 독자들이 검색할 만한 키워드를 모두 넣어 검색 가능성을 높이는 것이다. 정보의 시대이자 검색의 시대, 키워드는 관심의 필요조건이자 충분조건이기 때문이다. 예를 들어 내비게이션 관련 보도 자료라면, 본문에 내비게이션, 차량 항법장치, GPS, 위성 위치추적 등을 모두 써넣는 것이다.

⑤ 보일러 플레이트와 담당자 연락처: 꼭 첨부해야 한다

'보일러 플레이트'란 회사에 대한 기본적인 소개를 담은 몇 줄의 설명에 회사 웹사이트와 연락처를 더한 짧은 글을 말한다. 본문의 말미에는 이 보일러 플레이트를 꼭 첨부해야 한다. 이에 더해 보도 자료의 가장 끝에는 담당자 연락처를 반드시 써야 한다. 그래야 해당 보도 자료의 내용에 대해 궁금해할 수도 있는 기자나 독자가 쉽게 궁금증을 해결할 수 있고, 그 과정에서 보도 자료의 효과를 극대화할 수 있기 때문이다.

참고로 위와 같은 내용을 담은, 완성된 보도 자료의 예시를 덧붙이면 다음과 같다.

제목: "○○전자, 시스템 에어컨 세척 케어 서비스 실시"

부제목

○○전자 이번 주부터 8월 말까지 시스템에어컨 세척 케어 서비스 실시

무더위가 계속되고 깨끗한 공기에 대한 관심이 높아져 이번 이벤트를 준비

본문

시스템에어컨 세척 케어 서비스는 ○○전자 전문 엔지니어가 방문해

시스템에어컨의 실내기를 완전히 분해한 후 필터는 물론 열교환기까지 깨끗하게 세척하는 서비스이다. 시스템에어컨 내부의 곰팡이, 이물질 등을 제거해주고 탈취, 코팅, 항균 처리까지 해준다. 이렇게 실내기를 세척하면 열교환기 성능도 올라가 냉난방 효율이 최대 27% 개선된다.

서비스 신청은 전용 콜센터(XXXX-XXXX)를 통해 가능하다.

○○전자는 세척 케어 서비스를 처음 받는 고객 가운데 실내기가 5대 이상이면 1대에 대해 세척 케어를 무료 체험할 수 있는 기회를 제공한다. 기존에 서비스를 받았던 고객들은 행사 기간 중 30% 할인된 가격으로 세척 케어 서비스를 받을 수 있다.

○○전자는 세척 케어 서비스를 받는 고객을 대상으로 ○○전자만의 독보적인 필터인 '슈퍼공기청정필터'를 30% 할인된 가격에 제공하는 부가서비스도 실시한다. 시스템에어컨 실내기에 사용되는 '슈퍼공기청정필터'는 머리카락 굵기의 1/40 수준인 2.5㎛(마이크로미터) 크기의 초미세먼지까지 제거해 실내공기를 쾌적하게 해준다.

○○전자 한국영업본부장 ○○○ 전무는 "○○전자만의 전문적인 케어 서비스를 통해 고객들에게 쾌적한 실내 공간을 제공할 것"이라고 강조했다.

보일러 플레이트 새로운 가정용 가전의 선도 기업 ○○전자
웹사이트(http://www.xxxxx.co.kr)
대표 전화(00-0000-0000)

담당자 연락처 ○○전자 홍보팀 ○○○ abcde@fghij.com
000-0000-0000

연습문제 1

다음 단어들을 공공언어가 지켜야 할 기본에 맞게 바꿔보자.

Call Center →

업로드 / 다운로드 →

차기년도 →

시방서 →

연습문제 2

다음은 '2018년도 서울특별시의 차별적 행정 용어와 순화어'와 '장애인 차별적 언어 표현과 대안 표현'에서 고른 차별적 표현들이다. 공공언어가 지켜야 할 기본에 맞는 표현으로 바꿔보자.

차별적 표현	순화어
편부(扁父), 편모(偏母)	
미망인	
조선족	
정상인(일반인)	
벙어리	
벙어리 냉가슴	

연습문제 3

겨울이 시작되는 11월 말, 에어컨 관련 보도 자료를 써야 한다면, 시의성을 어떻게 확보할 수 있을까? 이에 대해 써보자.

연습문제 4

아래 글을 참조, "우람 식품, 새로운 라면 '와글' 출시"라는 제목을 각 항목에 맞춰 10가지로 고쳐보자.

① 이기심형: 핸드폰 요금 절반으로 줄이는 10가지 방법

② 주인공형: 김태인 씨의 펀드 여행 24시간

③ 뉴스형: 2010년 1월 우리나라 영화 주인공에 일대 변화가 온다.

④ 어드바이스형: 실내에서 두통에 시달린다면 이 화초를 기르십시오.

⑤ 명령형: 서른 살이 넘었으면 333 자전거 운동을 하라.

⑥ 설문형: 내 나이에 비타민C는 얼마나 먹어야 할까?

⑦ 대상선택형: 대학 2학년의 여름휴가 장소는 어디가 좋을까?

⑧ 호기심형: 당신의 가족을 춤추게 할 수 있는 방법은?

⑨ 연상형: 음식만 바꿔도 강철 같은 몸을 만들 수 있다.

⑩ 의인형: 자장면과 대화하는 방법

- 최병광, 《21세기 셰익스피어는 웹에서 탄생한다》, 책이있는풍경, 2010, pp.128~129(일부 내용 변경 인용).

연습문제 5

"에리카 캠퍼스가 선정한 10곳의 핫플레이스는 어디?"라는 제목에 맞는 보도 자료를 작성해보자.

3

이메일, 이렇게 써야 한다

1) 이메일은 우리에게 어떤 것일까?

글쓰기와 달리 말하기는 '현장성'이라는 특성과 '대면성'이라는 특성이 있어 아무리 많은 준비와 연습을 하더라도 실수의 가능성이 항상 더 크다. 말을 할 때는 더 나은 말을 고를 시간도, 틀렸을 때 수정할 시간도 없다. 또한 말을 할 때는 상대 그 자체, 즉 남성인지 여성인지, 연배나 직책이 높은지 낮은지 등과 상대의 상황 등을 고려해야 한다. 물론 이는 글을 쓸 때도 마찬가지다. 하지만 말을 할 때는 이에 더해 상대의 심리 및 감정 상태까지 종합적으로 이해해야 하고 이를 고려해야 한다. 따라서 말을 할 때는 글을 쓸 때보다 실수를 할 가능성이 훨씬 커진다.

'콜 포비아(Call phobia)'라는 신조어가 생긴 것도 말하기의 이러한 어려움 때문일 것이다. 콜 포비아는 전화를 뜻하는 'Call'과 공포증을 의미하는 'Phobia'의 합성어로 '전화 공포증'을 뜻한다. 2018년에 실시된 한 조사에선 '음성통화가 부담스러워 일부러 전화를 피해본 경험이 있다'고 응답한 비율이 무려 65.1%(중복응답)였다. 직장인 336명을 대상으로 진행한 또 다른 조사에 따르면 '전화 공포증'의 원인으로 '말실수를 할까 봐(53.9%)'가 1위로 꼽혔다.

글은 본질적으로 말을 보조하는 도구이다. 그런데 오늘의 우리는 말을 보조하는 것이 아니라 말을 대신하는 것으로서 글을 사용하려 하고, 실제 사용하고 있다. 다름 아닌 실수의 가능성 혹은 두려움 때문에 말이다. 그런 점에서 말을 대신할 수 있게 해주는 이메일은 우리의 그러한 두려움을 해소해주는 고마운 도구라 할 수 있다.

그렇다면 이 고마운 이메일이 업무적 글쓰기에서 차지하는 비중은 얼마나 될까? 엘리스와 존슨(M.Ellis & C.Johnson)은 업무에 필요한 기능을 다섯 가지로 나눠 제시했는데, 이 중 쓰기 기능에 "텔렉스, 편지, 보고서, 메모, 전문 서적, 보고서와 편지 수정하기" 등 여섯 가지 업무를 포함시켰다. 여기에서 이제는 유물이 되어버린 텔렉스와 글쓰기의 공통 단계인 수정하기는 빼도 무방할 듯하다. 편지나 메모도 마찬가지다. 정말 특별한 경우가 아니라면, 편지는 쓸 일이 없고 메모는 아주 지엽적인 것이기에 그렇다. 전문 서적도 마찬가지다. 읽는 것이라면 몰라도 쓰기 업무로서는 특수한 일부 직종에나 해당하는 것일 테니 말이다. 그럼 남는 것은 보고서 하나다. 그렇다면 현재는 보고서만 쓰면 되는 것일까?

보고서를 제외한 나머지 다섯 개가 빠진 자리에 이메일을 추가할 수 있을 것이다. 물론 SNS도 추가해야 할 것이다. 그런데 SNS 글쓰기는 단문이라는 점과 말하기를 대체하는 기능도 수행하고 있다는 점에서 나머지 둘과는 전혀 다른 차원의 업무라고 볼 수 있다. 그렇다면 남는 것은 보고서와 이메일 둘뿐이다. 이 둘 중, 업무적 글쓰기에서 더 큰 비중을 차지하는 것은 이메일일까, 보고서일까? 한 조사 결과에 따르면, 업무를 목적으로 하는 한국어 문서 유형 중 가장 많이 사용되는 유형은 바로 '업무 이메일 쓰기'였다. 그런데 이 조사가 이루어진 때는 무려 10년 전이다. 문서의 디지털화가 지금보다 훨씬 덜했을 때인데도 그랬다면, 지금은 더 말할 필요가 없을 것이다. 이메일이 업무와 관련한 소통에 있어 '가장 보편적인 방식'이라는 단언이 나오는 것은 따라서 당연한 일이다.

2) 이메일을 잘 보내려면?

이메일에 대해 알아보기 위해 이메일의 정의나 사용 방법을 이야기하는 것은 의미가 없을 것이다. 우리 모두가 이를 너무도 잘 알고 있기 때문이다. 따라서 곧바로 본론으로 들어가 좋은 이메일 쓰기의 방법들을 살펴보고자 한다. 이메일은 제목, 첫인사, 본문, 끝인사 부분으로 나눌 수 있다.

① 제목: '열려라 참깨' 주문과 같은 것이다

업무적인 이메일을 보낼 때 제목은 꼭 써야 한다. 한 연구자에 따르면, 편지와 달리 이메일은 제목을 쓰는 난이 따로 있어 쓰는 사람들이 어려움을 겪고 있고, 그 결과 이름 등으로 제목을 대신한다고 한다. 하지만 그럼에도 업무용 이메일에선 제목이 없는 경우는 나타나지 않는다고 한다. 그 이유는 다른 글에서도 마찬가지이지만, 업무용 이메일에선 제목이 특히 더 중요하기 때문이다.

제목은 처음으로 주목받는 것이기에 중요하기도 하지만, 이메일의 경우는 그것을 클릭해야만 내용이 전달된다는 점 때문에 더욱 중요하다. 이메일을 통해 전하고자 하는 것 중 더 중요한 것은 제목이 아니라 내용일 것이다. 그런데 제목이 그 앞을 가로막은 채 문을 열어주지 않으면, 즉 제목이 열어줄 만한 문이 되지 못하면 그 중요한 내용은 절대로 전달될 수 없다. 따라서 내용으로 들어가게 해주는 제목은 어찌 보면 내용만큼이나 중요한 것일 수 있다. 누군가의 표현을 빌리자면, 좋은 제목은 '열려라 참깨' 주문과도 같은 것이다. 그러니 제목을 잘 써야 한다.

제목에는 메일의 핵심 내용과 함께 보내는 사람의 소속과 이름을 써야 한다. 핵심 내용을 안 쓰면 그 내용을 알 수 없어 클릭하기를 주저하게 되고, 소속이나 이름 없이 핵심 내용만 있으면 누구인지 모르기에 클릭하기를 또한 주저하게 되기 때문이다. 한편, 내용이나 이름 없이 소속만 쓰면, 무슨 내용이고 누구인지 몰라 주저하게 된다. 내용이나 소속 없이 '○○○입니다'라고 이름만 쓰면, '안녕하세요'라는 인사말만 쓴 제목처럼 스팸으로 치부될 수 있다. "요청하신 자료 보냅니다.", "얼마 전 인사드렸던 사람입니다.", "혹시 저 기억하십니까?" 등도 스팸 메일로 여겨져 열어보지 않을 가능성이 큰 제목이다. 덧붙이자면, 업무용 이메일에서는 이름을 쓸 때 예명이나 필명이 아닌 실명을 써야 한다. 업무용 이메일은 공적인 것이기도 하거니와 예명이나 필명까지 기억하는 사람은 별로 없기 때문이다.

② 첫인사: 말을 대신하는 이메일이다. 그러니 꼭 써야 한다

업무적인 이메일에서는 대개 첫인사가 생략된다. 용건을 빠르고 정확하게 전하는 것이 더 중요하기 때문이다. 그러나 하루에도 몇 번씩 이메일을 주고받아야 하는 특수한 경우가 아니라면, 첫인사는 꼭 써야 한다. 업무용이라 하더라도 이메일을 읽는 것은 결국 사람이기 때문이다.

사람은 이성적 존재이기도 하지만 감정적 존재이기도 하다. 그 어떤 상황에서도 감정으로부터 자유로울 수 없다. 그래서 수시로 마음이 흔들린다. 안 좋은 쪽으로도 말이다. 만약 그때, 첫인사도 없는 이메일을 받게 된다면? 인사는 감정의 영역이다. 인간이 감정적 존재이기에 인간의 모든 소통은 감정의 영역을 전제로 한다. 이는 말이든 글이든 마찬가지다. 소통에서 가장 중요한 것은 좋은 감정을 교류하는 것, 바로 교감(交感)이다. 이메일도 여기에서 벗어날 수 없다.

한편, 이메일의 장점은 말로는 하지 못하는 어떤 것을 할 수 있다는 것이다. 전화를 통한 말하기도 마찬가지지만, 특히 대면하는 말하기에서는 아주 가까운 사이가 아니면 상대를 기분 좋게 할 수 있는 말하기를 하는 것이 어려운 경우가 많다. 이를테면, "늘 밝은 웃음을 전해주시는 ○○○씨"라는 인사는 말로 전하기에는 어색하고 부자연스럽기도 하거니와 실제로 했을 경우 상대에게 부담감을 주기 십상이다. 하지만 이메일은 그렇지 않다. 이메일은 말로 하기 어려운, 하지만 상대를 기분 좋게 할 수 있는 첫인사를 전할 수 있는 좋은 소통 수단인 것이다.

첫인사를 쓸 때는 "날씨가 많이 쌀쌀해졌습니다."나 "어느새 따뜻한 봄입니다."처럼 날씨나 계절을 이용하는 것이 일반적이다. 하지만 이는 식상한 면도 없지 않다. 이보다 더 좋은 인사말은 "얼마 전 사고를 당했다고 들었는데, 좀 괜찮으신지요?"나 "출장은 잘 다녀오셨나요?" 등 상대의 상황에 대한 알은척을 하는 것이다. 이런 인사말은 상대에게 배려받는다는 느낌을 줄 수 있기 때문이다.

③ 본문: 간결하고 진지하게 써야 한다

본문은 우선 최대한 간결하게 써야 한다. 특별히 길게 써야 하는 경우가 아니라면, 본문에선 업무와 관련한 핵심만 전할 필요가 있다. 업무적인 이메일을 읽는 것 그 자체가 상대에게는 일이기 때문이다. 따라서 본문은 최대한 짧게 나눠 써야 한다. '그렇고, 저렇고, 이렇고 해서, 그렇고, 저렇고, 이렇고 하니' 같은 동어반복 내지 긴 호흡의 글은 하루에도 수없이 많은 이메일을 읽을 상대를 피곤하게 만드는 일이다. 또한 핵심을 첫머리에 둬야 한다. 그래야 읽기 쉽기 때문이다. 이에 더해 단락 나누기도 자주 해야 한다. 너무 길면 한눈에 들어오지 않기 때문이다. 내용이 길거나 복잡한 경우에는 단락마다 또는 용건마다 한 줄을 띄워줌으로써 가독성을 높여줘야 한다.

다음으로 본문은 진지하게 써야 한다. 신조어나 축약어, 이모티콘을 남발하는 것은 금물이다. 업무는 소일거리나 장난이 아니다. 그 업무를 위한 이메일 역시 소일거리나 장난이 아니다. 진지할 때는 진지할 필요가 있는 것이다.

④ 끝인사: 절대 빠뜨리지 말아야 한다

끝인사도 꼭 해야 한다. 하되, 첫인사처럼 잘해야 한다. "그럼 안녕히 계십시오."나 "좋은 하루 되십시오." 같은 일반적인 인사말도 좋고, "쾌차하시기 바랍니다."나 "일이 잘 해결되길 바랍니다." 같은 상대의 상황에 맞는 인사말도 좋다. 어떤 것이든 끝인사는 상대를 기분 좋게 만들어준다. 끝인사와 함께 '○○○ 올림'이나 '○○○ 드림' 같은 맺음말도 꼭 덧붙여야 한다. 그래야 분명하고 완전한 끝맺음이 되기 때문이다. 또한 메일의 가장 말미에는 보내는 사람의 간단한 인적 사항과 연락처를 추가하는 것이 좋다. 업무는 어떻게 연결되고 어떻게 이어질지 모르기 때문이다.

3) 답 메일을 보낼 때는?

① 답 메일은 최대한 빨리 보내야 한다.

답 메일을 보낼 때는 최대한 빠른 시간 안에 보내야 한다. 업무의 효율성을 좌우하는 것이 시간이기 때문이기도 하지만, 기다리는 것을 좋아하는 사람은 없기 때문이다. 심지어 '1시간 안에 답 메일을 보내야 한다.'고 주장하는 사람이 있는 것도 이 때문이다.

② 답 메일을 보낼 때는 '답장'을 통해 해야 한다

업무와 관련된 이메일에 대한 답장은 꼭 '답장'을 통해 답장해야 한다. 'RE: ○○○○○'의 형태로 답장을 해야 많은 사람과 많은 이메일을 주고받는 상대가 이전 이메일을 찾아보지 않아도 되기 때문이다. 또한 이럴 때, 이전 이메일과 답장을 비교, 대조, 분석하기 쉬워 업무의 연속성을 확보할 수 있고, 있을 수 있는 착오나 오해를 줄일 수 있으며, 문제 발생 시 책임 소재를 분명히 할 수 있다. 다만, 발송과 답장이 5회 이상 반복되었을 때는 새로운 이메일로 답장을 해야 한다. 이전 내용이 너무 많으면 당연하게도 읽기와 이해에 혼란이 생길 수 있기 때문이다.

덧붙이자면, '답장'을 통해 답장하되, 제목은 바로 지금 보내는 이메일의 목적과 내용에 맞게 고쳐야 한다는 것이다. 그래야만 전달이 분명해지고, 업무 진행 상황을 더 쉽게 파악할 수 있기 때문이다. 또한 동일인이라도 다른 업무에 관한 이메일이라면, 기존 이메일에 '답장'을 하지 말고, 새로 보내온 해당 이메일을 통해 '답장'을 해야 한다. 그래야 쓸데없는 혼란을 없앨 수 있고, 내용을 분명하게 전달할 수 있으며, 업무 파악도 더 쉬워지기 때문이다.

③ '답장'이 아닌 새로운 이메일로 답장해야 할 때도 있다

한편, '답장'을 통해 답장해서는 안 될 때도 있다. 업무와 직접적 연관이 없는, 일종의 친분 확인이나 연락 유지 차원의 이메일이 그렇다. '답장'을 통한 답장은 상대가 필요 없는 부분을 읽어야 한다는 점에서 상대에게 주지 않아도 될 부담을 주게 된다. 게다가 'RE:'의 반복은 업무의 연장이라는 느낌도 갖게 만든다. 이렇게 되면, 친분 확인이나 연락 유지라는 목적을 제대로 이룰 수 없다. 또한 이런 이메일은 시각적으로도 번잡하다. 번잡하기에 글에 집중하기 힘들어진다.

4) 더 좋은 이메일 쓰기를 위한 그 밖의 방법들

더 좋은 이메일, 소통할 수 있는 이메일, 무엇보다 능력을 인정받을 수 있는 이메일을 쓰기 위해 알아두어야 할 그 밖의 방법들로는 다음과 같은 것들이 있다.

① 예의를 갖춰야 한다

이메일은 대면하지 않고 나누는 대화이기 때문에 얼굴 표정이나 말투를 확인할 수 없다. 따라서 의도하지 않은 오해와 그로 인한 불쾌감을 낳을 수 있다. 그렇기에 이메일을 쓸 때는 더욱 세심한 단어 선택이 필요하다. 특히 연배가 높은 상대나 상급자에게 이메일을 보낼 때는 첫인사나 끝인사 같은 형식적인 부분에 더 신경을 써야 한다. 또한 본문의 내용도 지시나 요구, 항의처럼 느껴지지 않도록 최대한 정중하고 완곡하게 써야 한다. 덧붙여 너무 이르거나 늦은 시간에 이메일을 보내선 안 된다. 업무적인 이메일은 대개 스마트폰을 통해 수신 알림이 되어 있기에 이런 시간에 이메일을 보내게 되면 받는 사람의 휴식이나 잠을 방해할 수 있기 때문이다.

② 보내선 안 될 내용이 있는지 꼭 확인해야 한다

이메일을 보낼 때는 보내지 말아야 할 내용은 없는지, 보내선 안 되는 내용은 아닌지, 혹은 그런 표현이 있는 것은 아닌지 퇴고 과정에서 꼭 확인해 고치거나 삭제해야 한다. 다음의 경우들이 그렇다.

- **설명이나 토론이 필요한 중요한 사안들:** 만나서 해야 할 것은 만나서 해야 한다.
- **기업의 기밀 정보:** 이에 대해선 설명을 덧붙일 필요가 없을 것이다.
- **부적절한 유머:** 적절한 농담은 업무 분위기를 좋게 만드는 효과적인 방

법이지만, 상황에 맞지 않는 지나친 유머는 심각한 결과를 초래할 수 있다. 앞 절에서 언급한 성 차별, 인종 차별 등 각종 차별을 담은 농담이 그 극단적인 예이다.

- **나쁜 소식:** 해고 등의 나쁜 소식은 이메일이 아닌 면대면으로 전해야 한다. 나쁜 소식일수록 상대는 따뜻한 위로나 진심어린 조언을 필요로 하기 때문이다. 이메일로는 그런 감정적인 부분까지는 제대로 전할 수 없다.
- **비판:** 이메일을 통한 비판은 너무 일방적이다. 그리고 이 일방성은 불공정함으로 느껴질 수 있다. 이렇게 되면, 비판은 비난이 되어버리고, 나의 의도와 무관하게 상대는 상처를 받게 된다. 따라서 비판은 만나서 해야 한다.
- **수신인 확인:** 이메일을 보낼 때는 수신인이 정확한지 다시 한번 확인해야 한다. 실수는 언제나 일어날 수 있다. 그러니 이메일을 보내기 전, 전하고자 하는 그 사람이 정말 맞는지 반드시 확인해야 한다.

③ 단체 이메일을 보낼 때는 꼭 필요한 것인지 판단해야 한다

단체 이메일을 보낼 때는 단체 발송이 꼭 필요한 이메일인지 판단해야 한다. 단체 발송은 하나의 업무를 위한 소식 혹은 정보를 여러 사람이 나눌 필요가 있을 때 사용된다. 그런데 이 단체 발송을 아무 때나 하게 되면, 그 이메일을 받는 사람들은 보낸 이와 자신이 일대일의 관계가 아닌 일대다 혹은 다대일의 관계라 느끼게 될 것이다. 물론 이렇게 되면, 친밀감이라는 교감(交感)의 주요 요소를 잃게 된다. 반대로, 한 사람만을 상대로 한 메일은 그것만으로도 상대에게 '특별한 대우'를 받는다는 좋은 느낌을 갖게 해준다.

④ 마감 기한을 밝혀야 한다

자료 취합이나 참석 여부에 대한 물음 등 기한이 정해져 있는 무언가를 알리거나 요청하는 메일의 경우라면, 반드시 마감 기한을 밝혀야 한다. 그렇지 않으면 제때 회신을 받지 못할 가능성이 많기 때문이다. 덧붙여, 마감 기한은 상사에게 보고하는 일정을 기준으로 최대한 길게, 이메일을 보낸 시점으로부터는 최대한 짧게 잡는 것이 좋다. 가령 보고가 금요일인데 월요일에 이메일을 보내는 경우라면, 늦어도 수요일을 마감 기한으로 잡아야 한다. 그래야 적어도 목요일에는 받을 수 있기 때문이다. 물론, 당연한 말이지만, 부탁을 하는 경우라면, 기한을 한정하는 것은 절대 금물이다. 한정을 하는 순간, 부탁은 요구가 되기 때문이다.

⑤ 이메일을 정리해두어야 한다

더 좋은 이메일 쓰기를 위해 알아두어야 할 그 밖의 방법 중 다지막은 중요 이메일은 따로 저장해두라는 것과 거래처나 이메일 교환의 빈도 등에 따라 이메일을 정리해놓으라는 것이다. 전자는 업무의 안전성을 위해, 후자는 업무의 연결성 및 효율성을 위해 필요한 일이다.

연습문제 6

아래 이메일은 문단 나누기가 거의 되어 있지 않다. 내용 전달이 더 명확해지고, 상대가 읽기 쉽게 고쳐보자.

안녕하세요, 박 차장님, 조 대리님 ○○○사의 ◇◇◇입니다. 바쁘신데 시간을 내주셔서 감사했습니다. 오늘 합의된 내용을 간단히 정리하여 보내드리오니, 확인해주시기 바랍니다. 1. 주요 안건 - 계약 관련 일정 확정 / 2. 합의 내용-다음 주 계약 진행. 보완이 필요한 부분이 있다면 말씀해주십시오. 그럼 앞으로도 많은 가르침 부탁드립니다. 그럼 남은 하루 즐겁게 보내시길 바랍니다. ◇◇◇ 올림

연습문제 7

아래는 업무 관련 이메일의 예시이다. 이에 대한 답장을 제목과 함께 작성해 보자.

◇◇실업 ○○○대리입니다 - XXXX 개발 관련 건에 대한 회신 드립니다.

무더위에 건강 잘 살피고 계신지요?
◇◇실업 ○○○대리입니다.

회신이 늦어 죄송합니다.
사업부에 계속 재촉을 했는데도 아직 답변이 없습니다.
죄송합니다. 이해가 안 가실 수도 있겠지만 이런 경우가 가끔 있습니다.
지난번 보내주신 시안을 좀 더 실행해보고 답변을 줄 것 같습니다.
만나 뵙고 말씀 올려야 하는데 바쁜 일이 겹쳐 시간을 내기 힘듭니다.

빠른 시일 내에 연락드리겠습니다. 시원한 날들 보내시길 바랍니다.

○○○ 올림

연습문제 8

다음은 교수님께 이메일을 보내는 방법을 간략히 정리한 것이다. 이를 참조하여 교수님께 보내는 '보도 자료 쓰는 방법에 대한 질문 이메일'을 써보자.

제목: 신원과 목적을 밝혀야 한다.

예) 보도 자료 쓰는 법 좀 알려주세요, 교수님 - ○○학과 ○○학번 ○○○입니다.

인사말과 소개: 인사말과 함께 수업명, 자신의 학과, 학번, 이름을 적어야 한다.

예) 그간 안녕하셨습니까? 저는 지난 학기 글쓰기 수업을 들었던 ○○○○학과 ○○학번 ○○○입니다.

본문: 머리말과 주요 내용으로 나눠 간략하게 써야 한다.

머리말로 수업에 대한 긍정적인 언급을 간략히 하면 좋다.

예) 지난 학기 수업은 좋은 배움의 기회였습니다.

주요 내용은 부탁의 글이니만큼 최대한 정중하고 완곡하게 써야 한다.

예) 실례인 줄은 알지만……. 바쁘시겠지만, 도움 부탁드립니다.

끝인사와 끝맺음: 끝인사는 꼭 쓰되 감사 인사나 건강에 대한 기원 등을 더하면 좋다. 자신의 이름과 함께 '올림'을 덧붙이는 것도 잊지 말아야 한다.

예) 더욱 건강하시길 바랍니다, 선생님. ○○○ 올림

참고문헌

내털리 커내버·클레어 메이로위츠 / 박정준 옮김,《비즈니스 글쓰기의 모든 것》, 다른, 2013.

신동호,《언론홍보핸드북》, 코리아뉴스와이어, 2009.

이강룡,《김대리를 위한 글쓰기 멘토링》, 뿌리와이파리, 2007.

이경희,《기사되는 보도 자료 만들기》, 루비박스, 2006.

이상헌,《李팀장의 보도 자료전략》, 청년정신, 2016.

조태린 외,《사회적 의사소통 연구: 차별적 비개관적 언어 표현 개선을 위한 기초 연구》, 국립국어원, 2006.

최병광,《21세기 셰익스피어는 웹에서 탄생한다》, 책이있는풍경, 2010.

충청북도교육청,《보도 자료를 쓰라고요?》, 커뮤니케이션북스, 2011.

김미진, 제주 지역 공공기관 공고문 사용 실태,《공공언어학》 1호, 공공언어학회, 2019.02.

김상아, 한국어 업무용 이메일 구조와 표현에 관한 연구-업무 수행 관련 이메일을 중심으로, 한양대학교 석사학위논문, 2010.

김슬옹, 서울특별시 차별어 순화어의 확산을 위한 주요 방안,《공공언어학》 1호, 공공언어학회, 2019.02.

김형주, 공공언어 소통성 진단 기준의 문제점과 개선안,《공공언어학》 1호, 공공언어학회, 2019.02.

백경미, 공공언어 용이성 진단 기준의 개선 방안,《공공언어학》 2호, 공공언어학회, 2019.08.

이기종, 생활 안내문의 언어사용 실태와 개선 방안,《공공언어학》 1호, 공공언어학회, 2019.02.

"말실수 두려워.. 전화 대신 문자해요" 콜 포비아를 아시나요, 〈아시아경제〉, 2019.10.17.

보도 자료 작성법 알아보기, https://jdpress.tistory.com/45

보도 자료 잘 쓰는 법, https://subby.tistory.com/173

보도 자료를 잘 쓰는 요령- 1, https://blog.naver.com/brandkbm/220005221467

보도 자료 쓰는 법, http://www.mobiinside.com/kr/2018/03/30/startup-pr-3/

상황에 따른 글쓰기-업무 이메일, https://qtotpz.tistory.com/1546

업무용 메일 쓰기, https://4gazi.tistory.com/5

업무 이메일로 보내서는 안 되는 것 8가지, https://1boon.kakao.com/peoplenjob/email

직장인을 열받게 하는 이메일 장난질들, https://kickthecompany.com/122

10

-

SNS 글쓰기

1
미디어는 메시지다

우리는 하루 대부분을 모바일 폰과 함께 한다. 아침 일찍 집에서 나와 각자 시간을 보내는 가족끼리 단톡방에서 대화를 나누기도 하고, 인스타 이웃의 사진에 댓글로 안부를 묻는다. "ㅇㅋ?" "ㅇㅈ?"라고 물으면 "ㅇㅋ", "ㅇㅇ"으로 대답하고, 시 〈애니팡〉(하상욱 作)의 "서로가/소홀했는데//덕분에/소식 듣게 돼."라는 구절처럼 모바일 게임을 하면서 친구의 안부를 확인한다. 이렇듯 SNS('Social Network Service')는 우리 삶에서 뗄 수 없는 일상적인 풍경이 되었다.

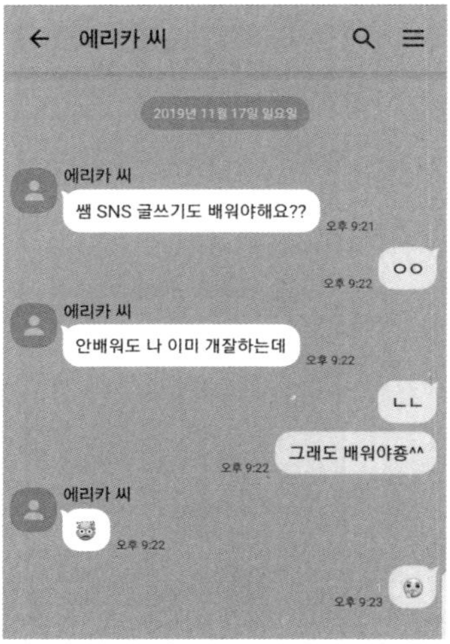

"SNS 글, 그것도 배워야 해요?" SNS 글쓰기를 교재에서 다룬다고 하면, 가장 먼저 할 질문이다. 그도 그럴만한 것이 어떤 곳이든, 시간이든, 소재든, 내용이든, 구애받지 않고 쓸 수 있는 그 자유로움이야말로 SNS 글의 가장 큰 매력이 아

〈그림 1〉
인터넷과 SNS 대화창을
활용하여 조선왕조실록을
재미있게 풀어낸
웹툰 〈조선왕조실톡〉

닌가? SNS 공간에는 소소한 일상이야기가 주를 이룬다. 인스타그램에서 인기 있는 것은 패션이나 음식, 여행, 반려동물 등 개인 문화 혹은 취향과 관련된 것이다. 패션과 휴식, 동물, 여행 등 이른바 20~30세대의 문화적 감수성을 바탕으로 한 '자유로움'과 '개인주의'가 SNS 공간을 움직이는 동력이며, 이런 의미에서 SNS 글쓰기는 자신의 취향이나 소신을 자유로운 방식으로 드러내는 글쓰기라는 성격을 지니고 있다. 그렇기에 "왜 이런 것까지 가르치려고 하지? 안 배워도 충분히 잘 하는데?"라는 질문은 당연할지도 모른다. 물론 모든 글쓰기는 하나의 길로 통하므로, SNS 글쓰기라 하더라도 특별히 다를 것은 없다. 하지만 글을 쓰는 매체가 다르다는 사실을 잊어서는 안 된다.

"미디어가 곧 메시지다" 미디어학자 맥클루언의 말이다. 매체가 달라지면 내용과 형식도 달라진다는 것이다. 미디어가 바뀌었으니 글의 형식이 바뀌고, 글의 내용도 바뀐다는 것. 그렇기 때문에 결론부터 말하자면, "(간단하게나마) 배워야 한다."

학습목표

1. SNS 글을 쓸 때 고려해야 할 점을 안다.
2. 온라인 플랫폼의 글쓰기 특성을 이해한다.

2

SNS 글을 쓸 때 고려해야 할 점

#SNS 글은 절대로 지워지지 않는다.

#부정과 비리를 고발할 목적이 아니라면 비난을 삼가라.

#SNS는 사회적 자아를 드러내는 공간이다.

#언어 예절을 지켜라.

#SNS 글의 책임은 글쓴이 자신에게 #글의 윤리성 #비방 금지 #언어 예절

2011년 영국 프로축구 맨체스터유나이티드 소속의 공격수 웨인 루니는 트위터 상에서 한 팔로워와 설전을 벌인 후 다음날 잉글랜드 스포츠 언론의 헤드라인을 장식했다. 맨체스터유나이티드의 감독 알렉스 퍼거슨은 며칠 뒤 열린 기자회견에서 선수들의 트위터 사용에 대해 묻는 기자에게 이렇게 말했다. "나는 그렇게 할 '시간'이 없다. 인생에는 그것 외에 할 수 있는 일이 백만 가지는 더 있다. 얼마나 큰 시간 낭비인가."

우리나라에서 'SNS는 인생의 낭비다'로 오역되어 널리 퍼진 바로 그 명언이 탄생한 순간이다. 그러나 이 명언 못지않게 그가 이 말 직전에 남긴 "나는 선수들이 트위터에서 한 말에 대해 책임을 져야 한다고 생각한다"라는 말에도 주목해야 한다. 그는 트위터 글의 위력에 주목하여 글쓴이의 책임의식을 강조한 것이다. 몇 번 되새겨도 좋을 말이다. 여기에 한 가지 덧붙일 문장이 있다. 'SNS에 남긴 글은 절대 사라지지 않는다.'

SNS의 흔적은 평생 자신을 따라다닌다. 그러므로 정확하지 않은 정보에 근거하여 글을 쓰는 일은 절대 없어야 한다. 또한 글의 윤리성이 특히 중요하다. 사회적인 편견이나 소수자에 대한 차별적인 언행은 일상에서도 하면 안 되지만, 그 파급력을 생각한다면 SNS에서는 더욱 해서는 안 된다. 자신의 글이 인종, 민족, 국가, 종교, 나이, 성, 지역, 학력, 신념에 대한 편향된 주장이나 타인에 대한 비하를 담고 있는지를 유의해야 한다. 설령 사실이 분명하고 올바른 주장이라고 할지라도 SNS를 통해 누군가를 고발할 목적이 아니라면 타인에 대한 비난이나 지적은 삼가야 한다. 근거 있는 이야기하더라도 SNS를 통해서 남을 비방하는 것은 명예 훼손으로 처벌받을 수 있다.

또한, SNS 공간은 공적인 공간이라는 점을 알아야 한다. 자칫 SNS는 사적 공간에서 아무에게도 방해받지 않고 쓸 수 있어 매우 개인적인 매체인 것처럼 보이기도 하지만, 클릭을 누르는 순간 소셜 미디어를 통해서 모르는 사람에게까지 빠르게 전파될 수 있다. 독자들은 SNS를 통해서 글쓴이를 평가하고 재단한다. 욕설이나 저속한 표현은 상대방에게도 안 좋지만 글쓴이

스스로의 평판에 가장 나쁜 영향을 미친다. 더욱이 요즘은 업무상의 미팅을 할 때에도 인터넷을 통해 상대를 탐색하는 것이 다반사이다. 그런 의미에서 아무리 개인적인 내용이나 하더라도 표현을 절제하고 글의 내용에 신중해야 한다.

3
글쓰기 준비 과정

일반적인 글쓰기 준비 과정에서는 독자 분석이 선행되어야 한다. 그러나 SNS 글쓰기에서는 이에 앞서 매체 검토를 해야 한다.

1) 매체 특성을 고려하라

SNS 글쓰기를 준비하는 과정에서 가장 먼저 검토해야 할 점은 자신이 선택한 온라인 플랫폼의 특성이다. 〈그림 2〉는 학교에서 활동 중인 SNS이다. 이중 페이스북 계정인 〈대나무숲〉 페이지와 〈대신 전해드립니다〉 페이지는 학내에서 가장 의견개진이 활발한 공간이다. 〈대나무숲〉은 2019년 현재 '5532명이 좋아합니다'를 기록하고 있으며 〈대신 전해드립니다〉는 '1만 5000명이 좋아합니다'를 기록하고 있다. 페이스북은 사용자들이 현실의 사회관계에 기반하고 있으므로 서로 간의 관계가 상대적으로 돈독한 편이다. 글쓰기 분량이 제한되지 않으면서도 이미지 업로드도 수월하기 때문에 개

14기 사랑한대 인스타그램 | 한양대 공식 트위터 | 한양대 에리카 대신 전해드립니다 | 한양대 에리카 대나무숲

〈그림 2〉 교내 활동 중인 SNS

인적 고민과 사회적 고민, 분실물 공지와 정보 공유 등 사적 이야기와 공적 담론이 활발하게 개진되고 있으며, 이에 대한 학우들의 반응도 활발하다.

이렇듯 글을 쓰기 위해서는 자신이 선택한 플랫폼이 어떤 특징을 가지고 있는지를 먼저 검토한 후에 쓸 내용을 정해야 한다. 페이스 북의 글쓰기에는 사진, 위치 정보, 인물태그, 자신의 감정 상태를 표현하는 기능이 있다. 따라서 페이스 북에서는 필자와 독자가 서로 개인 정보를 공유할 수 있으며 사용자가 선택한 사람들을 친구(이른바 '페친')으로 삼을 수 있기 때문에 독자 예측이 비교적 수월하다. 페이스 북은 이전 세대의 SNS인 블로그와 마찬가지로, 글쓰기의 위력이 가장 잘 드러나는 곳이다. 필자의 영향력 역시 글쓰기 능력에 따라 좌우된다. 콘텐츠 배치에 있어서도 이미지보다 텍스트가 먼저 나오므로 텍스트 위주로 될 수밖에 없다. 더불어 글 길이의 제한이 없어서 장문의 글을 작성할 수 있으므로 필자의 의견을 논리적으로 제시하기에 적합하다.

한편 트위터는 빠른 정보 습득이 목적이다. 따라서 타임라인은 초단위로 최근에 쓴 글이 상단에 노출된다. 트위터는 140자로 글자 제한이 되므로 장문의 글을 올릴 수 없다는 한계가 있는 대신, 게시글이 화면 안에 한 개 이상 노출되어서 한눈에 여러 글을 볼 수 있는 장점도 있다. 또한 자신의 짧은 생각들을 바로 바로 입력하기가 쉽다. 따라서 트위터의 사용자는 함축적이면서도 한 번에 즉각적으로 이해할 수 있는 글을 써야 한다.

인스타그램과 핀터레스트는 타임라인이나 글쓰기 기능 모두 사진(이미지)가 차지하는 비중이 60~70% 가까이 된다. 특히 20대에서 폭발적인 인기를 누리는 인스타그램은 이미지가 콘텐츠라 해도 과언이 아니다. 그렇기 때문에 인스타그램에 글을 쓸 때는 텍스트보다는 이미지 제작에 더 공을 들여야 하며, 텍스트는 간결해야 할 것이다.

2) 독자를 고려하라

SNS 글쓰기의 독자는 불특정 다수이다. 물론 페이스 북처럼 서로의 개인 정보가 개방되어 있기도 하지만 대부분은 불특정 다수를 독자로 한다. SNS글은 독자의 반응이 '좋아요'로 곧바로 표시되므로, 다른 글쓰기에 비해 독자의 반응에 더욱 민감하게 반응할 수밖에 없다. 따라서 어떤 글쓰기보다도 독자를 고려하는 글쓰기를 우선시하여야 할 것이다.

인스타그램의 독자는 이미지를, 트위터 독자는 간명하면서도 함축적인 메시지를, 페북 독자들은 양질의 텍스트를 기대할 것이다. 이러한 실제적인 용도를 고려하여 쓰는 것이 독자에 밀착한 글을 쓰는 요령이다.

온라인 플랫폼에서 필자와 독자는 상호작용성에 기반을 둔 평등한 관계이다. 전통적으로 필자는 텍스트를 생산하는 사람이며 독자는 텍스트를 읽는 사람이다. 그러나 온라인 플랫폼에서 독자는 콘텐츠를 수동적으로 읽는 사람이 아니라, 콘텐츠를 전파하거나 혹은 자신의 의견을 덧붙여서 다시 생산하는 재생산자의 역할을 하기도 한다. 즉, 콘텐츠의 영향력은 필자와 독자의 상호작용이 얼마나 활발한지에 따라 달라진다. 콘텐츠를 올리자마자 바로 리트윗이나 공유가 가능하기에 콘텐츠는 마치 순식간에 세력이 커지는 태풍처럼 단시간에 엄청난 파급력을 행사할 수도 있다. 더욱이 수정 기능이 없는 SNS도 있으며, 대부분의 SNS글은 분량이 짧기에 전후 문맥이 생략되는 경우도 많다. 따라서 한 문장이라도 독자에 따라 해석이 각양각색일 수 있다. 따라서 글을 올리기 전에 독자의 오해를 불러일으킬 수 있는 문장이 아닌지 검토하고, 반드시 정보의 진실성과 출처를 확인해야 한다.

형식면에서는 독자의 가독성을 생각해야 한다. 모바일 환경에서 읽을 수 있는 분량과 활자 크기, 행간을 확보해야 한다. 간결한 글쓰기가 무엇보다도 중요하다. 아무리 긴 글이라고 하더라도 원고지 10매 이상(A4지 기준 1장~1장 반)을 넘기는 것은 좋지 않다. 만일 그 분량 이상의 글이 필요하다면 문서 앱이나 클라우딩 서비스를 이용하거나 링크로 연결하는 것도 방법이다.

4
SNS 글쓰기 방법

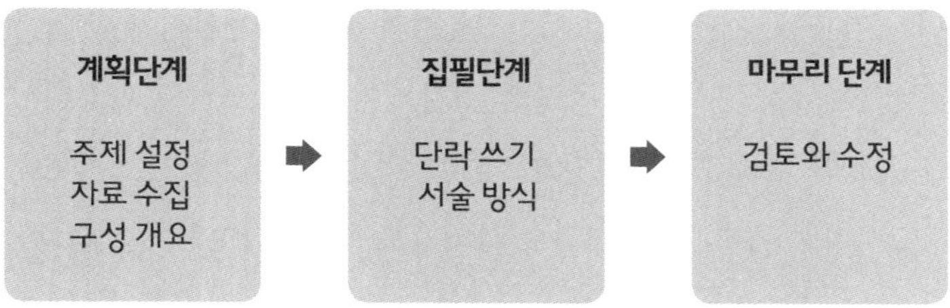

글쓰기 단계

SNS 글쓰기도 일반 글쓰기와 마찬가지로 이상의 절차를 걸쳐 글이 생산된다. 여기서는 글쓰기 일반에 해당하는 내용은 생략하고 SNS의 공간에서 특화되는 글쓰기 방법을 중심으로 설명하도록 한다.

1) 글감 찾기

글감은 어디에나 있지만 재생산되는 정보는 한정되어 있다. 양질의 정보는 리트윗과 리스트 기능을 통해 무한히 확산되며 유용하지 않은 정보는 리트윗으로 연결되지 않는다. SNS은 일상적 글쓰기의 특성을 지니는 만큼, 글감 역시 독자에게 공감을 일으킬 내용이나 흥미를 끌 수 있는 유익한 정보를 많이 다루는 편이다.

#함께 공감할 수 있는 일상 문화- 책, 가족, 직업, 영화, 반려동물, 음악, 요리, 여행, 사진, 리뷰

#독자들의 흥미를 끄는 트렌디한 정보

#독자의 의견을 묻는 질문이나 토론거리

#SNS에서 많이 다루는 글감 #공감 #유익한 정보 #독자의 의견 수렴

2) 집필 단계에서 지켜야 할 사항들

미국의 유명한 언론인이었던 조지프 퓰리처는 "짧게 써라. 그러면 읽힐 것이다. 명료하게 써라. 그러면 이해될 것이다. 그림같이 써라. 그러면 기억 속에 머물 것이다."라고 말한 바 있다. 이 말은 현재 온라인 플랫폼 글쓰기에서 지켜야 할 원칙이라 해도 손색이 없다.

#문장 구성: 단문 위주로 짧게 써라.

#서술 방식: 두괄식으로 구성하라.

#단락 구성: 짧은 분량 + 소제목으로 구분하라.

#가독성: 보는 텍스트를 구현하라.

#SNS 글 집필의 유의점 #짧게 #명료하게 #그림같이

SNS에서 글을 쓸 때는 일반적인 종이책과는 조금 다른 방식의 글쓰기 형식이 필요하다. SNS에 독자들이 머무는 시간은 평균 15초라고 한다. 따라서 직관적이고 가독성 높은 쓰기 방식이 필요하다.

실제 집필 과정에서도 가독성이 우선되어야 한다. 첫째, 이해가 쉽고 한눈에 들어오는 문장이어야 한다. 지나치게 긴 관형절을 사용한 겹문장보다는 홑문장 위주의 간결한 문장이면 좋다. 물론, 간결한 문장은 글쓰기의 기본이다. 하지만 온라인 콘텐츠일 경우에는 특히 간결성이 중요하다. 글을 짧게 써야 읽는 속도도 빨라지고 가독성도 높아진다.

더불어 온라인 콘텐츠에서는 종이책에 비해 글 전체의 행간을 넓게 하는 것이 좋다. 활자도 크게, 자간도 넓게 조정해야 한다. 가독성을 위해서이다. 단락을 쓸 때도 종이책보다는 짧게 구성해야 한다. 종이책은 한 단락이 10~20 문장으로 구성해도 상관없지만 온라인 콘텐츠는 가능한 한 3~5 문장 정도로 짧게 단락을 구성하는 것이 좋다.

단락의 형식도 종이책과는 달라야 한다. 일반적으로 종이책에서는 하나의 단락이 끝나면 줄을 바꾸고 그 첫 행은 '들여쓰기'를 해야 한다. 그 형식을 통해 단락이 구분된다. 그러나 온라인 콘텐츠에서는 단락과 단락 사이에 한 줄을 비워 두는 편이 좋다.

온라인 콘텐츠는 지면 읽기에 비해 즉각적이고 직관적인 읽기의 성격을 지닌다. 따라서 깊이 있는 읽기나 논리적인 읽기보다는 직관적인 읽기가 더 적합하다. 이런 특성 때문에 단락의 소주제문을 먼저 제시하고 뒷받침 문장을 제시하는 두괄식 구성이 적합하다.

글의 내용면에서는 주제를 세분화하는 것이 좋다. 특히 종이책과는 달리 중간마다 절이나 항을 나누어 중간 제목을 달아주는 것도 한 방법이다. 예를 들어서 여행기를 쓴다면, 종이책에서는 세부 여정을 굳이 나누지 않고 써도 될 것이다. 하지만 온라인에서는 다르다. 세부적으로 내용을 나누어서 그때마다 중간 제목을 달아서 내용을 구분해주는 것이 좋다.

긴 글일 경우, 한 두 단락이 끝나면 그 지점에서 내용을 요약해주는 것도 가독성을 높이는 방법이다. 온라인 환경에서는 직관적이고 즉각적인 읽기 방식으로 인해 독자의 집중력이 짧아 글의 흐름을 종종 놓치는 경우가 있다. 이럴 때 요약이 필요하다. 내용을 명료하게 만들어 주기 때문에 글의 흐름을 놓쳤다 하더라도 다시 텍스트로 돌아올 수가 있다. 한 단락이 끝나면 명료한 소제목을 달아 내용을 함축하거나, 단문으로 요약해주는 것이 좋다.

모시밭마을 입구에는 안동 어디서든 볼 수 있듯이 네모난 돌기둥에 빨간 글씨로 '김태사묘 입구'라고 씌어 있는 푯말과 함께 '천등산 봉정사'라는 안내판도 보인다.

여기에서 봉정사로 가는 길은 10년 전에는 비포장 농로였어서, 이 길로 버스가 들어가자면 퍽이나 고생스러웠다. 그때 관광버스 기사에게 나는 엄청스레 욕을 먹었다. 그래서 답사는 완전히 망쳐버렸고 다시는 낯모르는 기사의 버스는 빌리는 일은 없게 되었으며 나의 답사를 깊이 이해해주시는 대한여행사 마종영 기사님과만 다니게 됐다. 마 기사님처럼 직업정신이 투철한 분을 보면 우리나라가 어떤 때는 곧 무너질 것 같지만 용케도 버티는 것은 바로 저런 분이 각 분야의 기층을 이루고 있기 때문이라고 생각하고 그것이 국력이라고 믿게 된다. 아무튼 마기사님 일정이 잡혀 있으면 나는 답사일자를 변경할지언정 다른 버스는 타지 않는다.

-유홍준, 모시밭에서 봉정사 가는 길,《나의 문화유산 답사기3》, 창비, 1997. p.98.

위 예문은 종이책에 실린 글이다. 같은 내용으로 인터넷 온라인 플랫폼 환경에 맞게 하려면, 다음과 같이 바꿀 수 있다.

모시밭에서 봉정사 가는 길

모시밭마을 입구에는 안동 어디서든 볼 수 있듯이 네모난 돌기둥에 빨간 글씨로 '김태사묘 입구'라고 씌어 있는 푯말과 함께 '천등산 봉정사'라는 안내판도 보인다.

10년 전 비포장 농로

여기에서 봉정사로 가는 길은 10년 전에는 비포장 농로였어서, 이 길로 버스가 들어가자면 퍽이나 고생스러웠다. 그때 관광버스 기사에게 나는 엄청스레 욕을 먹었다. 그래서 답사는 완전히 망쳐버렸고 다시는 낯모르는 기사의 버스는 빌리는 일은 없게 되었으며 나의 답사를 깊이 이해해주시는 대한여행사 마종영 기사님과만 다니게 됐다.

답사의 동반자, 마기사님

마기사님처럼 직업정신이 투철한 분을 보면 우리나라가 어떤 때는 곧 무너질 것 같지만 용케도 버티는 것은 바로 저런 분이 각 분야의 기층을 이루고 있기 때문이라고 생각하고 그것이 국력이라고 믿게 된다. 아무튼 마기사님 일정이 잡혀 있으면 나는 답사일자를 변경할지언정 다른 버스는 타지 않는다.

- 유홍준,《나의 문화유산 답사기3》, 창비, 1997, p.98.

집필 과정에서 유의해야 할 사항으로 저작권 문제가 있다. SNS 공간도 저작권 보호의 공간임을 알아야 한다. 타인의 글뿐만 아니라 그림이나 사진 등 이미지를 다운로드하여 자신의 SNS에 업로드 하는 것은 저작권 침해에 해당한다.

#그림, 사진 등 이미지 역시 타인의 창작물이다.

#타인의 SNS 저작물을 이용하고 싶을 때는 링크(공유하기)를 이용하라.

#저작권 침해 #타인의 그림 #멋진 사진 #링크하기 활용

연습문제 1

우리 과 인스타그램을 만든다고 생각하고 우리 과를 잘 드러낼 수 있는 해시태그를 정해보자.

연습문제 2

아래 표를 참고하여 자신을 소개하는 글을 써보자. 한글이나 워드 프로그램을 이용해서 써 본 후에 글을 가다듬어 본인의 SNS 계정이나 블로그 등의 온라인 콘텐츠에 적합한 글로 바꾸어 보자.

나는 언제, 어디서, 태어났는가?	
내게 남아 있는 첫 번째 기억은?	
나를 색깔로 표현한다면?	
내 삶에 영향을 준 사람, 사건, 동물, 사물	
나의 인생관은?	
내가 좋아하는 것(혹은 사람) 내가 싫어하는 것(혹은 사람)	
내가 사랑하는 사람 내가 사랑하고 싶은 사람	
내 인생의 흑역사는?	
내 인생의 가장 기뻤던 순간은?	
20년 후 나는? 40년 후 나는?	

연습문제 3

다음은 우리나라 악성댓글의 특성을 분석한 논문의 일부이다. 글을 읽어보고, 악성댓글이 줄어들기 위해서는 어떤 방법이 필요할지 이야기해보자.

일반명사, 고유명사대신 명사추정 범주가 많이 사용되는 것은 악플러들이 사전에 등재된 단어를 덜 사용한다는 의미로 받아들일 수 있으며, 댓글 제재를 우회하려는 수단일 수 있다.(중략) 조사, 조사'이다', 어미, 선어말 어미 등의 사용이 악성댓글에서 적게 나타나고 있기 때문에 완전한 문장성분들을 갖추지 못할 가능성이 있으며, 문장의 구조를 완성하려는 동기 자체가 낮은 상태로 생각해 볼 수 있다. 즉, 자신이 전달하고자 하는 강렬한 의미(상대방에 대한 비방)에만 몰두해 있을 뿐 자신이 다른 사람들에게 어떻게 비추어지는지(얼마나 예의바르게 보이는지, 악플러로 보지는 않는지)는 별 관심이 없는 것으로 보인다.

다만 자기활동, 학교 등의 언어가 악성 댓글에서 적게 나타나고 있는 것은 악플러들도 은연중에 자신이 하는 일이 잘못된 일이라는 것을 인식하고 있어 자신의 신변이 노출될만한 단어들을 덜 사용했을 가능성이 있다.

-김영일 · 김영준 · 김영진 · 김경일,
악성 댓글의 특성-한국어와 영어의 인터넷 뉴스 댓글 비교,
《한국콘텐츠학회논문지》, 19(1). 한국콘텐츠학회, 2019, p.554

참고문헌

신익수, 《100만 클릭을 부르는 글쓰기: 블로그, 포스트, SNS, 유튜브… 바로 써먹는 글쓰기》, 매일경제신문사, 2019.

정현욱, 《눈에 잘 띄는 블로그 글쓰기 Tip 10》, 뉴페이퍼, 2019.

김영일 · 김영준 · 김영진 · 김경일, 악성 댓글의 특성-한국어와 영어의 인터넷 뉴스 댓글 비교, 《한국콘텐츠학회논문지》, 19(1), 한국콘텐츠학회, 2019.

무적핑크, 조선왕조실톡 2화 황희정승의 명예퇴직도전기, https://comic.naver.com/webtoon/list.nhn?titleId=642598&page=37, 2015.12.16

박찬운, 페북에서의 나의 글쓰기 원칙, https://www.facebook.com/chan.park.1238

유홍준, 모시밭에서 봉정사 가는 길, 《나의 문화유산 답사기3》, 창비, 1997, p.98

윤형돈, sns글쓰기의 원칙 7가지, https://brunch.co.kr/@yooncohg/112

장두현, 《천만 방문자를 부르는 콘텐츠의 힘- 블로그의 신》, 책비, 2015.

하상욱, 애니팡, 리디북스, 2012.

한양대 트위터 https://twitter.com/ilove_HYU

한양대 에리카 대신 전해드립니다 https://ko-kr.facebook.com/ericadaesin

한양대 에리카 대나무숲 https://www.facebook.com/ericadruwa

한양대학교 ERICA 홍보대사 사랑한대 인스타그램 https://www.instagram.com/hanyangerica

11

-

보고서 쓰는 법

우리대학 새내기 에리카 씨는 중간고사 대체 보고서 평가를 받고 우울하다. 중간고사 대신 보고서로 평가하겠다는 교수님 말씀에 시험만 아니라면 무엇이든 어떠하랴는 마음이었는데, 막상 보고서를 쓰려고 보니 앞이 캄캄했다. 며칠 고민하다가 선배님들께 물어물어 악전고투 끝에 보고서를 제출했는데, 오늘 교수님이 보고서를 돌려주셨다. 큰 기대를 안고 보고서를 열어보니 붉은 펜으로 여기저기 수정되어 있고 C+이라고 적혀 있다. 문제는 점수도 점수였지만 다음과 같은 교수님의 지적사항이다.

보고서를 보니 자네는 무척 성실한 학생이라는 생각이 들었네. 보고서 표지, 목차, 상세한 자료 조사, 인용출처, 참고문헌 등을 정리해 놓은 모습이 자네가 어떤 학생인지 이야기해주었다네. 그와 함께 자네가 제대로 된 보고서를 처음 써보았으리라는 생각이 들었네. 표면적인 부분에서는 보고서의 양식을 갖추고 있으나 보고서의 형식은 물론 무엇보다 중요한 보고서의 성격, 문제의식, 논리 등이 매우 미흡한 것을 발견할 수 있었네. 보고서에 피드백해둔 내용을 잘 읽어보고 수정하여 다시 제출하면 보고서를 다시 평가받을 수 있는 기회를 주겠네. 다음 주까지 수정하여 제출하기 바라네.

다시 한 번 기회가 생겼다는 것은 물론 기쁜 일이지만 보고서 곳곳에 교수님이 적어놓으신 지적 사항을 아무리 읽어도 어떻게 수정해야 할지 막막할 뿐이다. 그러고 보니 보고서를 어떻게 써야 하는지 지금까지 배워본 적이 없다. K선배도 경험으로 막연하게 아는 것이지 공부한 적이 없단다. 에리카 씨는 다음 주까지 어떻게 보고서를 수정해야 될까?

1

보고서 쓰기는 왜 배워야 하는가?

보고서는 학생의 수학능력을 증대시키고, 그 결과를 평가하기 의한 것이다. 보고서는 크게 학습 과정을 점검하기 위해 수시로 요구되는 보고서와 중간과 기말에 요구되는 보고서(term paper)로 나눌 수 있다. 수시로 요구되는 보고서는 학습 내용에 대한 사전 이해나 학습 내용의 이해 정도를 측정하기 위해 간단한 형태로 요구되며, 중간이나 기말에 요구되는 보고서는 소논문의 형태로 경우에 따라 다르지만 A4용지 10장 내외가 일반적인 형태다.

전공에 따라서 보고서의 종류는 다소 차이가 있지만, 일반적으로 교수가 학생에게 요구하는 보고서의 형태는 다음과 같이 다양하다.

〈표 1〉 보고서의 종류

구분	내용
실험, 체험 결과 보고	주로 이공계에서 많이 이루어지는 보고서의 형태로서 학습자에게 필요한 독자적인 실험 운영 능력과 그 결과물에 대한 이해 및 활용을 살피는 목적으로 이루어지는 보고서
문제 해결 능력 검증	주로 사회과학 전공자들이 쓰는 형태의 보고서. 어떤 현상을 설명하는 사례 분석이나 어떤 문제 발생 요인을 설명하고, 그것을 해결하기 위한 방법과 대안을 제시하는 문제 해결 방안을 모색하는 보고서
기존 연구물들의 내용을 파악하고 그것에 대한 비판적 문제 제기	인문과학 전공자들이 본격적인 연구에 앞서서 기존의 연구에 대한 이해와 비판적 분석을 통해 문제 제기를 목적으로 쓰는 보고서. 대부분의 학술 논문에서 필수적으로 행해지는 선행 연구 결과에 대한 검토를 위해서 반드시 학부과정에서 연습해야 하는 보고서
텍스트의 분석과 비판적 이해 보고	문화예술 전공자들이 주로 제출하는 보고서의 형태로서 특정 텍스트를 분석하고 비판적으로 이해함으로써 텍스트의 이해 능력 배양과 종합평가할 수 있는 눈을 갖도록 유도하는 보고서
독창적인 연구 결과를 설명하는 연구 보고	학부 단계에서는 좀처럼 보기 힘든 보고서의 형태이지만, 본격적인 학문 연구자가 되기 위해서는 반드시 체험해 보아야 할 보고서의 형태. 대부분의 학술논문의 형태로 독창적인 연구 결과를 만들어내기 위한 것이라는 점에서 보고서의 최종적인 형태

보고서는 학생의 학습을 돕고, 학업 성취를 평가하기 위한 보조 도구다. 보고서를 작성하기 위해서는 주어진 문제를 분석하고, 문제 해결을 위한 자료 수집과 분석, 가설 설정, 해결방안 탐구라는 일련의 과정을 주도적으로 수행해야만 한다. 보고서 작성 과정을 통하여 학생은 자료 조사와 분석을 통해 자료를 정보로 바꾸고, 그것을 논리적으로 구현하는 법을 학습하고, 독자적인 연구 수행 능력을 키울 수 있게 됨으로써 졸업 후 기획서나 학술논문 작성의 기초를 마련할 수 있다. 이런 맥락에 따르면, 보고서에서 중요한 점은 문제를 제대로 파악하고 정확하게 분석하고 해결했는가, 그 과정에서 주도적이고 창의적인 접근과 주장을 만들어냈는가, 주장을 논리적으

로 구조화했는가, 주장을 뒷받침할 논거를 효과적으로 제시하고 있느냐에 있다. 보고서가 요구하는 이러한 요소들은 체험과 훈련을 통해 체화시킬 수 있을 때 비로소 그 효과를 발휘할 수 있기 때문에 보고서 작성법은 체계적으로 학습해야만 한다.

학습목표

1. 보고서는 무엇이고 어떻게 쓰는 것인지 이해한다.
2. 보고서의 체계와 기본 요소들을 학습하고 미니페이퍼를 작성해본다.
3. 보고서 작성의 단계를 이해하고 효과적인 작성법을 익힌다.

2
보고서는 어떻게 쓸까?

대부분의 보고서는 늘 마감에 쫓기는 상황에서 작성해야만 한다. 보고서를 보다 효과적으로 쓰기 위해서는 보고서 계획서를 미리 작성하는 것이 좋다. 수강하는 강의의 성격이나 진도에 따라서 과제를 받는 날은 다르지만 학사 일정상 보고서를 마감해야 하는 날은 비슷하기 때문에 보고서 계획서를 작성해야만 주어진 시간 안에 최선의 보고서를 제출할 수 있기 때문이다. 보고서 계획서는 '테마 분석 → 자료수집 → 자료분석 → 가설설정 → 개요작성 → 초고작성 → 검토 및 수정 → 스터디 팀원에게 모니터링 요청→ 수정 → 최종수정 → 제출'의 순서에 따라 일정과 수행 작업을 표시해 둔 것이다.

〈표 2〉는 보고서 작성 순서와 단계별로 수행해야 할 내용을 정리한 것이다.

〈표 2〉 보고서 작성 순서

구분	내용
Ⅰ. 테마 설정과 분석	1. 테마가 주어질 경우: 테마의 성격을 파악하고 테마를 분석. 2. 테마를 설정해야 할 경우: ① 해당 과목의 학습 성과의 핵심을 적극적으로 활용할 수 있는 테마 설정. ② 테마 설정 기준: ㉠ 해당 과목의 학습 성과 중 가장 핵심이 되는 것을 반영할 것 ㉡ 연구자의 취향에 맞고 흥미를 자극할 수 있는 것 ㉢ 연구 성과가 유효성을 갖는 것 ㉣ 연구 범위는 작으나 그 확장 가능성이 큰 것을 선택할 것
Ⅱ. 보고서 작성 계획 수립	1. 보고서를 부여받는 날 바로 계획서를 작성하라. 2. 보고서 작성의 구체적인 일정을 수립하라. 3. 보고서 작성에 도움을 받을 수 있는 사람들을 파악해두고, 필요한 자료를 획득할 수 있는 구체적인 방법을 강구한다.
Ⅲ. 자료 조사 및 분석	1. 1차 자료: 인터뷰, 통계자료, 공문서 등 2. 2차 자료: 논문, 책, 잡지, 신문, 인터넷상의 웹 문서 등 3. 자료는 반드시 신빙성을 확인한 후 그 출처를 명기하고, 자료의 활용 방안에 대해서 간단히 메모. 4. 자료를 조직해서 정보화하기 위한 분석 작업은 필수적: 테마와 상관성을 반드시 염두에 두고 분석 내용을 메모해 둘 것.
Ⅳ. 초고를 위한 개요 작성	1. 요약서론(summaryintroduction)을 미리 작성해 보라. 2. 서론의 핵심적 질문을 작성해보라. ① 보고서에서 제기하는 문제는 무엇인가? ② 왜 이러한 문제가 제기되었는가? ③ 제기된 문제를 해결할 수 있는 방안은 무엇인가? ④ 자신이 제기한 해결방안은 어떤 의의(유효성, 적합성, 확장성)를 지니고 있는가? ⑤ 자신이 문제를 해결하는 데 사용한 방법론은 무엇인가? ⑥ 보고서는 어떻게 전개될 것인가? 3. 초고의 개요를 작성한다. ① 서론: 상황과 맥락 제시 →문제 제기→대안 제시→방법론 제시→전개 방식 제시 ② 본론 ㉠ 서론에서 제기한 문제에 대한 해결방안을 논리적으로 분석, 제시 ㉡ 해결해야 할 문제를 몇 개로 분류하여 논리적 인과와 타당성을 증명함 ㉢ 본론 단락 간의 유기적 구조화 요망 ③ 결론 ㉠ 요약: 본론에서 주장한 내용의 핵심을 간략하게 진술 ㉡ 함의: 결론의 의미 설명, 앞으로 심층적으로 연구할 것을 간략히 진술 4. 인용문의 활용 위치를 가설정한다. 5. 초고 개요 작성 시 사고의 진전이 없다면 자유연상, 브레인스토밍 등을 활용한다.

Ⅴ. 초고 작성	1. 개요에 따라서 초고를 작성. 2. 초고를 작성하는 과정에서 개요나 요약서론을 수정한다. 3. 필요한 자료를 삭제/첨가한다.
Ⅵ. 검토와 수정 반복	1. 작성된 초고를 2회에 걸쳐 검토, 수정한다. 2. 수정된 원고를 동료나 전문가에게 보이고 다시 수정한다. 3. 최종적으로 수정하고 제출한다.
Ⅶ. 교수의 피드백에 따른 수정	1. 대부분의 교수들이 보고서를 평하여 돌려주는 경우는 드물지만 평가가 없다면 개인적으로라도 반드시 평가를 요청해라. 2. 교수의 지적 사항을 수정하여 다시 제출한다. 3. 제출한 보고서는 매학기별로 DB화한다. 4. 보고서의 활용 방안을 모색한다.

보고서 작성은 전략적인 사고를 요구한다. 자신이 설명하거나 주장해야 하는 사실을 효과적으로 전달하고 설득해야 하기 때문이다. 따라서 효과적인 보고서의 구성이란 결국 효과적인 설명이며 동시에 효과적인 설득이 되어야 한다. 그러기 위해서는 읽는 이가 끝까지 흥미를 가지고 읽어나갈 수 있는 충분한 유인 요소와 타당한 논리를 가져야만 한다. 이러한 점을 염두에 두고 서론, 본론, 결론을 유도하면 자연스럽고 매우 설득력 있는 보고서를 구성할 수 있다.

> 보고서 = 제목 + 목차 + 요약서론 + 서론 + 본론 + 결론 + 참고문헌

보고서 작성 과정에서 실수하기 쉬운 것이 목차 작성이다. 보고서의 목차는 보고서 전체의 논리적 구조를 보여주는 뼈대이므로 반드시 작성한다. 목차에서는 목차만 읽어도 글의 전체적인 내용을 이해할 수 있도록 절과 항

의 제목으로 구체적으로 작성해야 한다.

보고서 목차의 예시

〈하울의 움직이는 성〉, 다성적 서사의 과잉과 결핍

Ⅰ. 대중성과 변신 그리고 메타포

Ⅱ. 전형적 모티브와 다성성의 이율배반

Ⅲ. 변신과 분신 혹은 정주와 이동

Ⅳ. 과잉과 결핍의 저주

참고문헌

– 박기수, 〈하울의 움직이는 성〉, 다성적 서사의 과잉과 결핍,
《인문콘텐츠》 23, 인문콘텐츠학회, 2011.

요약서론(summary introduction)은 서구에서 주로 활용하는 방법으로 보고서의 내용을 5~6줄로 간략하게 함축하여 서론 앞에 제시하는 글이다. 요약서론은 읽는 이가 글 전체를 읽지 않더라도 그 내용의 핵심을 쉽게 파악할 수 있도록 하는 역할을 한다. 이름은 요약서론이지만 서론과는 독립적인 형태로 서론 앞에 제시한다. 박스 형태로 묶어서 한눈에 요약서론임을 알아볼 수 있도록 한다. 보고서에 요약서론을 제시하면 읽는 이를 배려한다는 점에서 좋은 인상을 줄 수 있다. 아울러 연구자 자신도 미리 요약서론을 작

성하여 봄으로써 자기 보고서의 전체적인 구조와 논리 파악은 물론 보고서의 탐구 결과를 쉽게 파악할 수 있다는 장점이 있다. 보고서 초고는 먼저 개요를 짜고, 개요에 맞추어 작성한다. 초고 작성 과정에서 글의 개요나 요약 서론은 수시로 수정할 수 있다. 초고를 쓸 때는 형식에 얽매이지 말고 가능한 한 많은 내용을 포함하고, 가설 수정을 두려워하지 말고, 막히면 언제든지 다시 시작한다는 자세로 쓴다. 초고는 완결된 문장과 단락으로 쓰는 것을 원칙으로 한다.

서론: 테마의 맥락 제시 → 문제 제기 → 해결책(대안) 제시 → 분석 절차 제시

서론에서는 보고서 테마가 주어진 맥락(배경이나 필요성)을 제기하고, 이것에 맞추어 문제를 제기하고, 제기된 문제의 해결책을 짧게 제시하며, 그러한 과정을 어떻게 전개할 것인지에 대하여 기술한다. 서론은 그저 서론일 뿐이니 문제 제기 정도만 하면 된다는 소박하고 안이한 인식으로는 결코 좋은 성과를 거둘 수 없다. 제출한 보고서는 모두 비슷한 내용으로 비슷하게 시작한다고 할 때, 무엇을(What) 왜(Why) 어떻게(How) 쓸 것인지를 분명하게 서론에서 보여주지 않는다면 만약 읽는 사람이 다 읽지 않을 경우 자신의 의견은 제기도 못하고 끝나는 꼴이 되기 때문이다. 서구에서는 그래서 읽는 이를 배려하여 짧은 분량의 서론에서 이 모든 것을 보여주라고 한다.

서론이 보고서의 첫인상을 결정하기 때문에 서론이 반이라고 한다. 읽는 이의 시선을 끌 수 있도록 인상적이고 흥미롭지만 명료하게 글의 성격과 방향을 제시할 수 있어야 한다. 이때 질문과 주장을 선명하게 드러내야 한

다. 효과적으로 서론을 쓰기 위해서 다음과 같은 사항을 유의해야 한다.

1. 서론의 핵심적 질문을 작성하라.
   ① 보고서에서 제기하는 문제는 무엇인가?
   ② 왜 이러한 문제가 제기되었는가?
   ③ 제기된 문제를 해결할 수 있는 방안은 무엇인가?
   ④ 자신이 제기한 해결방안은 어떤 의의(유효성, 적합성, 확장성)를 지니는가?
   ⑤ 자신이 문제를 해결하는 데 사용한 방법론은 무엇인가?
   ⑥ 보고서는 어떻게 전개될 것인가?
2. 첫 단락에서 승부를 걸어라. (개성 표현과 흥미 유발)
3. 서론을 작성한 후 추가로 자료를 수집하여 정리한다.
4. 가설을 작성한 후 그것을 증명할 수 있는 자료를 추가로 확보한다.

서론은 글 쓰는 과정의 일부일 뿐 그 자체로 완결되는 것은 아니다. 쓰는 과정에서 만약 필요하다면 자료의 내용이나 성격에 따라서 서론도 수정될 수 있고, 그에 따라 자료를 다시 수집해야 할 수도 있다. 서론을 수정하거나 그 안의 가설을 수정하는 일을 번거롭게 생각하지 말고 글쓰기의 자연스런 과정으로 생각할 수 있어야 좀 더 좋은 보고서를 쓸 수 있다.

본론: 서론에서 제기된 의문의 답이나 문제의 해결 방안의 구조화

본론은 서론에서 제기된 문제와 그 해결책을 논리적으로 증명해 가는 과정이다. 즉, 본론은 서론에서 제기한 문제에 대한 해결방안을 논리적으로 분석, 제시하거나, 해결해야 할 문제를 몇 개로 분류하여 논리적 인과와 타당성을 증명하는 과정이다. 따라서 본론을 구성하는 각 항목은 유기적 구조화가 필수적이다. 이 과정에서 ① 서론에서 제시한 문제에 대응하는 답변을 가지고 있는지, ② 주장의 타당성을 증명할 수 있는 논리적 대안들을 제시하였는지, ③ 대안들은 인과적 관계가 분명하게 드러나고, 뒷받침문장에 의한 논리성을 갖추고 있는지를 수시로 점검해야만 한다. 결국 보고서는 논리성에서 성패가 나뉠 수 있다. 결국, 본론은 논리가 생명이다. 특히 단락 내의 논리화에 주의해야 한다. 주제문과 뒷받침 문장의 관계, 즉 주제문에 대하여 상세, 근거, 이유 등을 반드시 덧붙여 주어야만 논리적 기틀을 마련할 수 있다. 물론 단락 간의 유기성이나 논리도 필수다.

본론 작성과정에서는 다음을 유의해야 한다. 첫째, 본론은 서론에서 제기한 왜라는 질문에 대한 답을 찾고 증명하는 과정이므로 주장을 증명하고 설득하기 위한 논거를 제시하고, 논리적 인과관계를 구성해야 한다. 둘째, 해결해야 할 문제를 몇 개로 분류하여 논리적 인과성과 타당성을 증명해야만 한다. 즉 글쓴이의 주장을 정당화하는 데 필요한 내용을 몇 개로 분류하여 그 선후와 층위를 나누고 그들 간의 인과관계를 밝혀주어야 한다. 셋째, 서론에서는 질문과 대답이 중요하지만, 본론에서는 주장과 그 주장의 타당성을 뒷받침하는 논거가 중요하다. 넷째, 본론의 핵심은 객관적이고 타당성이 입증된 주장과 증거를 활용하여 자기 주장의 타당성을 객관적으로 설득하는 것이다. 다섯째, 본론은 주장의 타당성이 쉽게 파악될 수 있도록 설계하고 구성한다. 여섯째, 본론의 모든 주장들은 객관성과 인과성이 충분히 드러날 수 있도록 서술한다. '원인 → 결과 → 주장 → 논리적 뒷받침 문장'의 순으로 단락을 구성하는 습관이 필요한 이유다. 일곱째, 상대 주장을 반박할 경우에는 '상대 주장 → 이 주장의 한계와 반론 → 반론의 근거와 뒷받침 문장' 순으로 제시한다. 여덟째, 본론의 모든 진술은 자기주장의 논리적 전개에 필요한 것만 선별하여 제시한다. 수집한 자료가 많다고 해서 그 모든 것을 다 보고서에 드러낼 필요는 없다. 논지 전개에 필요한 것만 간결하고 분명하게 제시해야 한다.

결론: 요약 + 함의

결론은 요약과 함의로 구성한다. 지금까지 논의를 함축해서 요약하고, 그를 바탕으로 앞으로의 전망과 과제를 제시한다. 다만 글의 마지막 인상이기 때문에 그것을 바탕으로 평가가 이루어질 가능성이 매우 높다는 것은 분명하다. 따라서 함축적이고 레토릭(rhetoric)을 적절하게 활용한 문장의 사용 등은 매우 효과적인 전술이 될 수 있다.

인상적인 결론을 쓰기 위해서는 서론과 유기적 상관성을 염두에 두고 상호 연관성을 점검해야만 한다. 특히 서론에서 제시했던 연구 문제의 해결안이 결론에서 분명하게 제시되었는지 점검해야만 한다. 따라서 결론에서는 ① 새로운 주장을 제기하거나, ② 새로운 예시를 들거나, ③ 지나치게 포괄적이고 모호한 끝맺음은 반드시 피해야만 한다.

참고문헌[1]은 단행본, 논문, 웹 자료 등으로 나누어 기재한다.

---

1 참고문헌, 각주, 인용 등의 양식은 이 책의 13강에서 다룰 학술논문의 양식과 같기 때문에 중복을 피하기 위해 구체적인 내용은 13강에서 다룬다.

보고서는 목적 지향적인 논리로 변별성을 확보해야만 하는 글이다. 단순히 성적을 받기 위해 마지못해 의무적으로 쓰는 글이 아니라 자신이 해결한 과제의 성과를 논리적으로 구성한 글이다. 이 보고서를 왜 써야 하는지, 보고서가 해당 강의 안에서 갖는 위상, 성격, 의도 등을 분명하게 인식해야만 차별화된 보고서를 쓸 수 있다는 점을 잊지 말아야 한다.

보고서 표지 예시

과목명(○○○교수님)

제목

제목은 보고서의 핵심 내용을 압축하여 표현할 것!

제출자 이름

목차

- 목차는 보고서의 전체 내용이 구조화되어 드러날 수 있도록 작성해야 함.
- 페이지를 반드시 함께 표기할 것.
- 서론-본론-결론식의 목차는 쓰지 말 것!

요약서론

연습문제 1

보고서를 구성하는 '목차, 요약서론, 서론, 본론, 결론, 참고문헌'의 각각을 나누어 잘된 사례를 찾아 분류하고, 잘된 이유를 간단히 메모하여 팀별로 토의하라.

3

개성적이고 창의적인 보고서 만들기

개성적이고 창의적인 보고서가 좋은 평가를 받는다. 그렇다면 어떻게 써야 자신만의 개성과 창의성을 드러낼 수 있을까?

첫째, 주도적인 자세로 보고서를 써라. 대학에서의 모든 생활이 그렇지만 주체적이고 능동적인 자세가 준비되지 않으면 아무것도 제대로 할 수 없다. 보고서도 마찬가지다. 과제기 때문에 할 수 없이 한다는 생각을 버리고 하나의 문제를 푼다고 생각하자. 다른 사람들과는 다른 자신만의 해법을 자신만의 표현방식으로 발표하겠다는 마음으로 써야지만 좀 더 멋진 보고서를 만들 수 있다.

둘째, 기존의 학설이나 상식에 도전하고 비판적인 시각으로 접근해야 한다. 물론 도전적인 자세는 겸허한 수용을 전제로 한다. 기존의 논의에 대하여 열린 자세로 파악하고 자신의 견해에 비추어 비판적 검토를 실시해야 한다. 무조건 비판적인 시각에서 보는 것은 기존의 견해조차 제대로 파악할 수 없는 폐해를 낳을 수도 있다.

셋째, 보고서의 형식은 늘 열려있으므로 새로운 나만의 형식을 만들어

라. 보고서는 기본적인 항목, 즉 보고서의 목적에 충실할 수 있다면 나머지 제한조건은 없다. 따라서 보고서는 자신만의 번쩍이는 아이디어를 표현할 수 있는 절호의 기회라고 생각하자. 보고서를 제출할 때 다른 학우들의 것을 참고해서 좋은 점은 수용하고, 자신과 비슷한 유형이 있다면 스스로 반성하겠다는 자세로 보고서의 형식을 만들어보자. 과제의 최적화된 보고서 형식을 찾겠다는 자세로 접근하면 늘 참신하고 새로운 보고서를 쓸 수 있을 것이다.

넷째, 학점으로 보고서의 목을 조르지 마라. 보고서의 목적은 학점이 아니라 학습한 내용을 바탕으로 독자적인 탐구 능력을 기르기 위한 것이다. 보고서를 쓰면서 학점만 의식하게 되면 앞에서 바람직한 방법이라고 소개한 것들을 제대로 구사할 수 없다. 학점은 보고서의 결과지 그 목적은 아니다. 학점에 목을 매어 자신이 쓰고 싶은 것을 쓰지 못하거나 똑같은 형식으로 풀빵 찍듯 보고서를 쓰다 보면, 보고서는 하기 싫은 과제로 전락하곤 한다. 새로운 탐구를 시도하고 그것에 최적화된 형식으로 쓴다고 생각하면 매번 보고서는 새로운 시도가 될 것이다.

다섯째, 질문과 주장을 서론에서 선명하게 드러내야 한다. 자신이 제기한 문제와 그것에 대한 답이 결국 보고서의 중심이다. 이것이 뚜렷하게 드러나도록 보고서를 작성해야 한다. 서론을 쓰기 전에 보고서의 핵심 질문과 그에 대한 대답을 한 문장씩으로 표현할 수 있는지를 따져보자. 만약 분명한 질문과 대답을 쓸 수 없다면 결코 좋은 보고서가 나올 수 없다. 다시 숙고하여 질문과 대답을 선명하게 만들어야 한다.

여섯째, 초고 작성에 앞서 미리 '요약서론'을 작성해본다. 미국이나 유럽 등지에서 출간되는 학술지를 보면 대부분 저자가 주장하는 내용을 간략하게 함축하여 서론 앞에 제시한다. 읽는 사람들이 보고서를 다 읽지 않더라도 보고서의 내용과 주장을 파악할 수 있게 하기 위한 것이다. 요약서론에 보고서의 핵심적인 내용을 먼저 압축하여 제시하면 초고를 쓰는 내내 글의 중심과 지향을 선명하게 할 수 있다. 먼저 요약서론을 써서 자신의 주장을 정리하고, 그 이후에 서론을 써 보라. 서론을 쓰면서 개요의 틀을 잡고, 이 과정에서 서론을 수정하고, 개요와 서론을 바탕으로 초고를 써야 한다.

일곱째, 개성적이고 창의적인 보고서를 쓰려면 개성적인 문체와 시각적 요소의 적절한 활용이 필수적이다. 개성적인 문체는 하루아침에 쓰고 싶다고 써지는 것은 아니기 때문에 평소 SNS 등을 통해서라도 꾸준한 글쓰기를 통해 스스로 길러야 한다. 사회에 진출해서도 우리는 지속적으로 다양한 종류의 글을 써야만 한다. 따라서 평소에 자기가 좋아하는 작가의 글이나 좋아하는 글의 문체를 흉내를 내다 보면 자신만의 개성적인 어투와 문투를 만들 수 있다.

〈표 3〉 보고서 평가 기준

구분	내용
내용적 측면	테마에 대한 정확한 이해와 과학적인 분석과 해석이 이루어지고 있나? 논거는 얼마나 풍부하고 정확한가? 주장하고 있는 내용은 얼마나 독창적인가? 독창적인 내용은 객관성, 적합성, 현실성을 확보하고 있는가? 테마와 보고서의 지향성이 부합하는가? 보고서의 결과물은 얼마나 생산적인가?
형식적인 측면	논리적 구조화에 성공하고 있는가? 보고서의 일반적인 형식을 준수하고 있는가? 논거의 출처를 분명하게 밝히고 있는가? 주장하는 바를 분명하고 정확하게 표현했는가? 창의적인 표현방식을 얼마나 활용하고 있는가?
연구자의 측면	연구자가 얼마나 열의를 가지고 성실하게 작업을 진행했는가? 창의적인 결과물을 내기 위해 노력하고 있는가? 후속 작업에 대한 전망이나 열의가 보이는가?

〈표 3〉은 일반적인 보고서 평가 기준이다. 보고서를 작성하면서 체크리스트로 활용해보면, 보다 양질의 보고서를 작성할 수 있다.

보고서의 초고가 완성되면 다음과 같은 내용들을 점검해보라. 첫째, 완성된 초고를 요약서론과 비교하여 일치 여부를 확인하라. 물론 요약서론보다 더 발전적인 의견이 초고에서 개진되었으면 더욱 좋다. 다만 요약서론의 의도와 많이 어긋났다면 그 원인을 찾아 수정해야 한다.

둘째, 초고의 수정은 많을수록 좋다. 작성된 초고를 2회 이상 검토, 수정해야 한다. 맞춤법, 띄어쓰기, 문장 주술 구조 등의 가장 기본이 되는 것은 원칙을 엄격하게 적용하여 퇴고하라. 추가해야 할 주장이나 번복해야 할 주장이 있다면 즉시 수정한다. 논리 전개의 흐름을 정확하게 제시하고 있는지, 논거는 충실하게 들고 있는지 철저하게 점검해야 한다.

셋째, 수정된 원고를 친구나 전문가에게 보이고 다시 수정하면 더욱 좋다. 스터디 그룹에 신뢰할 만한 동료에게 보이고 평을 듣거나 동일 전공의 선배나 대학원생의 조언을 구하는 것도 좋은 방법이다. 다만, 동료나 선배의 지적을 겸손하게 듣는 것이 중요하며, 지적 사항을 숙고하여 수정 여부를 결정해라. 누가 뭐라고 해도 보고서는 자신이 주도하는 것이기 때문에 스스로 판단하여 지적 사항을 받아들이기 어렵다면 그대로 두는 것도 나쁘지 않다. 최종본을 내기 전에 보고서의 내용을 한 단락으로 명쾌하게 요약해보고, 그렇게 할 수 없다면, 다시 써야 하는 보고서라고 생각하자. 보고서의 결과를 한 단락으로 설명할 수 없다면 그것은 질문과 대답이 선명하지 못했기 때문이다.

넷째, 보고서 제출하고 평가가 끝났더라도 담당 교수님의 피드백을 반드시 받아야 한다. 교수님의 성향에 따라 보고서를 평하여 돌려주는 경우와 그렇지 않은 경우로 나뉘지만, 두 경우 모두 교수님께 요청하여 반드시 피드백을 받는 것이 최선이다. 피드백 과정을 통하여 자신이 놓치고 있는 것을 파악할 수 있기 때문이다. 교수님의 지적 사항을 수정하여 다시 제출할 수 있다면 더욱 좋다. 또한 제출한 보고서는 학기별로 DB화하여 관리하라. 보고서는 일과성 과제가 아니다. 스스로 연구를 할 수 있는가를 파악할 수 있는 잣대이며, 자신만의 연구 이력이 될 수도 있다. 그러니 보고서는 반드시 DB화해야 한다. 그러면 보고서를 쓸 때도 보다 성의를 가지고 쓸 수 있고 그만큼 생산적이고 실천적인 보고서가 나올 수 있을 것이다.

연습문제 2

당신은 15년 후, 이번 학기 당신이 가장 흥미를 느끼는 강좌의 교수가 되었다. 담당 교수로서 과제를 내고 마감일을 지정하라. 그리고 〈표 3〉을 참고하여 보고서 평가 기준을 작성하라. 이제 현재의 당신으로 돌아와 그 과제의 보고서를 작성하라.

참고문헌

임융웅,《리포트 작성법》, 예문당, 2000.

사와다 아키오 / 이명실 역,《논문과 리포트 잘 쓰는 법》, 들린아침, 2005.

HRS종합연구소 편 / 양영철 역,《리포트, 보고서 작성법》, 삼양미디어, 2005.

노동조, 이상렬,《정보조사와 리포트 작성》, 에듀컨텐츠, 2007.

12

-

기획서 쓰는 법

신입사원 연수를 마치고 S전자 마케팅팀에 배치된 에리카 씨, 출근 첫 날 기획 회의가 열렸다. 그녀는 대학 시절 IC-PBL 관련 과목을 여러 번 수강했고 그때마다 우수한 평가를 받으며 창의적인 문제해결능력은 누구에게도 뒤지지 않는다고 자부해 왔다. 입사 면접 과정에서도 자신의 문제해결능력을 마음껏 발휘해서 그녀는 우수한 성적으로 합격할 수 있었다. 하지만 첫 회의가 아닌가? 회의 분위기를 천천히 살피면서 선배들의 의견을 노트북에 기록하느라 정신이 없다. 에리카 씨도 의견을 내보라는 부장님 말씀에 얼떨결에 자신의 의견을 발표했다. 모두의 시선은 그녀에게로 모였다. 역시 젊은 피의 참신한 아이디어라며 모두들 칭찬을 아끼지 않는다. 부장님은 그 아이디어를 좀 더 구체화하여 다음 주 월요일까지 기획서로 제출하란다.

자리로 돌아온 에리카 씨, 생각해보니 기획서를 한 번도 써본 적이 없다. 리포트는 숱하게 써봤지만 기획서는 도통 모르겠다. 기획서는 무엇이며 어떻게 써야 하는가? 자신만만했던 에리카 씨, 눈앞이 캄캄하다. 집에 돌아오는 길에 서점에 들러 기획서 쓰는 법을 알려준다는 책을 몇 권 사서 읽어보았지만 막연하고 추상적인 말들만 되풀이한다. 다른 부서에 근무하는 동아리 선배에게 물어보았지만 속 시원한 대답 대신 일단 써보라고만 한다. 에리카 씨는 무엇을 어떻게 써야 자신의 아이디어를 더욱 빛나게 할 수 있는 기획서를 쓸 수 있을까?

1
기획서 쓰기는 왜 배워야 하는가?

기획서는 사전적인 의미로는 추진하려는 프로젝트의 필요성, 기획 의도, 핵심 타깃, 기획 내용, 추진 전략, 추진 일정, 소요 비용, 기대효과 등의 기본 계획을 기술한 문서를 말한다. 다시 말해 기획서는 프로젝트의 목표와 그것을 효율적으로 성취하기 위한 차별적인 전략을 마련하고, 이것을 성공적으로 수행하기 위한 추진 체계, 추진 과정, 참여 인력, 예산 및 기대 효과 등을 상세하게 기록한 문서다. 따라서 기획서는 해당 프로젝트를 성공적으로 수행하기 위한 분명한 전략이 제시되어야 하며, 그 전략의 타당성을 뒷받침할 수 있는 충분한 논리와 자료가 제시되어야만 한다.

기업은 기획을 업으로 하는 곳이라는 말처럼, 기업에서는 다양한 종류의 새로운 프로젝트를 지속적으로 기획해야만 하며, 기획한 내용을 기획서로 작성하여 누군가를 설득하거나 합리적 수행의 근로로 삼는다. 비단 기업만이 아니라 연구소나 대학원의 경우에도 대부분의 프로젝트가 기획서를 근거로 선정 내지 지원 여부가 결정된다는 점에서 기획서 작성 능력은 매우 중요하다고 말할 수 있다. 그것은 단지 글쓰기 능력만을 의미하는 것이 아니라 기획과 관련된 합리적인 계획과 의사결정 그리고 원활한 의사소통 능력까지 아우르는 매우 종합적인 역량이기 때문이다.

모든 분야에서 기획할 수 있는 능력을 갖추고 있는가가 중요하듯, 그것의 구체적인 실행 계획과 추진 전략을 마련하고 의사결정권자를 논리적이고 합리적인 방안으로 설득하는 기획서 작성 능력은 그 무엇보다 중요한 역량이라 아무리 강조해도 지나치지 않다.

학습목표

1. 기획서는 무엇이고 어떤 종류가 있는지 이해한다.
2. 기획서를 구성하는 요소들의 특성을 실습을 통해 체득한다.
3. 기획서 작성의 단계를 이해하고 효과적인 작성법을 익힌다.

2
기획서는 기획을 구체화한 설득 과정

기획서는 기획에서 출발한다. 기획은 과제를 해결하는 최적의 방안을 탐색하고 그 실행 방안을 마련하는 목적 지향적인 작업이다. 기획은 왜 해야 하는지, 어떻게 할 것인지, 실행 가능한 것인지를 고민하여 최적의 방안을 마련하기 위한 것이다. 따라서 기획의 생명은 '가치 있는 차별적 우위성을 어떻게 확보할 것이냐'에 달려있다.

기획은 사실단계→발상단계→실현단계의 순으로 전개할 수 있다. 사실단계는 관련 정보를 모으고 분석하여 과제 해결 방안을 검토하는 단계로서 다양한 층위의 정보를 정확하고 신속하게 수집하여 분석할 수 있어야 한다. 발상단계는 창의적인 발상을 중심으로 해결 방안을 구상하고 그것의 효과적인 실행을 위한 구체적인 계획을 세우는 단계다. 실현단계는 기획서를 작성하고 프레젠테이션을 통하여 실행이 가능하도록 설득하는 단계이다. 이러한 기획의 과정을 다카하시 마코토는 9단계로 세분화하며 〈그림 1〉과 같이 제시한다.

첫째, '오리엔테이션'은 해결해야 할 과제를 명확하게 파악하고, 기획의

〈그림 1〉 기획의 9단계

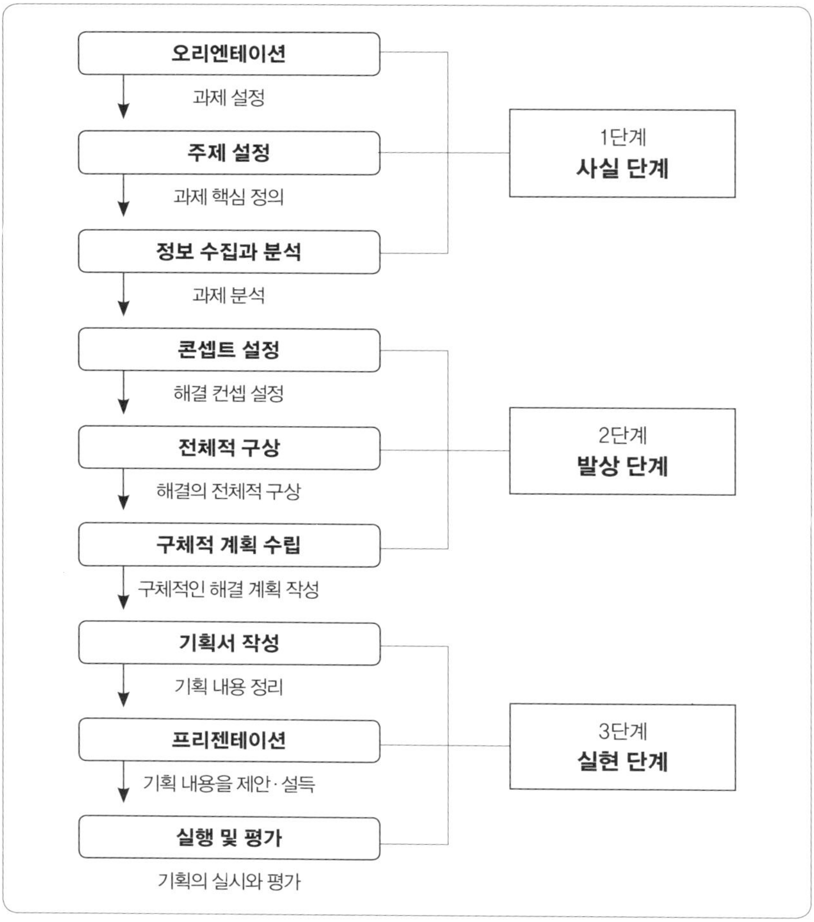

배경과 목적, 기대하는 바를 분명하게 파악하는 단계다. 둘째, '주제 설정'은 과제의 의뢰자로부터 과제의 핵심을 파악해내는 단계다. 일반적으로 제안요청서(RFP, request for proposal)가 제시되고 그것에 대한 설명회가 개최되므로 이때 의뢰자의 의도를 충분히 파악해야만 한다. 셋째, '정보 수집과 분석'

은 직/간접적인 관련 정보를 골고루 수집하고 분석하는 단계로 기획의 차별성을 높이거나 기획서를 정리하는 데 도움이 된다. 넷째, '콘셉트 설정'은 과제 해결의 기본적인 방침을 결정하는 단계로 구체적으로 해결해야 할 목표를 명확하게 해 둔다. 다섯째, '전체적 구상'은 과제 해결의 전체상을 그려 보는 단계로, 해결 방법, 차별점, 기대 효과 등을 유기적으로 연계하여 구상해야만 한다. 여섯째, '구체적 계획 세우기'는 과제 해결을 위한 구체적인 계획을 수립하는 단계로서 일정, 참여 인력, 예산, 성과물 등을 구체적으로 제시할 수 있어야 한다. 일곱째, '기획서 작성하기'는 앞의 여섯 단계를 통해 수립한 계획의 내용을 기획서 양식에 맞추어 작성하는 단계다. 여덟째, 프리젠테이션은 작성한 기획서를 바탕으로 기획의 내용을 과제 의뢰자 앞에서 발표를 통해 설득을 진행하는 단계를 말한다. 프레젠테이션은 과제 의뢰자에게 기획 내용을 설명하고 설득하는 과정이므로 미리 시나리오를 준비하여 수 차례 연습을 통해 발표자가 확신을 가지고 임해야만 한다. 과제 의뢰자가 제시한 시간 버전과 그것의 1/2버전으로 나누어 미리 준비하는 것이 효과적이다. 항상 현장에서의 프레젠테이션 시간은 주어진 시간보다 짧게 요구되기 때문이다. 아홉째, '실행과 평가'는 기획한 내용을 실행하는 단계이다.

이와 같이 기획과 관련된 일련의 과정을 'Plan-Do-Check-Action'라고 한다.

Plan은 기획 방향 설정 단계로 현황을 분석하고, 목표와의 차이를 파악한 후, 그 차이를 극복할 수 있는 전략을 마련하여, 그것을 실현할 수 있는 세부 실행을 계획하는 순서로 진행한다. 이때 현황 파악과 목표는 구체적인 수치로 분명하게 제시해야 하며, 전략은 현재 수준과 목표의 차이를 극복하기 위한 방향으로 다양한 요소를 수렴할 수 있는 지향점 역할을 해야 하며, 실행계획은 전략 추진을 위한 세부 실천 지침으로 구체적이고 종합적인 관

〈그림 2〉 PDCA과정

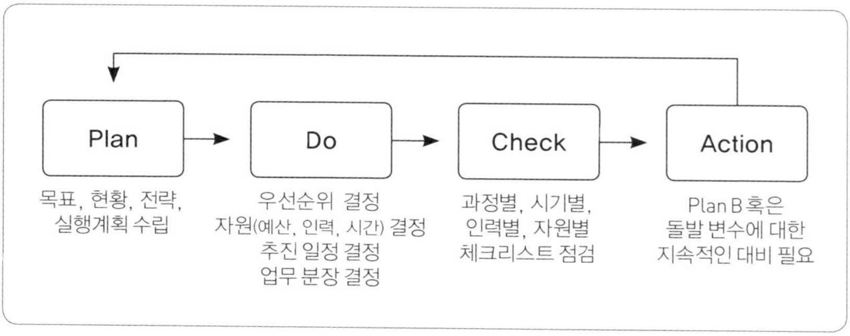

점에서 제시되어야 한다.

Do는 Plan 단계에서 기획한 것을 실행하는 단계를 말한다. Do 단계에서는 목표 달성을 위해 다음 우선순위를 결정하고, 예산, 인력, 시간 등의 자원을 효과적으로 배분해야 하며, 추진 일정을 세분화하여 결정하고, 누가 무엇을 할 것이냐 하는 업무 분장을 분명하게 결정하고 세부적으로 실행해야 한다.

Check는 Plan에서 계획하고 Do 단계에서 실행한 것이 효과적으로 수행되었는지 검토하는 단계다. Check 단계에서는 추진 과정별, 시기별, 인력별, 자원별로 구분하여 체크리스트를 가지고 점검해야 한다. 일반적으로 체크리스트는 Plan 단계에서 마련해야지만 Do 단계에서의 실수를 최소화할 수 있고, 기획 전체를 효율적으로 진행할 수 있다.

Action은 Check 단계에서 체크리스트를 통해 검토한 내용을 바탕으로 향후 조치를 취함으로써 다음 기획서 작성 수준을 업그레이드하는 단계이다. 기획 과정에서 예상치 못한 문제가 제기되면 즉각적으로 대응하며 효율적이고 완성도 높은 기획안을 마련할 수 있어야 하는데, 특히 Action 단계에서는 기획 전체에 대한 검토를 통해 기획 역량을 지속적으로 보완하고 확충해나갈 수 있어야 한다.

기획 전문가들은 기획 초안을 잡기 위한 '십하원칙 질문법-5W 4H 1T'를 제시한다. 기획의 논리적 골격을 갖추어야지만 적실한 기획을 수행할 수 있는데, 이를 위해서 주어진 기획 과제에 지속적으로 질의하고 그것을 해결하기 위한 고민을 수행해야 한다.

① Who: 누가 실시하는가? (실행자, 관련자)

② Why: 왜 이 기획을 입안하는가? (의도, 이유, 배경)

③ What: 무엇을 하려 하는가? (기획의 주제, 내용)

④ Target: 주 고객대상은? (연령대, 직업)

⑤ Where: 어디서 실시할 것인가? (지리적, 자연적인 환경 장소)

⑥ How many: 수량은 얼마나 되는가? (건수, 분량)

⑦ How: 어떻게 이 기획을 추진하려 하는가? (방법, 절차, 도구)

⑧ How much: 비용은 얼마나 들고 얼마나 벌 수 있는가? (예산, 손익계산)

⑨ When: 언제, 어떤 일정으로 실행할 것인가? (타이밍, 기간)

⑩ How long: 언제부터 언제까지, 얼마나 걸리는가? (스케줄, 기간)

- 윤영돈, 《기획서 마스터》, 새로운 제안, 2015, p.65.

기획은 과제를 효과적으로 해결하기 위한 방안을 마련하고 효율적인 실행을 계획하는 과정이다. 따라서 기획은 결과 지향적인 작업이므로 해당 목표가 구체화될수록 성공 가능성을 높일 수 있다. 목표가 얼마나 구체적인지, 그것은 측정 가능한 것인지, 성취할 수 있는 것인지, 주어진 시간 안에 달성 가능한지 등을 염두에 두고 해결 방안과 실행계획을 구성해야만 한다. 이와 같은 기획의 과정을 문서로 작성하여 과제 의뢰자나 관계자를 설득하는 글이 기획서다. 아무리 좋은 기획이라도 효과적으로 전달하지 못하면 실행할 수 없기 때문에 기획서는 기획의 꽃이라 할 수 있다.

연습문제 1

당신은 A전자에서 출원한 OO문화재단이 실시하는 '대학 내 혐오문화 개선을 위한 기획 공모전'에 같은 과 친구 4명과 팀을 이뤄 참여하려 한다. 이번 공모전에서는 수상자에게 상금, A전자 인턴 기회 외에도 해당 기획을 실행할 수 있는 1,000만 원의 프로젝트 지원금이 주어진다. 수상한다면 당신의 기획을 반드시 실행할 수 있어야 한다는 조건이다. 대학 내에 만연해 있는 혐오문화를 개선하기 위해 당신은 어떤 기획을 하겠는가?

3

기획서는 어떻게 쓰나?

기획서는 그 목적에 따라 사업계획서, 신제품 런칭 기획서, 개발제안서, 투자기획서 등 다양한 종류가 있다. 회사에서 자주 쓰는 기획서는 마케팅 기획서, 신제품 런칭 기획서, 사업계획서, 프로모션 기획서, 이벤트 기획서 등이다. 학교에서는 주로 사업계획서와 개발제안서를 쓰게 되는데, 과제 의뢰처에서 제시한 제안요청서(RFP)의 기획서 양식이 사전에 제공되는 경우가 대부분이다. 이런 경우에는 제안요청서가 요구하는 바를 꼼꼼하게 파악하고, 미리 주어진 작성 방식을 숙지하여 기획서를 작성해 나가야 한다. 특히 제안요청서에 제시된 평가 기준을 체크리스트처럼 활용하여 평가 기준이 요구하는 것에 대한 객관적이고 분명한 답변을 기획서에 제시해야만 한다.

일반적으로 잘 쓴 기획서는 공통점이 있다. 첫째, 기획서는 일반적인 형식이 보편화되어 있는 까닭에, 처음에는 과제의 핵심과 추진전략을 제시하고, 중간에는 구체적인 실행계획을 보여주며, 끝에는 실천하기 위한 인력, 일정, 자금 등을 구체화하여 보여주어야 한다. 둘째, 메시지는 기획의 필요성, 추진 전략, 추진 체계, 실행 방안, 예산, 기대효과 등을 간결하고 명확하게 제공할 수 있어야 한다. 셋째, 기획서는 객관적인 데이터를 제시하여 쉽게 공감할 수 있도록 해야 한다. 넷째, 기획서는 사진, 도표, 그래프 등을 효과적으로 활용하여 무슨 내용인지 직관적으로 쉽게 파악할 수 있어야 한다.

기획서를 쓸 때에는 지속적으로 다음과 같은 세 가지 질문을 스스로에게 던져야 한다.

〈표 1〉 기획서 작성 시 필요한 세 가지 질문

구분	내용
왜 하는가?	기획서를 작성하는 목적에 대한 이유와 필요성을 논리적으로 나타내야 한다.
어떻게 할 것인가?	목표를 달성하기 위한 구체적인 방법과 일정, 예산 등을 구체적으로 제시해야 한다.
실행할 수 있는가?	좋은 내용이라 하더라도 현실적이지 못하면 무용지물이다.

– 노동형, 《1등 기획서 상식 사전》, 길벗, 2010, p.113.

좋은 기획서는 무엇보다 기획서의 목표가 무엇인지 분명하고 기획을 통해 어떤 효과가 있는지 명확하게 제시될 수 있어야 한다. 기획서에서는 구체적인 데이터로 자신의 주장을 뒷받침하여 설득하는 과정이 필수적이다. 기획과 실행 과정에서 사용할 수 있는 자원(인력, 예산, 시간 등)은 어떤 규모인지, 채택한 추진 전략이나 기획 목표는 실현 가능한 것인지에 대하여 구체적인 데이터로 설득할 수 있어야 한다. 이러한 설득 과정에서는 표, 사진, 다양한 인포그래픽(Infographics)을 활용하며 간결한 문체와 적실한 표현을 사용하는 것이 효과적이다. 특히 이 과정에서 기획을 통해 어떤 효익(效益)을 창출할 수 있는지를 투입 자원 대비 성과를 구체화하여 나타낼 수 있어야 한다.

일반적인 기획서 작성 단계는 다음과 같다.

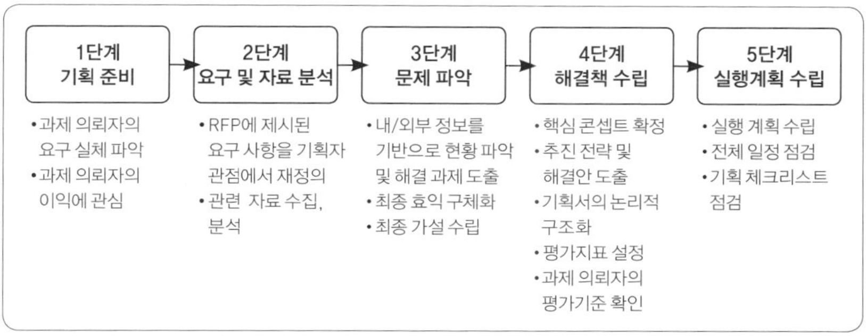

기획서 작성 1단계에서 가장 중요한 것은 기획 의도와 목적을 파악하는 것이다. 제안요청서(RFP)에 제시된 기획 의도와 목적은 매우 피상적일 수 있기 때문에 과제 의뢰자에게 추가 질문을 통해서 구체적인 요구를 파악해야만 한다. 이때 염두에 두어야 할 것은 기획의 성과가 과제 의뢰자에게 어떤 이익을 창출할 수 있을 것인지 반드시 고려해야만 한다.

2단계 요구 및 자료 분석은 파악한 기획 의도와 목적을 기획자의 관점에서 재정의하고, 자료 수집 및 분석을 통하여 주제를 설정하는 과정이다. 바로 이 지점에서 여러분이 어떻게 재정의하느냐가 기획의 성패를 가른다. 과제 의뢰자가 요구하는 바를 기획자의 관점에서 새롭게 접근해야지만 참신한 해결안을 만들어낼 수 있기 때문이다. 창의적인 재정의를 위해서 과제와 관련된 다양한 관련 자료를 수집하고 분석하여 그 안에서 시사점을 도출할 수 있어야 한다. 관련 자료를 얻는 방법은 매우 다양하다. 해당 분야의 전문가를 만나거나, 과제 현장을 직접 방문하거나, 관련 연구기관의 사전 연구 성과나 데이터를 확인하는 등의 방법이 있다. 관련 자료를 수집하여 목록을 작성하고 시사점은 간단하게 메모해두면 이후 유용하게 활용할 수 있으니 자료 수집 및 분석 단계에서 핵심적인 내용을 정리하는 습관이 필요하다. 관련 자료 수집 시에 유용한 이미지나 데이터는 출처까지 포함하여 따로 수집해두고 기획서 작성에 직접 활용한다. 이때 과제 의뢰자의 특성, 경쟁자의 특성 등을 고려할 수 있다면 보다 최적화된 자료를 수집할 수 있다.

3단계 문제 파악은 내부/외부의 정보를 기반으로 과제의 현황을 파악하고 해결안을 도출하는 과정이다. 여기서 중요한 점은 최종의 성과물이 어떤 효익을 가져다줄 수 있느냐를 객관적이고 구체적인 형태로 제시할 수 있어야 한다는 것이다. 효익을 최적화하고 극대화하기 위한 가설을 마련하는 것이 필수적인 단계이다.

4단계는 해결책을 구체화하는 것이다. 이것은 기획서의 핵심콘셉트를 확정하고 그에 맞는 추진 전략 및 해결안을 도출하는 과정이다. 이때 과제 의뢰자가 제안요청서(RFP)에 제시한 평가 기준을 염두에 두고 지속적으로 확인해나가는 것이 중요하다. 대부분의 제안요청서는 자체적인 평가지표와 자율평가지표를 설정하게 하는데, 제안요청서에 제시된 평가지표를 고려하여 상호 보완 가능한 자율평가지표를 마련해야만 한다.

5단계는 실행 계획을 수립하는 것이다. 실행 계획을 구체화하는 단계로 전체 일정을 점검하고 전 과정을 체크리스트를 가지고 확인하는 과정을 말한다. 이 단계에서 보완점이나 수정할 것을 찾고 수정하는 과정을 반복하여 기획서를 마무리하는 단계다.

각 단계별 소요 시간을 예측하여 기획서 제출일(D-Day)을 기점으로 역산하여 계획을 수립한다. 특히 현장조사와 자료수집 및 초안 작성과 협의 및 피드백 시간을 충분히 확보하면 할수록 기획서의 완성도를 높일 수 있다. 기획서 작성 과정에서는 누구나 쉽게 이해할 수 있도록 간단하고 명료하게 표현하며, 지나치게 많은 정보보다는 핵심 정보를 중심으로 설득하고, 지향하는 핵심 가치와 효익을 분명하고 단순하게 제시할 수 있어야 한다는 점을 유념해야 할 것이다.

다음의 〈표 2〉는 기획서의 구성요소를 설명하고 예시를 보여준다. 과제 의뢰처의 성격에 따라 기획서에서 요구하는 항목과 이름은 달라질 수 있지만, 대체로 아래와 같은 내용으로 구성한다.

〈표 2〉 기획서의 구성요소

		내용	예시
제목		일단 임시 제목을 정하고 기획서를 작성하고, 완성 이후에 여러 의견을 종합 반영하여 수정한다. 일단 작성자가 기획과 관련하여 처음 떠오른 콘셉트를 중심으로 임시 제목을 적는다.	외국인 유학생의 학업 성취 제고를 위한 한국어 능력 향상 방안
목적		기획을 통해 실현하고자 하는 목표와 이유를 간결하게 적는다.	외국인 유학생의 한국어 강의 수강이 가능한 한국어 수준을 파악하고, 이를 성취하기 위한 학교 차원의 대책을 마련한다.
기획 배경	환경	기획과 관련된 환경을 분석한다. 간접적인 영향을 주는 외부환경과 직접적인 영향을 주는 내부환경을 종합적으로 파악한다.	• 외국인 유학생의 폭발적 증가(양적인 증가와 국가의 다양화) 추세 • 외국인 유학생의 한국어 능력 미흡으로 인한 한국 학생들의 수업 피로도 증가
	현상	기획과 관련하여 현재 파악 가능한 상태를 말하며, 수치로 표현하거나 도표로 만들어 기획 배경과 필요성에 토대를 구체화한다.	• 외국인 유학생은 최근 5년간 매년 20% 이상의 증가 추세 • 기존의 10개국에서 2019년 기준 35개국으로 국적의 다양화
목표		기획을 통해 일정 기간 안에 성취해야 할 수준을 정량적, 정성적으로 구체화한다.	• 2021년까지 외국인 유학생의 한국어 능력 제고 프로그램 구축 • 학부생의 경우 전공 수강이 시작되는 2학년까지 TOPIK 5급 필수화 • 대학원생의 경우 3기 시작 전까지 TOPIK 6급 필수화
문제점		기획 목표에 이르지 못하게 하는 장애물이 무엇인지 종합적으로 기술한다.	• 우리 대학만 독자적으로 입학 시 한국어 능력 수준을 높일 수 없는 현실적인 어려움 • 입학 후에는 한국어 능력을 제고할 수 있는 전문적인 교육 프로그램이 마련되어 있지 않고 추가로 비용을 부담하여 별도의 외부 프로그램을 수강해야 하는 어려움

대책	기획의 문제점을 해소할 방안을 구체적으로 모색하여 기술한다.	•입학 이후에 한국어 능력을 제고할 수 있는 구체적인 교육 프로그램 마련 •외국인 유학생만을 위한 한국어 중심 1학년 교육과정 편성 •같은 과 동료들과 연결한 외국어 상호 교류 프로그램 구축
실행계획	기획 일정, 예산, 업무 분장 등을 실행 위주로 구체화하여 작성한다.	•2019년 12월 20일까지 주요 교육 프로그램 기획, 관련 부서와의 업무 조율, 소요 예산 등을 종합한 실행 마스터플랜 구축
기대효과	기획 목표가 성취되었을 때 얻게 되는 효과, 이익, 혜택 등을 부가시켜 기획을 채택할 수 있도록 설득한다.	•외국인 유학생 교육의 내실화 및 질적 제고 •외국인 유학생 유치 활성화 •외국인 유학생 연구역량 강화

기획서를 구성하고 구체화하는 과정에서 주의할 점은 다음과 같다. 첫째, 기획서는 누군가를 설득하기 위한 계획이므로, 설득의 대상이 되는 과제 의뢰자를 명확히 파악해야 한다. 둘째, 기획서의 목적과 기대효과를 분명하게 설정해야 한다. 기획서는 과제 의뢰자가 원하는 효익을 창출할 수 있어야만 하는데, 과제 의뢰자의 요구를 모르면 불가능하기 때문이다. 셋째, 과제 의뢰자의 과제에 대한 이해도를 파악해야 한다. 과제를 의뢰한 사람이 해당 과제의 전문가가 아닌 경우가 더 많기 때문에 그의 이해정도를 파악해서 설명하고 설득해야 하기 때문이다. 넷째, 모든 주장을 뒷받침하기 위한 데이터를 다양하게 수집하고 활용해야 한다. 중요한 것은 그것이 기획의 효익에 기여하는 데이터여야 한다는 것이다. 다섯째, 기획에 필요한 다양한 자료와 이미지를 마련한다. 설득에 필요한 구체적인 데이터, 사진, 표, 인포그래픽 등을 미리미리 준비하여 기획서 작성 과정에 충분히 이용할 수 있어야 한다. 여섯째, 기획서 전체의 논리적 구성을 항상 염두에 두고 전개해야 한다. 일곱째, 기획서의 마감 시간을 염두에 두고 작업을 진행해야 하고, 마감 시간은 반드시 지켜야만 한다.

연습문제 2

당신은 에리카 홍보단이다. 국내는 물론 해외 고등학생을 대상으로 에리카를 홍보하고 싶다. 에리카의 다양한 장점을 널리 홍보하여 우수한 인재들이 지원할 수 있는 SNS홍보를 진행하려 한다. 당신이 가지고 있는 예산은 100만 원이다. 위에 〈표 2〉에서 제시한 기획서 구성 요소 양식을 활용하여 기획서의 초안을 작성해보자.

4

기획서 작성, 이것만은 꼭 지켜라

〈표 3〉 기획서 본문 작성 예시

Ⅲ. 혁신선도대학 추진 내용

1. 추진 목표

창의 및 융합역량을 갖춘 인공지능 협동로봇 분야 실용인재 양성을 위한 다학제적 혁신교육모델, CARE (Collaborative AI-Robotics in Engineering) 프로그램 개발

2. 추진 전략

CARE-LMS(Learning Management System)를 Hub로 교육과정 및 교육방법, 교육환경 혁신을 수행하며 교육성과 관리 자동화 및 지속적 개선 추진

- 교육과정 혁신
  - Adventure Design을 통한 진로 설계 및 학습자 주도형 기초·전문교

과 이수

- 트랙(심화/융합트랙) 별 맞춤형 CARE 핵심역량(전문/융합/창의역량) 및 4C역량 강화

• 교육방법 혁신

- IC-PBL (Industry-Coupled Project-Based Learning), Online-CARE(내·외부 강의 콘텐츠 활용), CARE-Teaching 등 혁신 교수학습법을 접목한 혁신교과 개설

• 교육환경 혁신

- 실제 공장환경에서 인공지능 협동로봇 개발 및 검증을 위한 CARE-Lab 구축
- CARE-LMS기반 실습환경 연동을 통해 캠퍼스 내 산재한 실습자원 활용 극대화

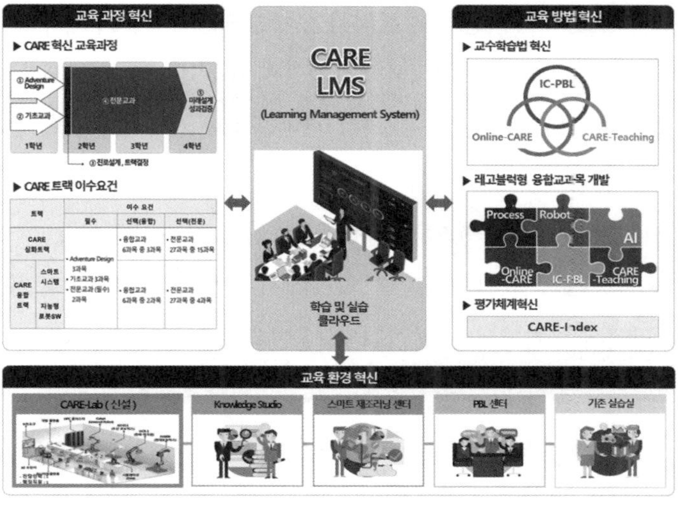

〈 CARE 혁신교육모델 개요 〉

기획서의 생명은 차별화 전략에 있다. 좋은 기획서란 과제 의뢰자의 요구에 부응하여 선택될 수 있어야 하는데, 다른 기획서와 차별화되는 콘셉트와 추진 전략 그리고 분명한 효익을 창출할 수 있어야만 하기 때문이다. 여기서 말하는 차별화 전략은 기발한 생각과 남다른 실행 방안 등을 의미하는 것이 아니다. 그것은 오히려 과제 의뢰자의 요구에 최적화된 계획과 실행 방안을 뚜렷하게 드러낼 수 있는 설득력 있는 추진 전략을 의미하는 것이다. 기획서는 반드시 실현 가능해야 하고, 실현 결과가 효익을 극대화할 수 있어야 하기 때문이다. 따라서 기획서를 작성하는 내내 기획자는 차별화 전략에 대한 분명한 자의식을 가지고 있어야 한다.

〈표 3〉처럼, 기획서의 문장은 짧고 명료해야만 한다. 문장은 한 번에 읽을 수 있도록 간단하게 작성하는 것이 좋은 까닭에 대부분의 기획서는 개조식으로 작성한다. 개조식은 문서 작성 시 앞에 번호나 글머리를 붙여 가며 짧게 끊어서 중요한 요점이나 단어를 나열하는 방식을 말한다. 또한 기획서는 누누이 강조한 바와 같이 추상적이고 개념적인 목표보다는 구체적인 수치로 목표를 제시하고, 실제 데이터를 활용하여 논리적으로 작성해야 한다. 다만, 복잡하고 데이터가 많은 숫자를 보여줘야 할 경우에는 그래프나 도표 등을 활용하여 한눈에 파악할 수 있도록 작성하는 것이 효과적이다. 실제 데이터의 경우에 출처를 분명하게 표시해야 하는 것은 물론이다.

기획서는 그것을 읽는 사람의 입장에서 구성한다. 기획서의 설득력을 높이기 위해서는 기획서 첫 장에 기획서 전체의 흐름과 핵심 내용을 한 장의 체계도로 구성하여 제시하는 것이 효과적이다. 〈표 3〉에 드러난 바와 같이, 각 장에는 소제목을 붙이고, 본문이 시작하기 전에 반드시 해당 장의 내용을 서너 줄로 요약하여 박스 안에 넣어 한눈에 파악할 수 있도록 한다. 또한 별도의 증빙자료가 필요할 경우에는 별지 페이지를 반드시 함께 표기한다.

기획서를 작성하면서 기획자는 별도의 체크리스트를 활용하여 기획서 작성 과정을 수시로 점검해야 한다. 체크리스트를 활용하면 기획서 작성 시 잊어버리는 실수를 사전에 막을 수 있다. 우선 기획서 작성 과정에서 반드시 점검해야 할 사항들을 엑셀 시트에 기입하여, 시트의 내용이 변해도 쉽게 수정할 수 있도록 한다. 점검 사항을 순서대로 적을 필요는 없고, 원칙적으로 점검해야 할 사항을 모두 적을 수 있도록 노력해야 한다.

〈표 4〉는 기획서 체크리스트 작성 예시이다. 체크리스트의 항목은 기획 내용이나 성격에 맞추어 취사선택하여 작성할 수 있으며, 점검할 내용이 무엇인지 구체적으로 적을수록 점검 효과를 극대화할 수 있다. 또한 '점검 결과'란에는 해당 항목의 점검 결과를 표시하여 부족한 부분을 잊지 않고 보완할 수 있도록 한다.

〈표 4〉 기획서 체크리스트 작성 예시

항목	점검 할 내용	점검 결과
기획서 담당자	• 기획서 담당자 및 최종 책임자를 표기했나? • 이들의 연락처는 제공했나?	
마감 기한	• 기획서 작성의 마감 기한을 체크했나?	
평가 기준 부합 여부	• RFP에 제시된 평가 기준을 따르고 있나? • 누락되었거나 부족한 부분은 무엇이며 어떻게 보완할 것인가?	
기획 목적	• 기획 목적은 분명하고 구체적으로 제시되었나?	
추진 전략과 실행 방안의 연관도	• 추진 전략과 실행 방안이 유기적으로 잘 결합되어 있는가?	
과제 제안자의 성향	• 과제를 제안한 기관이나 사람의 성향을 구체적으로 파악하고 있는가? • 파악한 내용은 기획서에 제대로 반영되고 있나?	
양식 및 작성요령	• RFP에 제시된 양식과 작성 요령을 준수하고 있나?	

효익의 구체성	• 기획이 실행되었을 때 얻는 효익은 구체적이고 객관적인 형태로 제시되고 있나?	
필수 데이터	• 기획서에 제시될 데이터는 모두 제시되었나? • 데이터는 객관적이고 구체적인가? • 출처를 분명하게 표시하고 있는가?	
증빙 자료	• 증빙 자료는 모두 갖추고 있나?	
체계도의 적합성	• 기획서 전체의 흐름과 핵심 내용을 요약하여 한 장의 체계도로 구성하였나?	

연습문제 3

당신은 20**년 봄 축제 기획단장이다. 5월 13일부터 15일까지 진행될 축제를 기획하라. 재학생은 물론 졸업한 동문도 가족과 함께 참여할 수 있는 대동(大同)의 한 마당을 마련하고자 한다. 사전 설문 조사 결과 이번 축제에는 1) 연예인을 초청하지 않고, 2) 주류를 판매하지 않으며, 3) 축제 기간 동안에는 강의를 진행하지 않고, 4) 강의 대신 낮 프로그램을 예년에 비해 확충해야 하며, 5) 축제를 기억할 수 있는 조형물이나 기념물을 만들기로 합의한 바 있다. 이러한 조건을 준수하여, 앞에서 학습한 기획 내용을 기반으로 기획서를 작성하라. 기획서 양식은 자유지만 분량은 A4 10장을 넘지 않아야 한다.

참고문헌

노동형,《1등 기획서 상식 사전》, 길벗, 2010.

다카하시 마코토 / 양영철 역,《세상에서 가장 쉬운 기획 수업》, 북스넛, 2007.

페브릭G.라일리 / 안진환 역,《강력하고 간결한 한 장의 기획서》, 을유문화사, 2002.

사토루 토다 / 전지영 역,《최강의 기획서》, 넥서스, BIZ, 2008.

윤영돈,《기획서 마스터》, 새로운 제안, 2015.

박선영,《기획의 정석》, 세종서적, 2013.

13

–

학술 논문 쓰는 법

오전 강의를 마치고 나오던 에리카 씨는 글로벌 기업인 G사에서 대학생 논문 공모를 한다는 포스터를 보았다. 수상을 하면 미국 본사에 방문하여 한 달간 교육을 받을 수 있는 기회와 3주간의 실리콘밸리 탐방을 전액 지원하는 파격적인 혜택이 주어진다. 거기에 졸업 후 G사 입사의 우선권을 주는 혜택까지…… 이건 무조건 해야 한다고 외치는 에리카 씨!

포스터에는 'Z세대의 SNS'라는 다소 포괄적인 주제가 제시되었다. 포스터에 적힌 전화번호로 문의를 하니 Z세대의 SNS와 관련된 테마를 스스로 잡아 창의적인 연구를 진행하라는 의미란다. 마침 지난 학기 SNS 개발론 강의를 들었던 에리카 씨, 학기 말 발표에서 호평을 받았던 보고서가 떠올랐다. 담당 교수님도 성실한 조사와 창의적인 아이디어가 돋보이는 발표라고 몇 번이나 칭찬하지 않았던가?

문제는 에리카 씨가 학술 논문을 한 번도 써본 적이 없다는 것이다. 그동안 에리카 씨는 학술 논문은 대학원생 선배들이나 교수님들이나 쓰는 것 아닌가라고 생각했었는데…… 아! 어쩌란 말이냐? 도서관에서 논문 쓰는 법을 찾아서 읽어보아도 잘 모르겠다. 교수님을 찾아가서 사정을 말씀 드리니 도와주시겠다며, 교수님이 대학원 시절 논문을 쓰기 위해 모았다는 논문 작성법 자료를 먼저 주셨다. 교수님은 이 자료를 읽어보고 쓰고 싶은 것을 정리해서 가져오면 같이 고민해보자고 하신다. 먼저 주신 자료를 읽어보아야겠다.

1

학술 논문 쓰기는 왜 배워야 하는가?

논문은 학문적 성과를 과학적이고 체계적이며 논증적인 형식으로 표현한 글이다. 즉 논문은 학술적으로 의미 있는 문제에 대한 학술적인 연구 결과를 체계를 갖추어 논리적으로 설득한 글이다. 실험, 관찰, 분석, 비판, 평가 등 일련의 과정을 과학적인 논증이 가능한 형식으로 체계화하여 표현한 글이 논문이다. 논문에서 연구의 타당도는 내적 타당도와 외적 타당도로 구분할 수 있는데, 전자는 연구 결과가 얼마나 정확한 것인가를 말하며, 후자는 연구 결과가 다른 것에서도 일반화할 수 있는지에 대한 정도를 의미한다. 학술 논문의 유형은 석사/박사학위논문, 학사 졸업논문, 학술지에 발표하는 연구논문(Research Paper) 등으로 크게 나눌 수 있다. 최근에는 학사 학위 졸업논문이 없어지는 추세라고 할 때, 석사/박사학위논문과 연구논문으로 크게 나누어 볼 수 있다.

석사학위논문(Thesis)은 전공 분야에 입문하기 위한 목적에서 작성되는 성격을 지니고 있어서 연구 능력 여부를 드러내는 데 초점을 둔다. 즉 석사학위논문은 주로 연구사 고찰, 자료 수집 및 분석 능력, 연구 방법론에 대한 이해, 문제 해결 능력 등을 검증받는다. 그래서 석사학위논문은 기존 연구를 이해하고 정리하며 그것을 바탕으로 논리적이고 체계적인 연구 작업을 수행할 수 있는가를 평가하고 검증하는 것이다. 반면에 박사학위논문(Dissertation)은 해당 분야에 대한 세분화되고 깊이 있는 연구를 통해 전문적인 성과를 기대할 수 있다. 석사학위논문에 비해 넓고 깊은 연구 테마를 장기간 지속하여 혼자서도 독자적인 연구를 수행할 수 있음을 증명하는 것이 박사학위논문이다. 즉 스스로 독자적인 연구 테마를 설정하고 그것을 자신만의 새로운 방법론을 개발하여 타당하고 유효한 연구 성과를 내고 있는가를 평가하고 검증하는 것이다.

연구논문은 특정 분야의 전문적인 연구를 학술지에 발표하는 논문을 말한다. 자기 전공 분야마다 전문성을 갖추고 있는 다양한 학술지가 있으며, 일정 주기를 가지고 연구논문을 공모하고, 심사하여 학술지에 게재하여 연구 성과를 공유한다.

논문은 새로운 연구로 학문 발전에 기여할 때 그 의미를 갖기 때문에 독창성이 필수적이다. 독창성은 연구 테마가 새롭거나 참신한 방법과 시각으로 접근할 수 있을 때 확보되는 덕목이다. 논문에서 다루는 자료는 정확한 출처와 근거가 있어야 하며, 통계자료는 오차 없이 정확하게 제시되어야만 신뢰를 확보할 수 있다. 이러한 정확성만큼이나 중요한 것은 검증가능해야 한다는 점이다. 재현이 불가능하거나 재현할 때마다 결과가 달라지는 논문은 검증성이 결여되었기 때문에 논문으로 인정할 수 없다. 따라서 논문에는 논증의 구조, 근거, 자료 출처, 연구 설계 방법, 실험 과정, 평가 기준 등이 정확하게 기술되어 있어야만 한다. 범박하게 이야기한다면, 논문은 연구자의 새로운 시각으로 가치 있는 결과를 찾아가는 과정을 기록한 객관적이고 정확하며 검증 가능한 글로서 누구나 읽으면 이해할 수 있을 정도로 체계적이고 논리적으로 구성해야만 한다.

대학 생활을 하는 동안 우리는 논문과 유사한 많은 글을 써야 한다. 숱하게 제출하는 보고서도 일종의 약식 논문의 성격을 지니고 있다. 더구나 전문성을 강화하기 위해 대학원 진학을 염두에 둔 사람이라면 학술 논문 쓰는 법은 필수다. 자기 분야의 전문가는 자신만의 식견과 경험을 가지고 문제를 발굴하고 해결해낼 수 있는 사람일 뿐 아니라 그것을 객관적인 형태의 기록으로 남김으로써 그 분야의 발전에 기여할 수 있는 사람이다. 21세기 전문가로 살아야 하는 우리에게 학술 논문을 쓸 수 있는 능력은 우리 자신을 더욱 빛나게 할 매우 중요한 역량이라 할 수 있다.

학습목표

1. 학술 논문은 무엇이고 어떻게 쓰는 것인지 이해한다.
2. 학술 논문의 체계와 기본 요소들을 학습하고 논문 양식을 작성해본다.
3. 학술 논문 작성의 단계를 이해하고 효과적인 작성법을 익힌다.

2

학술논문, 주도적 고민의 현재 진행형 탐구

논문이란 연구 테마를 찾아서 자신이 연구한 내용을 논리적으로 구성하여 발표하는 글의 형식이다. 움베르토 에코(Umberto Eco)는 논문을 쓴다는 것의 의미를 다음과 같은 작업이라고 말한다.

① 구체적인 테마를 찾아내는 것

② 그 테마에 관한 자료를 수집하는 것

③ 그러한 자료를 정리하는 것

④ 수집된 자료를 토대로 자신의 지적 테마를 재검토하는 것

⑤ 이전의 모든 고찰들에 유기적인 형식을 부여하는 것

⑥ 논문을 읽는 사람이 자기가 말하고자 하는 바를 바르게 이해해주고 필요하다면 동일한 자료를 거슬러 올라가서 그 테마를 나름대로 다시 파악할 수 있도록 해주는 것

- 움베르토 에코 / 김운찬 역, 《논문 잘 쓰는 방법》 열린책들, 2003, p.30.

그의 논리를 따라가면, 논문을 쓴다는 것은 자신의 개념을 체계화하고 자료를 정리하여 의미 있는 정보로 전환하는 방법을 배운다는 것을 의미한다. 논문을 쓰면서 중요한 것은 방법론적 작업의 새로운 경험이며, 그 경험의 결과가 학술적으로 도움이 되는 결과를 만든다는 사실이다. 따라서 테마보다 중요한 것은 그 논문에 수반되는 작업, 즉 문제를 발견하고, 해결책을 찾기 위해 실험하고, 또는 자료를 수집하고 분석하고 평가하면서 이론을 만들고 새로운 방법론을 개발하는 일련의 경험이다.

논문을 쓰는 것은 연구 테마를 설정하고, 설정된 문제를 자신만의 방법으로 해결하는 일련의 과정을 거쳐 세계에 이바지할 수 있는 성과를 내는 작업이라고 할 수 있다. 그래서 논문 쓰기에서 가장 먼저 해야 할 작업은 무엇을 쓸 것인가에 대한 결정이다. 테마를 설정하는 것에 아무런 제약은 없지만 보다 효과적인 논문 작성을 위해서 최소한의 원칙들이 있다. 먼저, 연구 테마가 연구자의 그동안 관심과 상응하고 스스로 필요성을 느끼는 것이어야 한다. 둘째, 논거로 사용할 자료들이 입수 가능한 것이어야 한다. 셋째, 논거로 사용할 자료들을 연구자가 자유롭게 다룰 수 있어야 한다. 논거를 연구자의 능력으로 소화해서 평가할 수 있는 것이어야 한다. 넷째, 연구의 방법론적 범주가 연구자의 경험영역에 해당해야 한다. 다섯째, 연구 분야에서나 사회적으로 연구의 필요성이 요구되는 것이어야 하고, 여섯째, 연구자 스스로 연구가 즐거울 수 있는 것을 테마로 선정해야 한다. 논문을 쓰는 행위가 일종의 지적 탐구에서 즐거움을 찾는 것이라고 할 때, 연구 테마 자체에 대한 연구자의 흥미는 테마 결정에 가장 중요한 요소이다.

이제 논문을 쓸 때 가져야 할 마음가짐을 알아보자. 첫째, 다른 사람이 읽지 않을 것을 두려워하지 말고 누구나 읽을 수 있게 써라. 논문이 대중적인 글은 아니라는 말이 아무도 읽지 않는다거나 중요하지 않다는 의미는 아니다. 논문은 연구 성과를 발표하는 글이기 때문에 자기 분야의 전문가는 모두 읽는다고 생각하고 스스로 준열한 자세를 견지하며 진지하게 써야 한다. 논문은 누가 얼마나 읽느냐가 중요한 것이 아니라 스스로 얼마나 준열하게 연구했고 그것을 정확하고 성실하게 구현했느냐에 달렸다. 둘째, 논문은 당신이 아니라 당신의 연구 성과일 뿐이다. 논문을 작성한 후에는 다른 사람의 비판에 열린 자세로 임해야 하며, 스스로도 그 논문의 비판자가 되어야지만 학문적인 진보가 있을 수 있기 때문이다. 셋째, 논문에 끌려 다니지 말고 주도하라. 논문을 쓰는 것은 자기 자신이다. 지도교수나 학계의 평가 등을 염두에 두고 논문을 쓰면 당신은 하고 싶은 이야기를 다하지 못한다. 자료나 기존의 연구 결과, 학계의 평가 등은 당신 연구에서 참조해야 할 것들에 지나지 않는다. 결국 당신 논문에 대해서 가장 많이 아는 사람은 당신 자신이다. 과연 당신 논문에 대해 당신보다 더 시간을 투자하고 연구한 사람이 있겠는가? 이 말은 자신감을 가지고 자신의 논지를 전개하라는 말이다. 누구의 눈치도 보지 말고 당신의 데이터와 분석과 평가를 믿으며 논문을 주도해야지만 좋은 논문을 쓸 수 있다. 넷째, 자기 자신을 설득하고, 스스로를 감동시킬 수 있어야 한다. 자기 스스로를 설득시키지 못한다면 누구도 설득할 수 없다. 그러므로 스스로를 먼저 감동시키겠다는 마음으로 논문을 써보자. 다섯째, 논문은 타당성과 유효성 그리고 확장성을 가지고 있어야 한다. 타당성이란 객관적으로 수긍할 수 있는 내용과 논리여야 한다는 말이며, 유효성은 그러한 성과물이 쓸모가 있어야 한다는 뜻이다. 물론 여기서 말하는 쓸모는 현실적인 효용뿐 아니라 학문적인 발전에도 소용이 닿는다는 의미의 확장된 것이다. 확장성은 자신의 연구 성과가 발전적이며 다른 연구로 연계될 수 있어야 한다는 뜻이다. 이 세 가지 조건을 충족시킬 때 비로소 연구논문으로서의 최소한의 조건을 갖춘 것이 된 것이다.

논문은 늘 진행형이어야 한다. 논문은 완성되는 것이 아니라 늘 잠정적인 결론 상태로 결론을 연기하는 것이다. 이것은 연구의 지속성과 상관된 것이며 동시에 연구 결과에 대한 연구자 스스로의 열린 자세를 요구하는 말이다. 결론은 계속 꿈틀대고 그 꿈틀대는 만큼 논문은 살아서 또 다른 논문을 만들어낼 것이기 때문이다.

이상에서 살펴본 바와 같이 논문은 자신의 연구의 결과물인 동시에 연구의 신뢰성을 직접 증명하는 과정을 체계적으로 구성한 결과이다. 이제부터 우리가 학습할 논문을 쓰는 법은 전공 간에도 두루 통용될 수 있는 보편적인 모델일 뿐이다. 여기서 제시한 모델을 넘어서 자신의 연구에 최적화된 논문을 구현할 수 있다면 그것이 최선이다. 따라서 여러분들은 항상 자신만의 방식을 찾겠다는 문제의식을 가지고 논문 쓰기에 임하는 것이 좋다. 다만, 논문은 다른 사람에게 자신의 연구 성과를 설득하고 증명하는 것이므로 보다 체계적이고 객관적으로 누구나 수긍할 수 있는 방식이어야 한다는 사실은 잊어서는 안 된다.

연습문제 1

당신의 전공과 상관하여 논문으로 다뤄보고 싶은 테마를 다섯 개 정리하고, 그 이유를 써보자. 이유에는 연구의 필요성이나 방법, 의의가 드러나야 한다. 아울러 자신의 테마와 상관하여 선행연구는 어떤 것들이 있는지 도서관 학술 DB를 이용하여 찾아서 읽고 해당 논문의 의의를 간단히 논하라.

3

학술 논문은 어떻게 쓰나?

논문을 쓰기에 앞서 논문계획서를 먼저 작성해야 한다. 논문계획서는 학위논문을 쓸 때, 지도교수 승인을 받기 위하여, 또는 연구비 신청 과정에서 꼭 필요한 문서다. 학위논문을 쓰기 위해 논문계획서를 반드시 작성해야 하지만, 누구나 연구를 시작하려면 논문의 전체적인 설계와 진행 과정 체크를 위해서도 필수적으로 작성해야만 한다. 논문계획서를 쓰면 보다 조직적인 사고가 가능하고 연구계획의 논리적 허점을 쉽게 찾을 수 있으며, 전체적인 일정을 합리적으로 조정할 수 있다는 장점이 있다.

〈표 1〉 논문 계획서

구분	내용
연구 주제 (논문 제목)	논문의 제목으로 연구 주제와 성격을 간결하게 표현할 수 있어야 한다. 제목만으로 연구 주제가 선명하게 드러나지 않으면 좀 더 숙고하여 반드시 연구 주제명을 설정하는 것이 좋다. 연구 주제명을 설정하지 못하고 시작하는 논문은 눈을 감고 길을 가는 것과 같기 때문이다.
연구의 필요성	연구 주제의 선정이유나 해결의 필요성 또는 중요성을 기술한다. 이론적 필요성과 실제적 필요성을 나누어 살펴보는 것이 좋다. 연구의 필요성은 연구 목적과 함께 기술되는 것이 일반적이다.

연구의 목적	연구를 통해 알아내거나 밝히고 싶은 것을 명확하게 기술한다.
연구의 의의	연구 문제를 해결함으로써 학문의 이론적 또는 방법론적 발전에 기여할 수 있는 것이 무엇이며, 그 중요성은 어떠한지에 대해 기술한다. 실제적인 측면에서 거둘 수 있는 기여도도 함께 기술한다.
연구의 이론적 배경	연구 주제에 관한 기존의 원리나 법칙, 이론을 종합하여 체계적으로 제시한다. 선행연구의 결과를 기초로 이들을 비판하고, 자신의 연구와 이러한 이론이나 법칙들과의 논리적 관계, 자기의 연구와 선행연구와의 논리 적 관계를 체계적으로 밝힌다. 이러한 관계에서 자신의 연구 문제를 해결하는 데 기초가 되는 이론과 전제를 분명히 한다.
가설의 설정	가설은 연구 주제에 대한 잠정적인 대답으로, 두 변인 간의 관계를 진술한다. 이 잠정적인 대답은 이론이나 선행연구의 결과를 기초로 설정된다. 가설은 경험적 증거를 바탕으로 그 진위를 확률적으로 결정할 수 있도록 기술해야 한다.
연구 방법	선정한 연구 주제를 어떤 방식으로 해결할 것인지 그 방법을 명시한다. 구체적으로 누구에게 무엇을 어떻게 할 것인지에 대해 규명하는 것으로서, 연구 절차와 연구 대상, 도구, 자료 수집과 분석 및 처리 방법 등에 대해 진술한다. 연구과제의 성격에 따라 문헌 연구나 경험적 연구의 방법을 선택하게 된다.
기대되는 결과	연구 결과가 어떻게 날 것으로 기대하는지에 대해 명시하고, 그에 따른 잠정적인 결론을 구상하여 기술한다.
참고문헌	연구 주제와 관련된 문헌을 정리하여 지도교수의 도움을 받는 것이 좋다.
부록	논문에 활용한 각종 도구 및 기초자료, 통계 등을 제시한다.

- 노동조, 이상렬, 《정보조사와 리포트 작성》, 에듀컨텐츠, 2007, pp.176-178 정리, 수정

논문계획서가 완성되었으면, 이를 바탕으로 논문을 작성해보자.

첫째 단계로 서론은 연구 주제와 배경, 제기된 문제, 연구 목적, 연구의 가설, 연구 대상과 영역, 용어의 정의, 분석 절차방법론, 전개 순서 등으로 구성한다. 서론에서는 무엇보다 이 연구가 왜 필요하고, 무엇을 연구하는지 그리고 연구의 의의는 어디에 있는지, 기존 연구와 어떤 차별점이 있는지

를 설계하고 설명한다. 연구 목적은 논문에서 다루려는 논제를 연구의 배경이나 필요성과 연관 지어서 연구가 지향하는 바를 밝히는 것이다. 연구 목적은 참신하고 독창적이며 실현 가능해야 한다. 연구 대상은 연구할 대상을 밝히고, 그것을 선정한 이유를 밝히는 것이다. 연구 대상으로 특정 사례를 선정했다면 그것을 선택하게 된 차별성이나 대표성 등을 드러내야 한다. 아울러 연구 대상과 상관하여 연구 범위를 명확히 해야 한다.

둘째 단계로 선행연구 검토는 기존 연구물들을 체계적으로 분석 검토하는 과정이다. 논제에 관한 지금까지의 연구를 간략히 소개하고 그 문제의 연구 과정 및 상황을 요약함으로써 논자가 연구해야만 하는 필연성을 강조한다. 또한 기존 연구 내용과 자신이 하려는 연구 내용 간의 유사점과 차이점을 밝히고, 자신의 연구 내용이 해당 지식 분야의 발전에 어떻게 공헌할 것인지 밝힌다.

셋째 단계로 연구방법론은 자료를 수집하고 분석하는 데 사용한 방법과 연구 전체의 설계를 밝히는 부분이다. 이 부분에서는 가설 진술, 연구방법론에 대한 고찰, 자료수집 방법 등의 연구 설계가 설득력 있게 제시되어야 한다. 소논문의 경우 서론에 포함하기도 하지만 학위논문의 경우에는 독립된 장으로 다루는 것이 일반적이다. 논문에서 활용할 방법론 자체가 기존의 방법론과 뚜렷한 차별성을 갖고 있거나 해당 방법론의 특별한 강점을 강조하고 싶다면 서론 다음 장에서 방법론의 문제를 독립시켜 집중적으로 논의하는 것이다. 연구방법론에는 연구 설계, 실험 방법, 자료 수집 절차, 측정 자료, 이론적 배경, 표집 대상, 표집 방법, 실험통제 방법, 실험에 사용한 기술과 통계적인 분석 방법 등이 구체적으로 기술되어야만 신뢰성을 확보할 수 있다. 또한 연구방법론을 언급하면서 기본 자료의 소개 및 특수 용어의 개념을 분명하게 드러낼 수 있어야 한다. 사용하는 개념의 명확한 개념, 번역어의 경우에는 최초로 언급되는 지점에서 반드시 원어 병기하고, 그 개념을 분명하게 드러내야 한다. 만약 기존의 용어가 불만스러워 다른 용어로 바꾸어 사용할 때에는 그 이유를 논리적으로 설명해야 한다.

넷째 단계는 본론으로 서론이나 연구방법론에서 제시한 가설을 검증하거나 논자의 주장을 논증하는 과정이다. 본론은 논문의 핵심이 되는 부분으로 논의된 내용의 가치와 설득력 있는 논리가 무엇보다 중요하다. 본론이 몇 개의 장으로 구성되어야 하는지에 대해 특별히 정해진 것은 없으나 서론에서 제시된 문제에 대한 ① 논증 과정 및 연구 결과와 ② 연구 결과에 대한 고찰은 필수적이다. ① 연구 결과는 논문에서 가장 중요한 부분으로 주장하는 결론의 정당화성을 드러내기 위해 이를 뒷받침할 수 있는 충분한 자료나 논증의 과정을 제시해야만 한다. 연구 문제에 답을 찾기 위하여, 가설을 검증해주는 통계적인 분석결과, 텍스트 분석, 실험 진행, 자료 분석 및 해석 등 연구 결과를 논하는 장이다. 연구 결과는 경험적 연구에서는 분석결과를, 이론적 연구에서는 논자의 차별화된 이론과 주장이 제시되어야만 한다. 이때, 결론과 연관성이 떨어지는 자료는 부록으로 돌려 참고할 수는 있지만 논의의 흐름을 해치지 않도록 해야 한다. ② 연구 결과에 대한 고찰은 연구 결과에 대한 해석과 합리화 과정이며, 기존 연구나 이론을 비판함으로써 차별성을 부각시키는 부분이다. 연구 결과에 대한 고찰은 연구 결과의 타당성과 보편화 가능성을 이론적 근거를 바탕으로 합리적인 해석과 논리를 설명하는 단계로서, 이러한 일련의 과정을 통해 기존의 연구나 이론과는 어떻게 차별화되는지, 어떤 가치와 의의를 지니는지 드러내는 과정이다. 본론의 논의를 좀 더 체계적으로 드러내기 위해서는 장 구성의 구조화가 필요하다. 본론의 각 장은 서두에서 그 장의 목적과 해결하려는 문제가 무엇인지에 대해, 각 장의 끝에서는 그 문제의 답이 어떻게 되었고, 다음 장의 주제와 어떤 연관성이 있는지를 언급하는 것이 일반적이다.

다섯째 단계는 결론으로 논의 요약과 그것의 의의 그리고 제안 등으로 구성한다. 결론은 논문에서 분석하려고 시도하고, 분석을 통해 검증하려 했던 결과들을 간략히 요약하고, 그 의의와 제안을 설명해야 한다. 또한, 논문에서 분석하지 못했던 질문이나 가설을 지적하거나 연구의 결과로서 새로 만들어낸 추가적인 연구 질문을 제시하기도 한다. 결론에서는 무엇보다 연구 결과를 종합하여 보다 일반적인 수준에서 몇 개의 주요한 결과를 제시하도록 한다. 결론은 가능한 한 수식어를 제외하고 간결하고 단순한 문장으로 표현함으로써 연구 결과를 선명하고 분명하게 드러낼 수 있도록 한다. 결론에서는 해당 연구가 실제적/이론적으로 가져다주는 성과와 의의, 연구의 한계와 과제 등을 포함시키기도 한다.

여섯째 단계인 참고문헌에서는 논문에서 인용한 모든 자료를 학교나 학회에서 요구하는 형식으로 일관되게 표기한다. 참고문헌은 대체로 논문, 단행본, 웹사이트 자료 등으로 구분하고, 단행본은 국내 서적과 해외 서적을 구분하는 것이 일반적이다.

논문을 작성하면서 다른 연구자의 이론이나 견해를 인용하는 경우가 많은데, 인용에는 ① 텍스트를 인용하고 그것을 해석하기 위한 경우와 ②자신의 해석을 뒷받침하는 텍스트를 인용하는 경우로 나눠 볼 수 있다. 인용의 기본원칙은 인용할 내용이 논지에 기여해야 한다는 것이다. 그것이 해석의 대상이든, 비판의 대상이든, 자신의 주장에 권위를 부여하든, 그것들이 연구자 자신의 논지에 반드시 기여해야 한다. 또한, 모든 인용에는 저자와 출전을 반드시 밝혀야 한다. 그것이 빠진 인용은 신뢰가 낮고 자칫 표절의 혐의를 받을 수도 있기 때문에 주의해야 한다. 인용하기 위해서는 1차적 출전의 경우 가장 신뢰할 만한 것을 택해야 하며(정본의 원칙), 인용은 가급적 원어로 하고, 원문에 충실해야 한다. 이와 같이 인용은 언제든 확인 가능할 수 있도록 정확하고, 검증 가능한 출처를 표시하고 있어야단 한다. 또한, 인용은 가능한 한 짧고 적게 한다. 두세 줄을 넘어가는 인용은 인용 단락으로 독립시켜야 하며, 너무 자주 하면 인용투성이가 되어 결국 자기 논문이라고 할 수 없게 된다. 인용이 두세 줄을 넘지 않을 때에는 따옴표에 넣어 본문에 삽입해도 좋다. 다만 본문 내에 삽입된 인용의 경우 반드시 따옴표로 인용의 시작과 끝을 표시해야만 하며, 그렇지 않을 경우 표절로 취급될 수 있다.

각주(footnote), 미주(endnote) 등으로 불리는 주(note)는 다음과 같은 경우에 쓰인다. 주는 첫째, 인용 출처를 표시할 때, 둘째, 본문에서 논의한 내용을 뒷받침하는 다른 참고 자료를 덧붙일 때, 셋째, 본문에 넣으면 글의 흐름을 방해하지만 본문의 내용을 이해하는 데 도움이 되는 추가 자료가 필요할 때, 넷째, 본문에서 주장하는 것을 확대할 때, 다섯째, 원문에 대한 번역을 제공하거나 번역문에 대한 원문을 제시할 경우에 쓰인다.

다른 글에 있는 주를 무단으로 도용하면 저작권 침해가 되며, 무엇보다 다른 사람의 오류를 그대로 베낄 위험성이 있다. 직접 확인하지 않은 자료를 다른 연구의 주에서 가져와야 할 경우, 반드시 '~에서 인용'이라고 밝혀야 한다. 주 번호는 단어나 문장이 끝난 부분의 오른쪽 상단에 붙인다. 대부분의 문서작성프로그램에 주를 붙일 수 있게 되어 있기 때문에 주를 붙여야 할 위치만 지정해주면 된다. 주는 각주와 미주로 나뉘며, 각주는 각 페이지 하단에, 미주는 각 장이나 책의 마지막 부분에 한꺼번에 붙인다. 학술논문에서는 각주를 사용하는 것이 상례다. 각주에서 참고 자료를 작성하는 방법은 다음과 같다.

1. 단행본을 인용할 경우

① 국내단행본의 경우:

저자명, 도서명, 출판사명, 출판연도, 인용 면의 순서로 적는다. 인용하는 문장이 한 면에 있으면 p를 하나만 쓰고, 2개 이상 겹치면 pp를 붙인다.

예) 김준양,《이미지의 제국》, 한나래, 2006, pp.23-24.

② 영문단행본의 경우

저자명, 도서명(이탤릭체로 표기), 출판지, 출판사명, 출판연도, 인용 면의 순서로 적는다.

예) Gensler J. S, *The Defense Industry*, Boston: MIT Press, 1982, p.51.

2. 단행본 내의 논문을 인용할 경우

① 논문들을 엮어서 한 권의 단행본으로 출간했을 경우를 말한다.

② 논문 필자명, 논문 제목, 저자명, 도서명, 출판지, 출판사명, 출판연도, 인용 면의 순서로 적는다.

예) 박기수, 즐거움을 극대화하기 위한 서사 전략, 한국미래문화연구소,《문화변동과 인간 그리고 문화 연구》, 깊은샘, 2001, p.199.

③ 여러 사람의 논문을 1~2명의 저자가 편집하여 단행본으로 출판한 외국원서를 인용할 경우는 앞의 예와 순서는 같고, 다만 저자명의 위치에 편집한 사람의 이름을 적고 괄호를 열어 ed라고 적는다. 물론 ed는 edition의 약자이다. 편집한 사람이 둘 이상이면 ed에 s를 덧붙인다.

3. 번역본을 인용할 경우

① 한글로 저자명, 번역자명, 책의 제목, 출판사명, 출판연도, 인용 면의 순서로 적고 난 뒤 :를 붙이고, 그 뒤에 외국어판 서적을 소개하면 된다.

예) 칼 포퍼 / 이상헌 역,《우리는 20세기에서 무엇을 배울 수 있는가》, 생각의나무, 2000, p.237. : Karl Popper, *The Lesson of This Century*, London: Rutledge, 1977.

② 일반적으로는 외국어판 서적의 소개를 생략하는 경우가 대부분이다.

4. 학술지 논문을 인용할 경우

① 논문의 필자명, 논문 제목, 학술지명, 통권호수, 발행 학회명, 출판연도, 인용 면의 순서로 적는다. 단, 원래 논문명에는〈 〉를 붙이지만 최근에는 생략하는 것이 일반적이다. 학회지의 경우에는 단행본과 같이 책 표시인《 》를 반드시 붙여준다. 횡조 조판이 일반화된 현재에는《 》이 맞지만 학회지에 따라서는『 』을 쓰기도 한다. 이 경우에는 해당 학회의 양식을 따르는 것이 옳다.

예) 김홍중, 문학사회학과 풍경의 문제,《사회와 이론》6권, 한국이론사회학회, 2005. p.37.

② 영문학술지의 경우는 논문의 필자명, 논문 제목, 학술지명(이탤릭체로 표기), Vol., No., 발행 학회명, 출판연도, 인용 면의 순서로 적는다.

예) Glendon A.Schubert, Jr., "'The public Interest' in Administrative Decision-Making" *The American Political Science Review*, Vol.51, No.2, American Political Science Association, 1957, p.366.

5. 신문기사를 인용할 경우

① 기자명, 기사명, 신문명, 연도, 월, 일 순서로 기재한다.

예) 서정민, 〈겨울왕국2〉 천만 돌파가 남긴 것들,《한겨레》, 2019년 12월8일

② 단, 인터넷에서 찾아보았을 경우에는 해당 어드레스를 괄호 안에 표기하고 검색 일자를 병기한다.

예) 서정민, 〈겨울왕국2〉 천만 돌파가 남긴 것들,《한겨레》, 2019년 12월8일 (http://www.hani.co.kr/arti/culture/movie/920006.html?_fr=mt2#csidx2d1be51689403f-c880c32d5529d4cde) (2019년 12월 10일 검색)

6. 앞에서 인용한 논문이나 책을 바로 뒤에서 인용할 경우

① 한글의 경우: 위의 책, 위의 논문이라고 표기

예) 위의 책, pp190-191.

② 영문일 경우는 Ibid를 붙인다. Ibid는 라틴어 Ibidem의 약자로 '같은 책에'라는 뜻.

예) Ibid.,p.120.

7. 앞에서 인용한 논문이나 책을 나중에 인용할 경우

① 한글의 경우, 저자명을 적고, 그 뒤에 '앞의 책'이라고 표기

예) 김수진, 앞의 책, p.23.

② 외국어로 된 논문의 경우는 저자명을 쓰고, op.cit를 적는다. 이 말은 '인용한 책중에'라는 뜻.

예) Alvin and Heiven Toffler, op.cit., p.25.

8. 구체적인 자료를 독자에게 권유할 경우

예) 이에 관한 자세한 논의는 다음 글을 참조할 것. 김홍중, 문학사회학과 풍경의 문제, 《사회와 이론》 6권, 한국이론사회학회, 2005.

논문의 초고가 완성되면 다음과 같은 사항을 점검해야 한다. 첫째, 논문에서 연구의 핵심을 잘 드러내고 있는가를 살펴야 한다. 여기서 말하는 연구의 핵심은 기존 연구와의 차별성과 자기 연구의 의의를 말한다. 둘째, 목차만으로 논문 전체의 내용을 파악할 수 있어야 한다. 목차에서 이러한 구체성이 담보되지 않은 논문은 주장하는 바가 모호하거나 혼란스러운 경우가 대부분이기 때문이다. 셋째, 자신이 사용하는 중심 개념을 분명하게 정의하고 있는가를 살펴야 한다. 넷째, 불필요한 형용사나 부사를 사용하여 진술을 모호하게 하지 않는지 살펴보아야 한다. 다섯째, 모든 장은 요약과 구체적인 진술 그리고 소결로 구성되어 있는지 파악해야 한다. 여섯째, 문장과 단락의 길이는 적당한지, 단락 간의 전개는 논리적인지 지속적으로 살펴보아야 한다.

논문은 자신의 차별적인 견해를 주장하기 위해 논증의 과정을 객관화한 글이다. 중심 개념은 물론 단어 하나하나까지 매우 신중하고 정확하게 사용해야 한다. 그러한 객관적인 설득의 과정에서 무엇보다 중요한 것은 연구의 차별성과 가치를 효과적으로 드러내는 일이다. 대부분의 학술논문은 발표할 학회지의 고유한 양식이 있고, 학위논문은 각 대학교의 표준 양식이 있기 때문에 이것을 미리 파악해서 그것에 맞추어 작성하면 된다. 학술 논문은 내용적인 측면에서 가치 있는 차별성을 지향해야 하며 동시에 형식적인 차원에서도 공적으로 요구되는 기본을 따라야 하기 때문에 논문을 준비하는 과정에서 이것을 미리 파악해두는 것은 슬기로운 일이 될 것이다.

연습문제 2

[연습 문제1]에서 정리한 테마 다섯 개 중 하나를 골라서 〈표 1〉의 양식에 맞추어 논문의 연구계획서를 작성해보고, 작성한 내용을 토대로 조별 토의를 진행해보자.

참고문헌

움베르토 에코 / 김운찬 역,《논문 잘 쓰는 방법》열린책들, 2003.

노동조, 이상렬,《정보조사와 리포트 작성》, 에듀컨텐츠, 2007.

14

표현적 글쓰기

글쓰기의 가장 중요한 목적 중 하나는 자기 자신을 표현하는 데 있다. 이것은 글쓰기의 주체가 '나'라는 사실과 다르지 않다. 좋은 글을 쓰기 위해 먼저 '나'에 대해 잘 알아야 한다. 하지만 우리는 의외로 '나'에 대해 많은 것을 알지 못한다. 누가 '나'에게 당신은 어떤 사람이냐고 물으면 선뜻 여기에 대해 답할 사람이 몇이나 있을까? '나'에 대해서 '나' 자신이 잘 모르고 있다는 것은 평소에 자신에 대해 깊이 생각해본 적이 없다는 것을 의미한다. '나'라는 존재를 망각한 채 살다보면 삶의 방향성을 잃을 수 있다. 그렇게 되면 행복한 삶이 무엇인지 어떻게 사는 것이 참다운 삶인지 이런 것들에 대해 고민하지 않게 된다. '나'에 대한 성찰의 부재는 '나'에 대한 드러냄 혹은 표현의 부재로 이어진다. 하지만 '나'에 대한 표현은 저절로 주어지지 않는다. 나에 대한 표현은 자꾸 그것을 행하려는 의지와 실천을 통해 이루어질 수밖에 없다. 그러한 자기 표현의 방식 중에서 가장 효과적인 것 중의 하나가 바로 글쓰기이다. '나' 자신이 글쓰기의 주체가 되어 '나'자신의 감정과 열망, 꿈(무의식), 고정관념 등을 깊이 들여다 볼 때 '나'에 대한 온전한 표현은 이루어지게 된다.

학습목표

1. 글쓰기의 가장 중요한 목적 중의 하나가 자기 자신을 표현하는데 있다는 사실을 이해한다.
2. '나' 자신이 글쓰기의 주체가 되어 자신의 감정과 열망, 꿈(무의식), 고정관념 등을 깊이 들여다 볼 수 있도록 한다.

1

자기 표현의 방식과 내용

'나'를 들여다본다는 것은 곧 '나'에 대해 말해줄 수 있는 것을 찾는다는 것을 의미한다. 이것을 위해서는 두 가지가 요구된다. 하나는 '나'를 잘 드러내는 것이 무엇이냐 하는 것이고 또 다른 하나는 그것을 찾는 방식이다. 우선 전자와 관련하여 이야기할 수 있는 것은 '나' 자신의 기억과 체험이다. 이 기억과 체험은 '나'의 의식과 무의식을 통해 드러난다. '나'의 의식과 무의식은 한꺼번에 드러나는 것이 아니라 어떤 것을 매개로 하여 드러난다. '나'의 기억이나 체험 중에서도 특별히 강렬한 인상을 불러일으키는 것이 있을 수 있다. 그것을 매개로 하여 또 다른 것들이 드러나고 또 그것이 매개가 되어 또 다른 것들이 드러나는 이러한 연상 작용을 통해 기억과 체험은 그 모습을 갖추게 된다.

그러나 모든 연상이 기억과 체험을 온전히 드러내기란 결코 쉽지 않다. 그것은 모든 사람들이 연상 자체를 어떤 제약도 받지 않고 자유롭게 행하기가 어렵기 때문이다. 그렇다면 무엇이 '나'의 자유로운 연상을 방해하는 것일까? 이것은 '나'를 억압하는 어떤 힘의 실체 때문인데, 그 대표적인 것이 바로 감정 과잉, 광적인 믿음(도그마), 낡은 고정관념 같은 것들이다. 이것들은 기억과 체험이 은폐하고 있는 세계를 보지 못하게 한다. 이렇게 되면 기억과 체험이 지니고 있는 진정한 세계는 물론 이런 억압의 대상들이 아니면 만나게 되는 낯설고 참신한 세계를 만나지 못하게 된다. 감정의 과잉 상태에서 벗어나 차분히 '나'의 기억이나 체험을 들여다보면 '나' 자신이 미처 인지하지 못했거나 본 적이 없는 낯선 세계를 발견하게 될 것이다. 또한 광적인 믿음이나 낡은 고정관념에서 벗어나 어떤 대상을 있는 그대로 보게 되면 그 각각이 지니고 있는 다양한 차이와 의미를 통해 지금까지와는 다른 세계를 발견하게 될 것이다. '나'라는 존재가 은폐하고 있는 감정, 꿈, 열망, 순수한 관념 등의 심층을 들여다보고 그것을 온전히 표현해내는 것이야말로 '나'를 발견하고 그것을 통해 '나'의 자아를 고양하는 글쓰기의 중요한 목적이라고 할 수 있다.

1) 나의 감정 들여다보기

인간의 삶은 늘 감정을 통해 드러난다. 어쩌면 인간의 삶은 '희로애락(喜怒哀樂)'의 흐름에 지나지 않는지도 모른다. 그만큼 인간을 규정하고 표현할 때 감정은 중요한 역할을 한다. 우리는 종종 '감정이 죽 끓듯 한다'라는 말을 한다. 오늘 하루만 놓고 보아도 그 감정이 수시로 변함을 알 수 있다. 이로 인해 자신의 감정이 정확히 어떤 상태에 놓여 있는지, 또 그것이 의미하는 것이 무엇인지 가늠하기란 쉽지 않다. 이것은 자신의 감정을 느끼고 이해하기 위해서는 보다 섬세한 들여다보기와 인내가 필요하다는 것을 말해준다.

"언젠가 내게 외로울 때가 있는가? 하고 물었지요?"

내가?

나는 그만 멋쩍어져서 꽃병만한 유리잔을 들어 커피를 들이켰지.

"그때 대답을 안 하셨나봐요?"

"못했지요."

"……"

"이제야 얘기지만 그때 난 당신을 많이 좋아했어요."

"……"

"내 마음을 전할 길이 없었어요."

"……"

"다른 생각에 빠져 있는 당신을 물끄러미 바라볼 때, 그때가 내가 외로운 때였지요."

갑자기 나는 그 사람과 꽃병만한 냉커피 잔을 사이에 두고 찻집에 앉아 있다는 게 굉장히 어색해졌어. 나는 전혀 몰랐던 일이었어. 미란아. 참 이상하지? 왜 아무것도 몰랐을 땐 편하고 아무렇지도 않고 좋아한다든가 사랑한다든가 그런 말을 듣게 되면 그렇게 어색해지고 마는 걸까? 그 사람과 그날 어떻게 헤어졌는지는 기억나지 않는구나. 아마도 내가 혹은 그가 먼저 시계를 들여다봤겠고 둘 중의 누군가가 가봐야죠, 그랬을 테지."

네가 혼자가 아니라는 말을, 그 한마디를 해주고 싶었는데 딴말만 길어졌다. 긴 내 이야기를 미란은 그저 듣고 있다. 나는 손을 뻗어 미란의 손을 잡았다.

"내가 너를 가만히 응시할 때 그런 때가 내가 외로운 때야."

"나?"

"요즘은 너를 볼 때가 그렇지."

"……"

"그날 그 사람이 그랬지. 다른 생각에 빠져 있는 당신을 물끄러미 바라볼 때, 그때가 내가 외로운 때였지요, 라고. 나도 그래. 내가 뭔가를 물끄러미 응시하거나 손가락으로 한 가지 동작을 계속하고 있을 때 그런 때가 내 마음이 외로운 때야."

"그러면 좀 나아?"

"아니…… 그냥 외로우니까 그러구 있는 거야. 어떻게 해야 할지를 모르겠으니까 말로도 안 되고 손으로도 안 되고 도리 없이 주저앉아 있거나 바라볼 수밖에 없으니까."

"이모만큼 나이가 들어도 그래?"

- 신경숙, 《기차는 7시에 떠나네》, 문학과지성사, 1999, pp.108~109

소설 속 '나'는 '외로움'의 감정으로부터 헤어나지 못하고 있다. 이 감정은 과거의 기억을 통해 현재로 이어지고 있다. 과거의 기억 속에서 이 감정은 내가 '그 사람'에게 물었던 것으로 되어 있다. 하지만 그 당시 '그 사람'은 그것에 대해 답을 하지 못했고, 다시 만난 자리에서 여기에 대한 답을 한 것이다. 그렇다면 왜 그 당시에는 여기에 대해 답을 하지 못했던 것일까? 재회의 자리에서 그것이 "다른 생각에 빠져 있는 당신을 물끄러미 바라볼 때"라고 뒤늦게 답을 하는데, 그것이 담고 있는 의미는 무엇일까? 또 '그 사람'의 말에 우리는 어느 정도 공감하고 있는지? 궁금한 것이 사실이다(여기에 대해

각자 생각한 바를 이야기해 보자).

그런데 이 소설에서 우리가 주목해야 할 것이 또 있다. 바로 감정의 전이와 확산이다. '그 사람'이 느끼는 외로움이라는 감정을 '나'도 느끼고 있었고, 그래서 그에게 '외로울 때가 있느냐'고 물었던 것이다. '나'의 이 물음은 그로 하여금 내가 '다른 생각에 빠져 있다'고 느끼게 했고, 이것이 곧 '그 사람'의 외로움을 유발한 것이다. 내가 느끼는 외로움의 감정이 그에게로 전이된 것이라고 할 수 있다. 이처럼 감정은 서로 넘나드는 것이다. 이로 인해 '나'의 감정은 타인의 감정을 통해서도 드러나게 된다. 자신이 처한 상황에 따라 거기에 맞는 감정이 생겨난다. 특히 과거에 '그 사람'이 느꼈을 법한 외로움을 조카인 '미란'을 통해 '나'도 느끼게 된다는 것은 그것이 그 사람의 외로움을 이해하는 계기를 제공함과 동시에 자신의 감정을 찬찬히 들여다보고 살피는 계기도 제공한다고 볼 수 있다. 이렇게 '나' 자신의 감정을 느끼고 발견하는 데에 타인이 일정한 동기를 제공한다는 것은 시사하는 바가 적지 않다.

소설 속 주인공처럼 "말로도 안 되고 손으로도 안 되고 도리 없이 주저앉아 있거나 바라볼 수밖에 없는" 그런 외로움을 느껴본 적이 있는가? 아니면 이와는 다른 자신이 기억하거나 경험한 외로움 혹은 또 다른 감정에 대해 연상되는 것이 있으면 아래 예시문의 방식(~은 나를~하게 한다)으로 서술해 보자.

> 울고 있는 아이의 모습은 우리를 슬프게 한다.
>
> 정원의 한 모퉁에서 발견된 작은 새의 시체 위에 초가을의 따사로운 햇

빛이 떨어져 있을 때, 대체로 가을은 우리를 슬프게 한다. 게다가 가을비는 쓸쓸히 내리는데 사랑하는 이의 발길은 끊어져 거의 한 주일이나 혼자 있게 될 때.

아무도 살지 않는 고궁. 그 고궁의 벽에서는 흙덩이가 떨어지고 창문의 삭은 나무 위에는 "아이세여, 네 너를 사랑하노라……"라는 거의 알아보기 어려운 글귀가 씌어 있음을 볼 때.

숱한 세월이 흐른 후에 문득 발견된 돌아가신 아버지의 편지. 편지에는 이런 사연이 씌어 있었다. "사랑하는 아들아, 네 소행들로 인해 나는 얼마나 많은 밤을 잠 못 이루며 지세웠는지 모른다……." 대체 나의 소행이란 무엇이었던가. 하나의 치기 어린 장난, 아니면 거짓말, 아니면 연애사건이었을까. 이제는 그 숱한 허물들도 기억에서 사라지고 없는데, 그때 아버지는 그로 인해 가슴을 태우셨던 것이다.

동물원의 우리 안에 갇혀 초조하게 서성이는 한 마리 범의 모습 또한 우리를 슬프게 한다. 언제 보아도 철책가를 왔다 갔다 하는 그 동물의 번쩍이는 눈, 무서운 분노, 괴로움에 찬 포효, 앞발에 서린 끝없는 절망감, 미친 듯한 순환, 이 모든 것은 우리를 더없이 슬프게 한다.

- 안톤 슈낙 / 차경아 역, 〈우리를 슬프게 하는 것들〉,
《우리를 슬프게 하는 것들》, 문예출판사, 2010, pp.9~10.

2) 나의 꿈과 열망에 대해 이야기하기

자기 자신을 이해하기 위해서는 감정과는 다른 차원의 '나'를 들여다보아야 한다. 인간으로서의 '나'는 감정의 차원을 넘어서는 강한 목적성을 지닌다. 자신이 목적을 설정하고 그것을 실현하기 위해 행동한다. 이것은 인간의 자유로운 의지를 말한다. 하지만 인간의 이런 의지에는 일정한 단계가 있다. 첫째는 충동, 욕망, 경향과 같은 즉자적 차원의 자연적인 의지이고, 둘째는 무언가를 우연히 선택하여 그것에 다른 것을 종속시키는 대자적 차원의 의지이며, 셋째는 자기 스스로 반성에 의한 사유의 보편성을 지향하는 참된 자유 의지를 말한다. 이러한 자연적인 의지에서 참된 자유 의지로의 지향성으로 인해 인간은 역사적 발전 단계로의 이행이 가능한 것이다.

만일 인간에게 이러한 자유 의지가 없다면 그는 동물과 다를 바 없다. 우리 인간은 늘 '사람답게 살고 싶다'고 말한다. 그 '사람답게'라는 말이 자유롭고 주체적인 의지대로 산다는 것을 의미한다. 인간이 점점 동물화 되어간다고 말하는 이들이 있다. 자본에 의한 소비사회가 도래하면서 인간의 필요와 욕구를 그대로 충족시키는 동물적인 상태의 사회가 탄생한 것이다. 이 사회에서는 자신을 둘러싸고 있는 환경을 부정하는 행동이나 투쟁을 자신의 삶의 조건으로 받아들이지 않는다. 인간의 자유 의지의 상실은 누군가 만들어 놓은 환경 안에서 그것에 적합한 상태로 길들여지는 삶을 산다는 것에 다름 아니다. 이렇게 되면 인간은 점점 동물적 차원의 감각과 욕구에 길들여질 수밖에 없다.

이러한 동물적인 삶으로부터 벗어나는 길은 자신의 자유 의지에 따라 사고하고 행동하는 것이다. 이 자유 의지는 자신을 길들이는 체계나 체제로부터 벗어나려는 '아웃사이더적인 의식'이나 '지적 모험' 같은 것과 다르지 않다. 언제부턴가 우리는 이 아웃사이더를 열등한 존재로 인식하기 시작했고, 지적 모험보다는 감각적인 매끄러움에 더욱 탐닉하게 되었다. 그렇다면 자기 표현적 글쓰기를 실현하는 '나'의 꿈과 열망이란 이 아웃사이더적인 의식과 지적 모험을 담고 있어야 하는 것 아닌가? 만일 이 꿈과 열망이 이것을 지향하지 않고 있다면 그것은 '나'의 단순한 욕구와 욕망을 달리 명명한 것에 지나지 않을 것이다.

'아웃사이더'라는 것은 사물을 꿰뚫어볼 수 있는 유일한 사람이다. 즉 '아웃사이더'는 불건전한 신경증 환자에 불과하다는 반대론에 대해서, "맹인(盲人)의 나라에서는 애꾸눈이가 왕이다"라고 대답한다. 요컨대 병들어 있다는 것을 깨닫지 못하고 있는 문명 속에서 자기가 병자라는 것을 알고 있는 유일한 인간이 아웃사이더라는 것이 그의 주장이다. 앞으로 이 책에서 다룰 아웃사이더 중에는 한술 더 떠서, 병들어 있는 것은 인간성 그 자체이며 불쾌한 사실을 지시하는 자가 바로 아웃사이더라고까지 단언하는 사람도 있다. 그렇지만 그것은 아직은 문제가 되지 않는다. 당장의 문제는, 이것이야말로 자기의 눈에 비치는 세계의 본질이라고 아웃사이더가 단언하고 있는 부정적인 위치에 대한 것이다. …… 우리들의 논리가 정확하다고 하면 '아웃사이더'의 문제는 새로운 것은 아니다. 로랜스가 지적한 대로 어느 시대의 예언자의 경력도 어떤 일정한 전형을 따르고 있다. 문명 사회에 태어났던 그들은 그 물질적인 행복관을 거부하고 사막에 은둔한다. 다시 세상에 나온다고 해도 그것은 현세부정을, 육체적인 안녕에 대한 정신의 강렬함을 설교하기 위해서이다. '아웃사이더'의 비참함은 말하자면 치아가 나는 시기에 있는 예언자의 고통인 것이다. 그는 어두운 구석에 있는 거미와 같이 자기 방에 처박혀 사람들을 피하는 고독한 생활을 한다. "사막의 사상가에게 니트리아에의 충동은 견디기 힘든 것이다." 그는 사색하고 분석하며 "자기 속에 침잠한다"- "아마 그것은 신이 거기에 살고 있는 것을 보았기 때문이 아니라, 그들이 가지고 있었던 살아 있는 말(語)이 고독 속에서 분명하게 들려왔기 때문일 것이다."

- 콜린 윌슨 / 이성규 역, 《아웃사이더》, 범우사, 1994, p.25, p.102

콜린 윌슨이 제시하고 있는 '아웃사이더'의 모습은 보통 사람의 수준을 훨씬 뛰어넘고 있다. 그가 여기에서 말하는 '아웃사이더'는 "사물을 꿰뚫어볼 수 있는 유일한 사람", "문명 속에서 자기가 병자라는 것을 알고 있는 유일한 사람", "물질적인 행복관을 거부하고 사막에 은둔한 사람", "고독 속에서 자신들이 가지고 있었던 살아 있는 말(語)의 소리를 듣는 사람"을 의미한다. 이들의 모습을 보면 하나같이 어떤 절대적인 경지에 이른 안목과 삶의 태도를 견지하고 있는 사람들이다. 이 대목에서 우리는 의문이 든다. 도대체 이런 사람, 특히 점점 동물화 되어 가는 현대사회에서 이런 '아웃사이더'를 만나는 것이 가능하기나 한 것일까? 콜린 윌슨이 《아웃사이더》에서 말하고 있는 '아웃사이더'란 지극히 높은 경지에 도달한 예외적인 존재인 것이 사실이다. 그것은 그가 대상으로 한 '아웃사이더'가 예외적인 기질과 성격을 지닌 동서고금의 예술가들이기 때문이다.

그러나 이들의 아웃사이더적인 기질과 성격은 태어날 때부터 가지고 있었던 것은 아닐 것이다. 어쩌면 이것은 그리 대단하지 않은 소박한 꿈과 열망으로부터 출발한 것인지도 모른다. 이들의 방향성이 '아웃사이더'의 한 경지를 드러내고 있지만 그것이 처음부터가 아니라 차츰 일정한 자기 수련의 과정을 거쳐 만들어졌다고 볼 수 있다. 이때 중요한 것은 자기 자신의 꿈과 욕망이 무엇인지 그것을 깊이 있게 들여다보는 안목과 그 방향성에 대한 끊임없는 성찰과 반성이라고 할 수 있다. 처음부터 꿈이 없고 또 열망이 없는 인간이 어디 있겠는가? 누구나 그것을 가지고 있지만 그 결과에서 차이가 나는 것은 '나' 자신의 꿈과 열망에 대한 자기 수련의 과정이 달랐기 때문인 것이다.

연습문제 1

'나'의 꿈은 무엇인가? 내가 진정으로 열망하는 것은 무엇인가? 자유롭게 생각나는 대로 그것을 적어보고, 그것이 헤겔이 말하고 있는 자유 의지라든가 콜린 윌슨의 '아웃사이더'의 맥락에서 한 번 들여다보는 것은 어떨까?

'나'의 꿈과 열망 항목	꿈과 열망을 가지게 된 계기	자유의지 단계 정도	아웃사이더적 의식 수준 정도	앞으로의 수행 계획과 전망

‘나’의 꿈과 열망 항목	꿈과 열망을 가지게 된 계기	자유의지 단계 정도	아웃사이더적 의식 수준 정도	앞으로의 수행 계획과 전망

3) 나의 고정관념 깨기

우리는 종종 ‘너는 고정관념에 사로잡혀 있어’라는 말을 듣는다. 무엇이 지나치면 문제가 되는 것은 고정관념뿐만 아니라 감정이나 의지 역시 마찬가지이다. 그렇다면 고정관념에 사로잡히면 왜 문제일까? 일단 고정관념이라고 할 때 그 ‘고정(固定, stereo)’이라는 말이 잘 드러내고 있듯이 그것은 잘못되거나 상황이 바뀌어도 결코 생각을 바꾸지 않는다는 의미가 내재해 있다. 이렇게 되면 그 생각은 도식화되기 쉽다. 자신의 생각이 고정된 개념을 통해 조직화되고 구조화되면 어떤 대상이나 세계를 이해할 때 선입견이나 편견을 가지기 쉽다. 이것이 개인과 개인 간의 불화는 물론 사회적 갈등과 국가 간 분쟁을 불러일으키기도 한다.

자신도 모르는 사이에 우리는 이것을 학습 받는다. 학교는 물론 미디어를 통해 매끄럽게 우리의 의식 속으로 침투하여 여기에 동조하게 만든다. 이러한 고정관념 속에 사로잡히게 되면 생각의 주체가 '나' 자신이 아니라 어떤 관념화된 구조나 체제가 되어 자유로운 사고를 할 수 없게 된다. 늘 그러한 관념화된 틀을 통해 이해하고 판단하게 된다. 주체적인 사고를 할 수 없는 개인은 자유로운 상상과 표현을 할 수 없다. 이런 점에서 개인이 자유롭게 상상하고 표현할 수 있도록 환경을 만들어주는 것이 중요하다. 하지만 그것보다 더 중요한 것은 자신의 고정관념을 깊이 있게 들여다보는 일이다. 이 성찰이 길들여진 자신의 생각을 깨어나게 할 것이다. 고정관념에 길들여지면 이 세계에 자연스럽게 동조하고 동화되어 여기에서 헤어나기가 어렵다.

우리는 '나' 자신이 얼마나 고정관념에 사로잡혀 있는지 잘 모른다. 가령 '당신이 생각하는 별을 그려보시오'라고 했을 때 그 결과는 어떻게 될까? 아마 대부분의 사람들이 '☆'나 '○' 모양의 그림을 그리게 될 것이다. 그중 '○'게 그린 사람에게 '당신은 왜 '☆'게 그리지 않고 '○'게 그렸냐고 물으면 십중팔구는 우리가 눈으로 보기에는 '☆'게 보이지만 사실 그 별은 행성이기 때문에 '○'게 그리는 것이 더 사실에 가깝다고 생각해서 그렇게 그렸다고 답할 것이다. 어떤 그림이 더 고정관념에서 벗어나 있을까? 사실 거기서 거기다. 그래서 우리는 다시 그 사람들에게 이런 질문을 던져 볼 수 있다. '그렇다면 그녀의 눈가에서 별이 반짝거렸다라고 했을 때 그 별은 어떻게 그릴 겁니까?'라고 말이다. 이때도 그 별을 '☆'나 '○'게 그릴 것인가? 이때의 별은 그녀의 눈물이다. 그것은 기쁨일 수도 있고 또 슬픔일 수도 있으며, 회한일 수도 있고 또 분노일 수도 있다. 우리가 그것을 단순히 '☆'나 '○'게 표현할 수 없는 이유가 바로 여기에 있다. 이때의 별은 마음이다. 그 마음을 어떻게 그릴 수 있을까? 우리가 너무 쉽게 별을 '☆'나 '○'게 그리는 것은 그것을 눈에 보이는 차원으로만 이해한 고정관념의 산물 아닐까? 별에 대한 고정관념은 지식이나 과학에서 만들어진 개념을 통해 우리가 그것을 이해하고 판단하는 과정에서 만들어진 것이다.

고정관념에 사로잡히면 세계를 자기중심으로만 이해하고 판단하려 한다. 이 자기중심적인 생각은 다른 사람의 생각을 쉽게 받아들이지 않는다. 자신의 생각을 마치 진리처럼 간주하기 때문에 갈등과 대립은 물론 창의적이고 혁신적인 사고를 가로 막는다. 우리가 아무런 의심 없이 받아들여 온 이 자기중심적인 이해와 판단에서 비롯된 고정관념은 헤아릴 수 없을 정도로 많다. 자, 그렇다면 다음의 질문에 답해 보자.

하나 : '나는 생각한다 고로 나는 존재한다'라는 명제가 지니는 오류는 무엇일까?

둘 : 똥은 곧 밥이다 왜 그럴까?

셋 : 북극곰이 정남으로 10보 다시 정동으로 10보 그리고 정북으로 10보를 걸어 제자리로 돌아올 수 있을까?(넌센스 문제가 아님)

넷 : 신대륙을 발견한 사람은 콜럼버스인가? 만일 그렇다면 어떤 전제가 있어야 하는가?

다섯 : 어느 날 어떤 여성 모임에서 한 기혼 남자가 '난 집에서 늘 아내를

도와줍니다'라는 말을 했다고 하자. 이때 상상할 수 있는 상황은?

여섯 : 왜 '서울은 올라간다'고 하고 '지방은 내려간다'고 할까?

일곱 : 북한의 금강산댐이 붕괴되면 서울의 3/1이 물에 잠길까?

여덟 : 지구온난화는 기술의 발전으로 극복될 수 있을 것이다. 과연 그럴까?

아홉 : 르네 마그리트의 '이미지의 배반 : 이것은 파이프가 아니다'라는 작품이다. 이것이 깨려고 한 고정관념은 무엇일까?

열 : 뒤샹의 '샘'을 오마주해 보자.

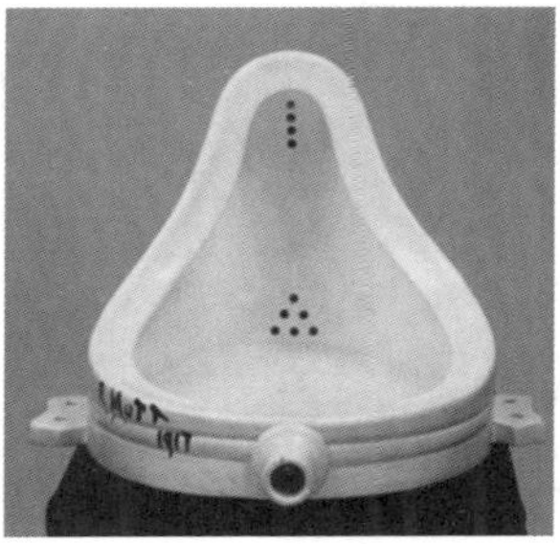

고정관념이 상상과 표현의 걸림돌이라면 무엇보다도 그것으로부터 벗어나는 일이 중요하다. 하지만 자신의 고정관념을 어떻게 발견해서 그것을 해체해야 하는지에 대해서는 답을 찾기가 쉽지 않은 것이 사실이다. 먼저 고정관념이 발생하게 된 원인을 찾아보고, 그것이 '나'의 의식과 행동에 어떻게 작용하고 있는지를 살펴보아야 한다. 그런데 이 두 차원이 함께 작용하고 있는 실존의 장이 바로 우리의 일상이다. 일상에서는 온갖 관념이 교차하고 또 재교차 한다. 이 때문에 일상 자체가 변화와 혁신이 없는 고정관념화 된 세계로 인식되기도 한다. 이런 이유로 변화와 혁신을 추구하는 이들이 일상으로의 함몰을 경계하는 것이다. 특히 예술가들은 일상으로의 함몰을 불길하고 위험한 것으로 인식하였다.

쉬클로프스키(Shklovsky, V)는 이러한 위험성에 벗어나는 방법으로 '낯설게 하기'를 제시한다. 이것은 일상에 대한 낯설게 하기이다. 그는 일상 언어가 가지고 있지 않은 리듬, 비유, 역설 등의 규칙과 일상의 사건을 비튼 구성법을 사용할 것을 제안한다. 문학의 문학다움이 바로 이 낯설게 하기에 있다는 것을 말하고 있는 것이다. 이것은 지금까지 우리가 인지하고 있는 일상과는 다른 낯선 일상이 탄생한다는 것을 의미한다. 늘 반복되고 변화가 없어 보이는 일상이 낯설게 하기를 통해 새롭게 탄생하는 예를 우리는 많은 예술 작품을 통해 만날 수 있다. 그 대표적인 것이 뒤샹(Marcel Duchamp)의 '샘'이다. 일상에서 가장 흔하게 사용하는, 더럽고 불결하게 생각하는 변기를 낯설게 하기를 통해 샘으로 바꿔놓은 것이다. 일상에 존재하는 기성품을 새로운 차원으로 옮겨놓음으로써 전혀 낯선 존재로 바꾸어버리는 일은 고정관념에 사로잡혀 있는 낡은 의식을 해체하는 일에 다름 아니다.

연습문제 2

뒤샹처럼 낡은 고정관념을 깨트리지 않으면 내 안에 있는 진정한 낯선 세계를 만날 수 없다. 그렇다면 '나'는 지금 어떤 고정관념을 가지고 있는 것일까? '나' 자신을 잘 표현하기 위해 좀 더 깊이 들여다보아야 할 고정관념은 어떤 것인가? 그리고 그 고정관념을 깨기 위한 방법은 무엇일까?

내가 가지고 있는 고정관념	고정관념을 가지게 된 계기	고정관념을 깨기 위한 방법	고정관념 깨기 이후 달라진 것

2

자기 표현의 수사와 형식

자기 표현적 글쓰기에서 그 글을 쓰는 주체인 '나'의 감정, 열망, 고정관념에 대해 깊이 들여다보는 것만큼 중요한 것이 그것을 구체화하고 확장하는 것이다. 아무리 자기 자신을 잘 들여다보았다고 하더라도 그것을 구체적인 글의 형태로 드러내지 못하면 좋은 글이 될 수 없다. '구슬이 서 말이라도 꿰어야 보배'라는 말이 있듯이 '나' 자신의 경험을 어떻게 좀 더 잘 표현하느냐 하는 문제는 또 다른 차원의 고민을 던져준다고 할 수 있다. 이와 관련하여 그 방법에 대한 다양한 고민들이 있어 왔고, 그 중 대표적인 것이 묘사와 비유이다.

묘사는 어떤 대상이나 사물, 현상을 마치 그림을 그리듯이 표현하는 것을 말한다. 이때 '마치 그림을 그리듯이'라는 것은 우리가 느끼고 생각한 것을 마치 눈앞의 현실에서 보는 것처럼 생생하게 표현한다는 의미이다. 잘 된 묘사는 생동감을 준다. 그것은 우리가 느끼고 상상한 것이 현실 세계에서 실제로 감각하는 것처럼 여겨지기 때문이다. 비유는 표현하려는 대상을 다른 대상에 빗대어 나타내는 것을 말한다. 비유의 방식이 겨냥하는 것은 표현하고자 하는 대상에 대해 특별한 의미나 효과를 얻는 것이다. 이렇게 되면 표현 대상은 일상의 차원을 넘어서는 정서적, 예술적 차원의 형식과 내용을 지니게 된다.

1) 묘사 방식을 통한 표현 구체화하기

어떤 대상을 그림 그리듯이 표현하고자 한다면 그 대상을 집중적으로 깊이 있게 관찰하는 것이 요구된다. 깊이 있게 대상을 관찰하다보면 우리가 미처 인식하지 못한 것들이 모습을 드러내게 된다. 우리가 어떤 대상을 대강 보는 것과 집중해서 보는 것은 커다란 차이를 발생하게 한다. 우리의 감각은 대상을 직관적으로 받아들이기 때문에 그것을 구체적으로 알기란 쉽지 않다. 늘 보는 나무, 꽃, 거리, 골목, 집안, 사무실은 물론 어머니, 오빠, 친구에 대해서조차 깊이 들여다보지 않으면 온전히 그 존재를 파악할 수 없다. 하루 종일 집중해서 이 대상을 자세히 관찰해보면 평소에 내가 알고 있었던 것과는 전혀 다른 이들의 모습을 발견하게 될 것이다.

매일 자신의 밥을 챙겨주고 용돈을 주고 잠자리를 살펴주는 어머니가 이런 깊이 있는 관찰의 과정을 통하면 그런 일상의 모습과는 전혀 다른 낯선 모습을 우리에게 드러내게 된다. 이것은 어떤 대상을 관찰할 때 일정한 거리가 필요하다는 것을 말해준다. 대상과 일정한 거리를 두게 되면 그것 전체를 조망할 수 있는 안목이 생긴다. 어머니와 거리를 두게 되면 그녀를 객관화하여 바라볼 수 있는 안목이 생기면서 단순한 감각 차원을 넘어서는 인지, 이해, 판단과 같은 깊이 있는 사유의 과정이 만들어지게 된다. 감각만으로 어떤 대상을 온전히 파악할 수 없다. 감각은 기본이고, 여기에 지적인 차원인 인지 그리고 그것의 심화 과정인 이해와 판단을 거쳐야 비로소 그 대상을 온전히 파악할 수 있는 것이다. 우리가 흔히 고전이라고 말하는 훌륭한 문학 작품이나 최고의 걸작이라고 불리는 예술 작품의 경우 여기에는 작가의 이러한 사유의 과정이 깊이 있게 투영되어 있다. 이 과정을 괄호치고 단순한 감각에 의해서만 이런 걸작들이 만들어진다고 생각하는 것은 우리의 큰 착각이다. 어떻게 하면 좋은 글을 쓸 수 있느냐? 하는 물음에 답할 때 이러한 과정을 빠트리고 말한다면 그것은 핵심을 벗어난 이야기가 된다. 글 쓰는 이들이 늘 '자신은 고독하다'라고 하는 것은 그러한 과정을 고통스럽게 홀로 견디면서 무엇인가를 만들어야 하기 때문이다.

여덟 개의 바늘을 알코올램프에 달구어 각각의 바늘귀에 명주실을 꿴다. 바늘끝에서부터 0.5센티미터가 남을 때까지 조심스럽게 명주실을 감는다. 명주실을 감을 때는 실이 겹치지 않도록 조심해야 한다. 그래야만 잉크가 뭉치거나 한꺼번에 나오는 일이 없다. 바늘귀 부분에는 손으로 잡을 수 있도록 1센티미터 정도 맨몸으로 남겨두는 것도 잊지 않는다. 명주실에 먼저 베네치안 레드를 묻힌다.

살에 꽂는 첫땀. 나는 이 순간을 가장 사랑한다. 숨을 죽이고 살갗에 첫땀을 뜨면 순간적으로 그 틈에 피가 맺힌다. 우리는 그것을 첫이슬이라고 부른다. 첫이슬이 맺힘과 동시에 명주실이 품고 있던 잉크가 바늘을 따라 천천히 흘러내려온다. 붉은색 잉크는 바늘 끝에 이르러 살갗에 난 작은 틈 속으로 빠르게 스며든다. 마치 머릿속에서 맴돌던 말들이 입밖으로 시원하게 나와주는 듯한 기분. 바늘땀을 뜰 때 나는 더 이상 말더듬이가 아니다.

거즈로 피를 찍어내고 잉크의 농도를 확인한다. 일단 첫땀이 성공적으로 떠지는 것을 확인하면 그때부터 내 손은 빨라지기 시작한다. 속도를 잃지 않는 것. 그것이 고른 색을 내는 데 가장 중요한 기술이다. 명주실에 묻은 잉크 양을 조절하여 거미에게 살을 심어준다. 거미는 어느새 붉은 맨살을 드러내고 있다. 이제 살을 뼈로 감쌀 차례다. 거미는 인간과 달리 뼈가 밖으로 나와 있는 셈이다. 그것을 외골격이라 하지만 나는 단단한 피부라고 생각한다. 인디아 잉크와 징크 옥사이드로 외피를 완성한다. 크롬 그린이 합류하면서 거미는 이제 완벽한 외골격을 갖춘다.

– 천운영, 〈바늘〉, 《바늘》, 창작과비평사, 2001, p.14

이 글은 '문신'하는 과정을 서술하고 있다. 이 과정은 하나의 사건이자 하나의 현상이다. 작가는 이 과정을 마치 눈앞에서 일어나고 있는 것처럼 생생하게 드러내고 있다. 남자의 몸에 "첫땀"을 뜨기 전까지의 과정만 놓고 보아도 얼마나 그것이 섬세하면서도 구체적으로 서술되고 있는지를 알 수 있다. 하지만 이 과정은 단순하게 그 절차만 서술하고 있는 것이 아니라 그 단계 단계마다 드러나는 작가의 심리도 함께 서술하고 있다.

"거미" 문신을 하기 위해 먼저 "여덟 개의 바늘을 알코올램프에 달군"다. 이어서 "달구어진 여덟 개의 바늘귀에 명주실을 꿰"고 "바늘끝에서부터 0.5센티미터가 남을 때까지 그것을 감"는다. 그런 다음 "명주실에 베네치안 레드를 묻힌"다. 이것은 "첫땀"을 뜨기 전까지의 절차를 서술한 것이다. 그런데 작가는 "명주실을 감을 때" "조심스럽게" "실이 겹치지 않도록 조심해야 한다"고 말한다. "그래야만 잉크가 뭉치거나 한꺼번에 나오는 일이 없다"는 것이다. 또한 작가는 "바늘귀 부분에는 손으로 잡을 수 있도록 1센티미터 정도 맨몸으로 남겨두는 것도 잊지 않는다"고 말한다.

이러한 작가의 섬세하면서도 구체적인 서술은 "거미" 문양의 "살갗에 첫 땀"을 뜬 후 여기에 잉크를 차례로 흘려 넣는 과정에서도 고스란히 드러난다. 몸에 문신하는 것을 본 경우는 있지만 그 과정을 본 경우는 많지 않은 독자에게 이 장면은 신선한 충격을 불러일으키기에 부족함이 없다. 문신이 단순히 몸에 그림을 그려 넣는 것이라는 차원의 이해를 넘어 그것이 우리들 저마다의 심층에 자리하고 있는 숨겨진 감각들을 불러내는 위태롭고 관능적인 행위라는 것을 강하게 환기하고 있다고 볼 수 있다. 글쓰기의 주체인 작가가 어떤 대상이나 현상을 어떻게 묘사하고 그 수준이 어느 정도냐에 따라 독자가 체험하는 심미성의 정도가 다를 수밖에 없다. 여기에 묘사를 통한 표현의 묘미가 있는 것이다.

2) 비유 방식을 통한 표현 확장하기

묘사가 표현의 구체성과 정밀성을 겨냥한다면 비유는 그것의 중층성과 다양성을 겨냥한다고 할 수 있다. 비유는 수사법이지만 그것은 주로 문학적이고 예술적인 표현에 많이 사용된다. 이것은 비유가 문학이나 예술 차원의 논리와 질서를 가진다는 것을 의미한다. 흔히 시의 진술을 '사이비 진술'이라고 한다. 이때의 사이비란 과학적 진술에 대비해서 붙여진 것이다. 과학의 세계에서는 사실에 근거해 진위를 따지는 것이 중요하지만 시의 세계에서는 시인의 상상력과 정서가 더 중요하다.

시인이나 소설가 또는 예술가들이 자신만의 독특한 상상 체계나 언어 체계를 지니고 있는 것도 여기에서 기인한다고 볼 수 있다. 이것은 이들이 가지는 자율적이고 독자적인 영역이다. 이들은 이것을 지키기 위해 늘 비유의 방식에 대해 고민한다. 어쩌면 문학이나 예술은 비유로부터 비롯된 것인지도 모른다. 비유에는 기본적으로 표현 욕망이 내재해 있다. 한 대상을 다른 대상에 빗대는 것 자체가 표현 욕망으로 볼 수 있다. 여기에는 주체의 자발적 감정의 표출이 내재해 있고, 두 대상 사이의 긴장이 또한 내재해 있다. 이 긴장은 두 대상이 내적으로는 의미를 공유하지만 외적으로는 이질성을 드러내는 과정에서 발생한다. 이것은 비유가 지니는 표현으로서의 역동성을 말해주는 것이라고 할 수 있다.

말아, 다락같은 말아
너는 즘잔도 하다마는
너는 웨그리 슬퍼 뵈니?
말아, 사람편인 말아,
검정 콩 푸렁 콩을 주마

이 말은 누가 난 줄도 모르고
밤이면 먼데 달을 보며 잔다

- 정지용, 〈말 I〉

〈말 I〉은 비유를 잘 활용한 아름다운 시이다. 이 시의 비유는 시행 하나하나에서 뿐만 아니라 전체 구조 속에서도 드러난다. 먼저 "말아, 다락같은 말아"를 보자. 이 구문은 유사성을 토대로 한 은유이다. "다락같은 말"이라는 비유 속에는 '높다'라는 의미소와 '오르다'라는 의미소가 존재한다. 그러나 이 비유 속에는 '뛰지 못한다'는 의미소도 존재한다는 것을 간과해서는 안 될 것이다. 뿐만 아니라 이 구문에서 "말아"라는 시구는 의인화의 비유적 틀이 숨겨져 있다. "다락같은 말"과 "말아"는 2행과 3행의 '점잖다'와 '슬프다'와 연결되면서 의인화의 과정은 더욱 강하게 드러난다.

그러나 '점잖다'와 '슬프다'는 '말'을 성격화하는 의인화 작용만이 아니라 '뛰지 못한다'는 의미를 더욱 지속시키는 역할도 한다. '뛰지 못한다'는 특성을 내면화하면 그것은 바로 '점잖은 말'이 되고, 그것은 또한 '슬픈 말'이 되는 것이다. 이것은 "말아, 다락같은 말아"라는 구문의 은유적인 확장이라고 할 수 있다. 즉 비유적인 언술이 '다락'에서 '사람'으로 옮겨간 것이라고 할 수 있다. 그리고 이 비유적인 언술의 전이, 즉 내면화된 언술이 표층화된 것이 4행의 "말아, 사람편인 말아"인 것이다.

1행의 "말아, 다락같은 말아"와 4행의 "말아, 사람편인 말아"가 서로 병렬의 형태를 띠게 된다. 이러한 병렬구조는 이 시가 내용만이 아니라 그 형식에 있어서도 은유와 환유("사람편인 말"은 문자 그대로 인접성에 의해 이루어진 환유)의 총체적 구조로 이루어져 있음을 보여주는 것이라고 할 수 있다.

이렇게 비유를 활용하여 표현 영역을 확장한 예는 다음 작품에서도 잘 드러난다. 이 소설은 어느 남녀가 한밤에 수제비를 끓이려고 멸치를 찾다 실패하자 그것을 찾기 위해 상상의 나래를 펼치는 이야기이다. 허무맹랑한 이야기인줄 알면서도 독자들은 이 소설의 묘한 매력에 빠져들게 된다. 그것은 이 소설이 단순한 멸치 이야기가 아니기 때문이다.

성범수 세상에 이렇게 억울한 일이 또 어디 있겠는가? 우리 죽방멸치들은 다른 멸치들에 비해 몸집이 크고 당당하다. 이런 특징은 어느 지역, 어느 사회에서나 장점으로 작용한다. 하지만 어처구니없게도 우리에게는 이 멋진 외모가 오히려 약점이더라.

나머지 여덟 마리의 멸치들 (웅성거리며) 아니, 그게 무슨 소리야?

성범수 사실을 말하자면 이렇다. 우리들 죽방멸치는 다른 멸치들과 요리법에서 차이가 난다. 인간들은 다른 멸치의 경우 볶거나 튀기거나 졸여서 한 점도 남김없이 먹는 데 반해, 우리들 죽방멸치는 오로지 국물만 우려낸 뒤 음식물 쓰레기로 버린다. 이게 모욕이 아니면 도대체 무엇이 모욕이겠는가. 그뿐 아니다. 국물을 내기 전에 저들은 우리의 머리와 내장을 떼어낸다. 머리와 내장이 무엇인가? 지성과 영혼이 담긴 그릇이다. 그 신성한 부위가 살점과 척추만도 못한 취급을 당하고 있다. 우리는 더 이상 이러한 푸대접을 받아서는 안 된다.

나머지 여덟 마리의 멸치들 중 한 마리 하지만 머리와 내장을 함께 넣으면 육수가 탁해지잖아.

성범수 이곳 냉동실이 어두워 얼굴은 보이지 않는다만 찐득한 비음을 듣자 하니 넌 기장 부근에서 살다 우성호 그물에 걸려 비명횡사한 황기택이로구나. 비린내 풍기지 말고 그 고약한 입 좀 다물어주길 부탁한다. 내 말의 요지는, 여기서 그런 부당한 대우를 받으며 체념과 묵상으로 도망칠 바에야 어떻게 힘을 합쳐 고향 남해로 돌아가자는 것이다!

그 놀라운 선언에 여덟 마리의 멸치들이 놀라 눈을 휘둥그렇게 뜬 가운데 "바짝 마른 멸치한테 어떻게 입을 다물라는 거야"하고 투덜거리는 황기택의 목소리만 들려온다. ……

성범수 이로써 우리는 마음대로 몸을 움직일 수 있게 되었다. 오직 이곳을 탈출하는 일만 남은 것이다.

황기택 (비아냥거리는 목소리로) 그런데 말이야. 여기가 남해와는 한참 떨어진 내륙의 연립주택 오층이란 건 알고 있겠지?

성범수도 황기택도 아닌 다른 멸치 한 마리 (벌컥 성을 내며) 완도 해역에서 오수를 즐기다 졸지에 비명횡사한 나 장재일이 생각하기에 당신 황기택은 도대체가 맘에 안 들어. 그렇게 계속 깐죽거려서 무얼 어쩌자는 거야! 다른 좋은 생각이라도 있다면, 배운 게 없고 매사에 과격한 나 장재일에게 말해보든가?

성범수 (서로 삿대질하는 황기택과 장재일을 뜯어말리며) 우리 멸치들은 우정이 아주 깊다고 한 주인아가씨의 말씀을 벌써 잊었어? 한 몸 한 뜻이 되어도 모자랄 판에 다투면 쓰나. 마침 내게 좋은 생각이 있으니 일단 한번 들어들 보게.

- 박형서, 〈자정의 픽션〉, 《핸드메이드 픽션》, 문학동네, 2011, pp.201~203.

"멸치들"이 모여 나누는 대화가 어쩌면 그렇게 사람의 모습을 닮아 있을까? 이 이야기의 층위는 두 갈래다. 하나는 "냉동실"에 갇힌 "멸치들"의 탈출 이야기이고, 다른 하나는 이 이야기를 들려주는 남자와 그것을 듣는 여자에 관한 이야기이다. 이것은 두 이야기가 서로 긴밀하게 연결되어 있음을 말해준다. "멸치들"의 허무맹랑한 "냉동실" 탈출 이야기가 젊은 남녀의 힘겨운 삶의 이야기일 수 있다는 것을 우리는 소설을 읽어가면서 자연스럽게 알게 된다. 목숨 걸고 "냉동실"에서 탈출하여 "남해 바다"로 가고자 하는 "멸치들"의 욕망은 하루하루 힘겹게 삶을 견디면서 그곳으로부터의 탈주를 꿈꾸는 이들 남녀의 욕망과 다르지 않다. 갖은 위험과 고통 그리고 희생까지 감수하면서 바다로 탈출해 성공하는 "멸치들"의 이야기는 허무맹랑한 것이 아니라 눈물겨울 정도로 진실 되고 감동적이기까지 하다. 이 대목에까지 이르면 우리는 소설을 왜 픽션이라고 하는지 이해하게 된다.

작가가 궁극적으로 겨냥하고 있는 것 역시 여기에 있다. 작가는 픽션으로서의 소설 혹은 소설의 픽션이 가지는 힘을 의인화의 기법을 통해 우리에게 보여주려고 한 것이다. 하지만 모든 의도가 소기의 목적을 달성하는 것은 아니다. 비유의 방식과 효과가 여기에 이르지 못한다면 그 의도는 실패할 수밖에 없다. 〈자정의 픽션〉이 우리에게 일정한 공감과 신선한 충격을 준 것은 의인화라는 수사를 적절하게 잘 활용하여 소설이 지니는 픽션의 의미를 새삼 일깨워주었기 때문이다. 〈자정의 픽션〉처럼 의인화 기법을 소설에 활용한 예는 많이 있다. 그만큼 이 비유법이 인간 자신의 숨겨진 욕구와 욕망을 드러내는데 매력적인 방식이라는 것을 말해준다. 이런 점에서 의인화의 기법을 활용하여 자신의 숨겨진 욕구와 욕망을 표현해 보는 것은 어떨까?

표현이라는 말에는 자유라는 의미가 투영되어 있다. 우리는 종종 '표현의 자유' 혹은 '자유로운 표현'이라는 말을 한다. 여기에서 알 수 있듯이 이 둘은 아주 잘 어울린다. 그래서 무언가를 표현하는 것에 억압을 받고 있다는 것은 곧 자유를 억압받고 있다는 것을 의미한다. 은유나 의인 등 비유적 수사 기법은 기본적으로 이 억압으로부터의 해방 혹은 자유로운 표현을 지향한다. 특히 그 지향은 억압의 강도가 강할수록 더 강렬하게 드러난다. 다음 소설은 그것의 적절한 예가 될 것이다.

어느 순간, 마치 기름을 치지 않은 거대한 기계 소리처럼 기분 나쁜 굉음이 사무실 끝에 있는 커다란 텔레스크린에서 울려 나왔다. 그 소리는 이가 악물리고 목뒤의 머리카락이 곤두설 정도로 무시무시했다. '증오'가 시작된 것이다.

여느 때와 마찬가지로 인민의 적인 임마누엘 골드스타인의 얼굴이 스크린에 나타났다. 갈색 머리의 자그마한 여자는 두려움과 혐오감이 뒤섞인 비명을 꽥꽥 질러댔다. 골드스타인은 오래전(얼마나 오래전인지는 아무도 기억하지 못한다.) 당의 지도급 인물로서 빅 브라더와 거의 맞먹는 지위를 누렸는데, 반혁명 활동에 가담하여 사형 선고를 받았다가 용케 탈출한 뒤 감쪽같이 종적을 감춘 변절자이자 반동분자였다. '이 분 증오'의 프로그램은 날마다 바뀌었지만, 중심인물은 언제나 골드스타인이었다.……

이 분째로 접어들자 '증오'는 광적으로 변했다. 사람들은 스크린에서 흘러나오는 미칠 것만 같은 그 염소 목소리를 묵살해 버리려는 듯 펄쩍펄쩍 뛰며 목이 터져라 고래고래 소리를 질러댔다. 갈색 머리의 자그마한 여자는 붉게 상기된 얼굴로, 마치 뭍에 오른 물고기처럼 연거푸 입을 뻐끔거렸다. 오브라이언의 무표정한 얼굴도 벌겋게 달아올라 있었다. 그는 의자에 꼿꼿이 앉은 채 밀려오는 파도에 맞서기라도 하듯 커다란 가슴을 벌름거렸다. 윈스턴의 뒤에 앉아 있는 검은 머리의 여자가 "돼지! 돼지! 돼지야!" 하고 소리를 지르더니 갑자기 두꺼운 신어사전을 집어서는 스크린을 향해 던졌다. 사전은 골드스타인의 코를 정통으로 맞히고 밑으로 떨어졌다. 스크린의 염소 목소리는 그에 굴하지 않고 계속 흘러나왔다. 잠시 정신을 차린 사이에 윈스턴은 자신도 다른 사람들과 함께 고함을 지르며

발뒤꿈치로 의자의 가로대를 마구 차고 있다는 사실을 깨달았다. '이 분 증오'가 끔찍한 것은 의무적으로 참가해야 하기 때문이 아니다. 저절로 거기에 휘말려들기 때문에 끔찍한 것이다. 일단 휘말려들면 삼십 초도 안 되어 어떤 억제도 소용없게 된다. 공포와 복수심에의 무서운 도취, 큼직한 쇠망치로 때리고, 고문하고, 얼굴을 깨부수어 죽이고 싶은 욕망이 전류처럼 모든 사람들에게 흘러 들어가서 뜻하지 않은 사람조차 오만상을 찌푸린 채 비명을 지르는 광적인 상태에 빠져버린다. 그러나 이 사람들이 느끼는 분노는 램프의 불꽃처럼 대상을 이쪽에서 저쪽으로 바꿀 수 있는, 추상적이면서 방향 감각도 없는 감정이다. 그렇기 때문에 윈스턴의 증오는 어느 한 순간 골드스타인이 아니라 그 반대편인 빅 브라더와 당, 사상경찰 쪽으로 향했다. 그 순간 윈스턴은 스크린에 나와 조롱을 받는 외로운 이단자, 거짓된 세상에서 진실과 온전한 정신을 수호하는 유일한 인물에게 애정을 느꼈다. 하지만 다음 순간, 그는 다시금 주위 사람들과 하나가 되어 골드스타인을 향해 쏟아지는 말들을 모두 진실로 받아들였다. 그리하여 빅 브라더에 대한 혐오는 찬양으로 바뀌었고, 빅 브라더가 아시아의 유목민에 대적해서 바위처럼 우뚝 선, 무적의 대담한 수호자인 반면에 골드스타인은 고립되어 무력하고 그 생존 여부도 의심스럽긴 하지만 목소리 힘만으로도 문명사회를 파괴시키는 사악한 마술사로 보였던 것이다.

– 조지 오웰 / 정회성 역, 《1984》, 민음사, 2014, pp.22~27.

작가가 겨냥하고 있는 것이 무엇인지 비교적 뚜렷하게 소설의 문맥에 드러나 있다. 작가가 그리고 있는 세계는 "오세아니아"로 드러나는데 이 국가는 "빅 브라더"에 의해 통치되는 극단적 전체주의 사회이다. 눈에 보이지 않는 "빅 브라더"라든가 개인의 모든 것을 빈틈없이 감시하는 "텔레스크린"이나 "사상경찰" 그리고 "마이크로폰", "헬리콥터" 등은 비록 허구화된 독서의 과정임에도 불구하고 우리를 숨 막히게 한다. 거짓을 사실로 받아들이게 하고, 혐오를 흠모로 바뀌게 하는 이들의 통치술은 개인의 무의식적 심층까지 지배하고 통제한다는 점에서 겉으로 드러난 것보다 더 심각하다고 볼 수 있다.

그렇다면 작가는 왜 "오세아니아"라는 가상 국가와 "빅 브라더"라는 극단적 전체주의자를 내세워 우리에게 어떤 메시지를 주려고 한 것일까?" 만일 이러한 일들이 "오세아니아"라는 가상 국가에서만 벌어지고 있다면 이 소설의 재미는 반감되고 말았을 것이다. 이 소설의 묘미는 소설 속 이야기가 소설 밖 현실 세계에서도 똑 같이 벌어지고 있다는 데에 있다. 좀 더 정확히 말하면 작가는 소설 속 이야기를 통해 소설 밖, 현실의 이야기를 하고 있는 것이다. 이것은 일종의 비유이며, 우리는 그것을 '알레고리(allegory)'라고 한다. 이 알레고리는 소설과 현실 사이의 긴장을 기반으로 하기 때문에 초월적 지식이나 진리를 암시하려고 하지 않는다. 현실이 불합리하고 부조리할수록 또 현실이 억압적이고 부정적일수록 알레고리가 출현할 가능성이 높다. 이것은 글쓰기 주체와 세계 사이의 깨진 균형을 잡으려는 한 방식으로 알레고리라는 비유법이 등장한 것이라고 할 수 있다.

연습문제 3

조지 오웰의 《1984》처럼 알레고리 기법을 활용하여 '나' 자신이 처해 있는 상황이나 우리 사회가 처해 있는 상황을 표현해보자.

참고문헌

박형서, 〈자정의 픽션〉, 《핸드메이드 픽션》, 문학동네, 2011.

신경숙의 《기차는 7시에 떠나네》, 문학과지성사, 1999.

안톤 슈낙 / 차경아 역, 〈우리를 슬프게 하는 것들〉, 《우리를 슬프게 하는 것들》, 문예출판사, 2017.

이어령, 《시 다시 읽기》, 문학사상사, 1995.

이재복, 《몸과 그늘의 미학》, 도서출판 b, 2016.

조지 오웰 / 정회성 역, 《1984》, 민음사, 2003.

천운영, 《바늘》, 창작과비평사, 2001.

콜린 윌슨 / 이성규 역, 《아웃사이더》, 범우사, 1994.

15

-

비평적 글쓰기

비평은 무엇인가를 식별하고 판단하고 평가하는 일이다. 인간은 누구나 이런 능력을 지니고 있다. 어떤 사물이나 대상을 선택하고 그것을 분석하여 평가하는 일은 우리의 삶 혹은 일상에서 늘 마주하게 되는 행위이다. 그것이 문학 작품이나 예술 작품이 아니라 아주 사소한 일상의 사건이나 현상에 대해서도 우리는 그것을 분석하고 평가한다. 이것은 비평이 우리 인간의 삶에서 필요한 가장 기본적인 조건 중의 하나임을 말해준다. 이런 점에서 우리 인간에게는 비평에 대한 자의식이 요구된다. 이 비평적 자의식 혹은 비평 의식은 자연스럽게 생겨나는 것이 아니다. 그것은 일정한 지적 학습과 수행 과정을 통해 만들어지는 것이다. 흔히 우리는 이런 과정을 거쳐 그것을 전문적으로 하는 사람을 '비평가'라고 한다. 일반적으로 널리 알려진 것이 문학 비평가이고, 음악, 미술, 시진, 영화, 무용 등의 예술 분야의 비평가이다. 하지만 비평가라는 이름은 널리 확산일로에 있다. 최근에는 만화, 애니메이션, 게임, 드라마 등을 비평하는 전문가들이 등장하였고, 스포츠, 미디어, 정치, 군사, 음식, 출판 등의 전문 비평가도 등장하였다. 이것은 인터넷의 발달로 자신을 표현하는 것이 용이해지면서 점점 새로운 분야에서 새로운 형태의 비평이 생산되고 있다는 것을 의미한다. 다양한 정보와 욕구로 넘쳐나는 복잡하고 혼돈스러운 시대에 스스로 가치 체계와 규범을 세우고 그것을 실현하기 위해서는 무엇보다도 이런 비평 의식과 행위가 요구된다고 할 수 있다.

학습목표

1. 비평이 무엇인지를 이해한다.
2. 다양한 비평 양식과 여기에 맞는 글쓰기의 방식을 이해한다.

1
문예비평의 이해와 실제

1) 문예비평의 이해

비평하면 우리는 대부분 문학과 예술 분야에서 행해지는 전문적인 창작 활동으로 알고 있다. 그만큼 문학과 예술 특히 문학 분야에서 비평은 오랜 역사와 전통을 지니고 있다. 그래서 비평하면 흔히 문학비평을 떠올리는 경우가 많다. 특히 근대 이후에는 비평이 문학의 한 장르로 인식되고 또 그것이 정식으로 제도화되면서 그것에 대한 교육이 이루어지게 된다. 우리가 학교에서 시와 소설, 희곡 작품을 분석하여 그 형식이나 구조, 그리고 의미를 찾는 것을 배우게 된다. 이것은 문학 작품을 단순하게 읽는 행위를 넘어 그것을 자신의 시각으로 다시 읽는다는 것을 말한다. 다시 읽는다는 것은 곧 다시 쓴다는 것에 다름 아니다. 그것은 작품에 대한 부수적인 행위가 아니라 그것과는 또 다른 자율적이고 독립적인 행위인 것이다. 왜 비평이 시, 소설, 희곡처럼 창작으로 분류되는지를 보아도 그것을 잘 알 수 있을 것이다.

이처럼 비평이 하나의 독자적인 창작의 영역이라는 데에는 대체적으로 동의하는 편이다. 다만 비평은 시, 소설, 희곡 등과는 달리 비평 대상이 정해져 있다는 점에서 이것들과 차이가 있다. 그것은 비평이 지니는 약점이나 한계라기보다는 비평 고유의 특성이라고 할 수 있다. 정해진 비평 대상에 자신만의 독창적인 의식을 투사하여 새로운 또 하나의 작품(비평)을 만들어내는 것 그것이 바로 비평인 것이다. 이럼 점에서 비평가는 시인, 소설가, 극작가 못지않은 감수성과 함께 분석과 판단을 통해 그것을 평가할 수 있는 지적인 능력도 지니고 있어야 한다. 가령 한 편의 시를 비평하는데 시적인 감수성이 없다면 그 시가 은폐하고 있는 세계를 온전히 드러낼 수 없을 것이다. 먼저 시를 감성으로 만나고 그 다음 그것을 인지 능력을 통해 분석하고, 이해·판단의 과정을 거쳐 최종적으로 그 의미와 가치를 평가하게 되는 것이다. 이런 점에서 비평은 감각, 인지, 이해, 판단이라는 감성과 이성의 모든 과정을 거쳐서 탄생하는 인간 '사유 활동(thinking process)'의 산물이라고 할 수 있다.

2) 문예비평의 방법과 전략

한 편의 작품을 비평하기 위해서는 어떤 것이 요구될까? 무작정 작품을 읽는다고 그것이 비평 행위가 되는 것은 아니다. 비평은 어떤 작품을 선택하는 것에서부터 비롯된다. 우리가 어떤 작품을 선택한다는 것은 이미 거기에 가치 평가가 개입된다는 것을 의미한다. 우리는 모든 작품을 비평의 대상으로 삼지 않는다. 자신의 안목으로 가치 있다고 판단한 작품을 비평 대상으로 삼는다. 나 자신의 주체적인 판단을 통해 비평 대상이 정해지지 않고 타의에 의해 주어진다면 그것은 비평에서 요구되는 비평가의 자의식이 부재하는 것을 말하기 때문에 진정한 차원의 비평이 성립될 수 없다.

자신이 비평할 대상을 스스로 선택 했으면 그것을 분석해야 한다. 하지만 작품을 읽는다고 그것이 저절로 분석되어지지는 않는다. 작품 분석에는 일정한 방법이 요구된다. 이 방법은 어떤 고정된 틀이라기보다는 작품의 발생 배경과 조건 그리고 작품의 성격이나 속성에 따른 비평의 한 방식이라고 할 수 있다. 비평가는 이런 것들을 고려하여 자신의 관점을 정한다. 그동안 이런 방식으로 행해진 다양한 경험들을 토대로 하여 형성된 방법론들이 있다. 그 대표적인 것이 '역사주의 비평', '형식주의 비평', '심리주의 비평', '신화비평' 등이다.

역사주의 비평은 작품을 낳게 한 역사적 배경을 중시하는 방법론이다. 이 방법론은 작품을 단순히 작품 자체 내의 여러 형식이나 내용 차원에서 이해하는 것이 아니라 작품 바깥, 즉 작가의 생애와 사회 환경, 시대 배경 등의 차원에서 이해한다. 이로 인해 이 방법론은 작가와 작품을 동일시하는 오류와 작품과는 거리가 먼 막연한 인상비평의 차원에 빠질 위험성이 있다는 비판을 받기도 한다.

형식주의 비평은 작가와 독자보다 작품 자체를 중시하는 방법론이다. 이 방법론은 하나의 작품을 작가와 독자 혹은 시대와 역사 같은 외부적 환경으로부터 분리된 자율적인 체계로 이해한다. 언어, 형식, 구조에 대한 정밀한 분석과 독서를 통해 그것의 내재적 가치를 강조하는 이 방법론은 20세기 비평의 주류를 형성해 왔다. 하지만 이 방법론은 비평대상을 서정시와 같은 짧은 형식이나 특수한 작가나 작품에 한정함으로써 그 방법이 편협하다는 비판을 받기도 한다.

심리주의 비평은 작품을 인간 정신의 심리적 소산으로 보고 그 속에 담긴 의미를 발견하는 것을 중시하는 방법론이다. 이런 점에서 이 방법론에서는 작가의 심리, 작품의 심리, 독자의 심리를 다룬다. 작가의 의도가 작품에 어떻게 반영되는지, 작품과 작품 속 인물이 지닌 잠재적 의미가 무엇인지, 독자의 경험이 작품에 어떻게 전달되고 또 작품에서의 경험과 어떻게 관계하고 있는지를 밝히는 것이 이 방법론에서 다루어야 할 것들이다. 이 방법론은 현대인들의 복잡한 심리를 분석하여 그것의 의미를 밝히는데 언어학, 사회학, 뇌과학 등과 결합하여 새로운 형태의 비평 방식을 제시하고 있다.

신화 비평은 신화의 원시적 형태 속에 보편적으로 존재하는 원형들을 통해 작품을 해석하는 방법론이다. 신화 비평을 일명 '원형 비평'이라고 하는 이유가 바로 여기에 있다. 이 방법론은 신화를 문학 작품의 원천으로 간주하는 데서 비롯된 것이라고 할 수 있다. 융에 의하면 원형은 인간 본능의 활동 영역에 속하는 원시적 집단 무의식인 것이다. 이러한 원형 비평은 서로 다른 특성을 보이는 것까지 하나로 묶는 동일성의 위험을 지니고 있을 뿐만 아니라 작품의 분석과 기술에 치중함으로써 가치 평가의 문제를 배제하고 있다는 비판을 받기도 한다.

일반적으로 통용되는 비평의 이 네 가지 방법론은 작품 해석에 좋은 지침을 제공한다. 하지만 어느 한 가지 방법만으로 작품을 온전히 해석할 수 없다. 작품의 온전한 해석을 위해서는 이 네 가지 방법론을 상황에 따라 적절하게 활용하는 것이 좋다. 대부분의 비평가들이 작품을 해석할 때 이런 방식을 취하고 있다.

3) 문예비평의 사례와 의미

실제로 비평을 하다 보면 그 대상이 되는 작품에 따라 각기 다른 비평적 관점과 방법론이 요구된다는 것을 알게 된다. 문학 영역에서도 시와 소설을 비평할 때가 다르고 희곡을 비평할 때가 다르다. 또한 같은 영상을 기반으로 하는데도 영화와 드라마를 비평할 때가 다르고 심지어 만화와 웹툰을 비평할 때가 다르다. 하지만 그럼에도 불구하고 공통된 것이 하나 있다. 그것은 어떤 양식의 작품이든 그것을 꼼꼼하게 읽고 보아야 한다는 것이다. 이 기본 중의 기본을 지키지 않으면 그 작품이 지니고 있는 세계를 이해하고 그것을 기반으로 하여 가치 평가를 하는 일은 불가능하다고 볼 수 있다.

문학 작품 중에서 특히 시는 남다른 데가 있다. 시는 다른 장르에 비해 짧은 형식으로 되어 있다. 그만큼 언어가 비유적이고 함축적이다. 시의 행간을 섬세하게 읽지 않으면 하나하나의 시어 속에 깃든 의미라든가, 어조, 리듬, 이미지 등이 은폐하고 있는 의미를 제대로 드러낼 수 없다. 시는 이렇게 시 속에 은폐된 세계를 발견하는 것이다. 이 발견의 정도가 어떠하냐에 따라 비평의 수준이 결정된다. 만일 시의 세계를 어떤 개념화된 틀에다 억지로 맞추려다 보면 시는 모습을 감추고 비평가의 생경한 관념만 드러나게 된다. 현대 비평에 커다란 영향을 준 '신비평'이 왜 '꼼꼼하게 읽기'를 강조하고 있는지 그 이유가 바로 여기에 있는 것이다. 형식주의를 계승한 신비평이 그 한계에도 불구하고 여전히 비평계에서 영향력을 잃지 않고 있는 것은 그들이 강조한 것이 비평의 기본이기 때문이다. 꼼꼼하게 시를 읽어내서 그것을 분석하고 여기에 의미를 부여하다 보면 시에 바탕을 둔 새롭고 낯선 세계와 의미들이 그 모습을 드러내게 된다.

하나의 우산을 가진 사람도 세 개의 우산을 가진 사람도

펼 때는 마찬가지
굶은 적 없는 사람도 며칠을 굶은 사람도
먹는 건 마찬가지

우리는 하나의 우산을 펴고 거리로 달려간다
메뉴로 꽉 찬 식당에 모여
이를 악물고 한 끼 식사를 씹는다

하나의 혀를 가진 사람도 세 개의 혀를 가진 사람도
식사가 끝나면 그만
그릇이 비면 조용히 입을 닥치고

솜털처럼 우는 안개비도 천둥을 토하는 소나기도
쿠키처럼 마르면 한 조각 소문

하나의 우산을 접고
한 켤레의 신발을 벗고

하나의 방을 가진 사람도 세 개의 방을 가진 사람도
잠들 땐 마찬가지
냅킨처럼 놓인 침대 한 장

-이민하, 〈거리의 식사〉, 《모조 숲》, 민음사, 2012, pp.28~29.

비오는 거리의 저녁 풍경에서 시인이 발견한 것은 '예외 없음의 아름다움'이다. 그것은 '비가 오면 비에 젖을 수밖에 없는' 이치와 같은 것이다. 다양한 차이에도 불구하고 모두가 자연스럽게 그렇게 될 수밖에 없는 그 예외 없음의 아름다움이란 시인이 억지스럽게 만들어낸 것이 아니라 풍경 속에 이미 그렇게 은폐되어 있는 것이라고 할 수 있다. 이 풍경의 은폐된 존재는 시인뿐만 아니라 우리 모두가 지니고 있는 탈은폐의 욕망에 다름 아니다. 이런 점에서 우리는 시인이 풍경의 은폐된 모습을 들추어낼 때 시인 못지않은 강한 공감과 함께 전율을 체험하게 된다.

하나의 우산을 가진 사람도 세 개의 우산을 가진 사람도 비가 오면 그 우산을 펴야 하고, 굶은 사람이든 굶은 적이 없는 사람이든 먹어야 한다는, 어쩌면 지극히 당연하고 평범한 사실을 시인은 비 오는 거리의 저녁 풍경 속에서 찾아낸 것이다. 이것은 시인이 없는 사실을 창조해낸 것이 아니다. 창조가 아니라 발견이기 때문에 시적 대상은 오히려 강한 호기심과 매력으로 존재하게 된다. 우리는 비가 오면 우산을 펴고 또 배가 고프면 먹는다. 우리가 일상에서 행하는 이러한 사실은 시인이 그것을 발견하기 전에도 늘 존재해온 것이다. 따라서 어떤 것이 시가 되고 또 시인이 된다는 것은 사물이나 세계에 은폐된 사실을 발견하느냐 못하느냐의 차이에 지나지 않는다. 우리가 흔히 미학의 기본원리로 내세우는 '낯설게 하기'라는 것도 따지고 보면 발견과 다른 것이 아니다. 쉬클로프스키가 우리에게 낯설게 하기를 주문할 때도 그 토대는 일상이다. 일상에 대한 폭력을 통해 세계를 낯설게 인식하려는 그의 의도는 일상 속에 은폐된 의미를 발견하고 그것을 들추어내려는 것과 다르지 않다.

일상 속에 은폐된 의미는 시인의 발견을 기다린다. 일상 속에 은폐된 의미는 중층적이다. 이 사실은 은폐된 의미들이 시인의 발견을 통해 끊임없이 현현되고 또 다양하게 변주될 수 있다는 것을 말해준다. 시인의 발견은 "우산"에서 "혀"로 "혀"에서 "안개비"와 "소나기"로 다시 "소나기"에서 "방"으로 이어진다. 이러한 이어짐은 다시 "입"에서 "소문", "소문"에서 "침대"와 중층적으로 연결되면서 다양한 의미를 파생시킨다.

이 시가 보여주는 비오는 거리의 저녁 풍경은 여느 시인의 시에서와는 사뭇 다르다. 그것은 다양한 풍경의 질료들과 그것을 형상화하는 방법이 세련되었기 때문이다. 이 시는 온전히 정서에 의존하지도 또 이미지에 온전히 의존하고 있지도 않다. 이 시에서 은폐된 의미의 발견은 반복과 비유라는 형식 논리적인 방식을 통해 이루어지고 있다. 반복을 통해 은폐된 의미를 극대화하고 비유를 통해 그것을 예각화한다. 특히 "마찬가지", "소문", "침대 한 장" 등 명사형으로 끝나는 시적 어법은 비오는 거리의 저녁 풍경을 단절시키면서 동시에 연결시키는 절묘한 미적 효과를 불러일으킨다.

그러나 이 시가 지니는 미의 원천을 여기에서만 찾는 것은 마치 나무만 보고 숲을 보지 못하는 것과 같다. 이 시가 불러일으키는 보다 큰 아름다움의 원천은 "거리"와 "방"에 있다. "거리"와 "방"은 "길"과 "집"이라는 오래된 원형의 변주에 지나지 않는다. "길"과 "집"의 원형은 낡은 것 같지만 그 낡음 속에 누구나 공감하는 보편적인 미의 원천이 자리하고 있는 것이다. 그것은 마치 하나의 우산을 가졌든 세 개의 우산을 가졌든 그것을 펼 수밖에 없는 것처럼 인간이라면 누구나 "길"과 "집"의 존재성으로부터 벗어날 수 없다.

시인에게 "길"과 "집"이란 일종의 허기를 표상하는 질료이다. 시인이 "거리"를 나선 이유는 "식사" 때문이다. 시인은 "굶은 자"와 "빈 그릇", "한 조각의 마른 쿠키", "냅킨" 등에 대해 이야기한다. 시인이 채우려고 하는 것은 '삶의 허기'이다. 시인의 허기는 "거리"와 "방", 다시 말하면 "길"과 "집"으로 표상된다. 시인의 "거리"의 식사는 "방"으로 이어지고, "방"은 다시 "거리"로 이어진다. "길"과 "집"으로 표상되는 이 삶의 허기를 시인은 "거리의 식사"라고 명명하고 있다.

- 이재복, 〈아름다운 허기〉, 《우리 시대 43인의 시인에 대한 헌사》, 작가, 2012, pp.15~18.

연습문제 1

다음 문장을 이어서 써 보자.

짐 자무쉬의 《패터슨》은 일상의 변주와 차이에 주목해 그 이면에 은폐되어 있는 세계의 의미를 발견해내고 있는 아름다운 영화이다. 이 영화는 패터슨시의 버스기사인 패터슨이라는 인물의 한 주 동안(월요일에서 시작해 다음 주 월요일까지)의 일상에 초점이 놓여 있다. 패터슨의 일상은 반복적이고 단조롭다. 아침 6시 12분에서 30분 사이에 기상하여 우유와 시리얼로 배를 채운 뒤 도시락과 노트가 든 작은 가방을 들고 걸어서 출근한다. 버스회사에 출근해서는 버스 운행 매니저인 도니와 가볍게 인사를 나눈 뒤 23번 버스를 몰고 정해진 코스를 따라 운행을 한다. 점심은 아내인 로라가 싸준 도시락을 폭포 앞 벤치에 앉아 먹고 오후 3시쯤 퇴근한다. 아내와 저녁을 먹고 애완견 마빈과 산책을 한 뒤 단골 바에 들려 맥주를 한잔 마신다. 이 사실만 놓고 보면 그의 일상은 단조로운 반복의 연속처럼 느껴진다. 하지만 영화는 단조로운 반복을 넘어 미묘한 변주와 차이를 드러낸다.

2

장르문학, 장르비평의 이해와 실제

과거 어린아이들의 유희, 또는 말초적인 재미만을 위해 소비된다고 여겼던 게임과 영화, 만화와 장르문학은 현대사회에서 주변부 문화를 넘어 현대사회를 읽어내는 중요한 정치·경제적 지표로 부상하였다. 이제 사람들은 천만 관객을 넘긴 영화나 단일 매출 규모 1조 원의 게임, 미디어를 넘나드는 웹소설 등을 통해서 사회를 읽어낸다. 특히 해당 매체에서 가장 자유롭게 소비되는 것은 흔히 '장르문학'으로, 판타지, 로맨스, 무협, SF, 추리, 스릴러, 미스터리, 좀비, 호러 등의 소분류로 나뉠 수 있는 환상문학들이다. 그러나 비평과 학문의 영역에서는 이러한 장르적 현상을 읽어낼 뚜렷한 방법이 없었다. 1980년대 이전까지 격동의 시기를 거쳤던 한국사회는 리얼리즘 계열의 문학을 강요받았고 환상은 부르주아적, 반사회적인 유희문화로 치부되어 비판받았기 때문이다. 이로 인해 우리는 장르문학, 나아가 '장르' 그 자체를 비평하기 위해서는 기초적인 지식부터 배양해야 한다. 첫 번째는 장르가 무엇인지 그 이해를 점검하고, 두 번째는 우리나라의 장르문학이 어떻게 형성되었고 그것이 현대사회와 어떻게 연결되어 있는지를 이해해야 한다. 해당 기반이 다져진 후에야 우리는 마침내 현행 장르 출판물에 맞는 비평적 글쓰기 방법을 습득할 수 있다.

1) 장르의 이해

한국에서 장르라는 명칭은 엄밀한 정의 없이 혼용되고 있다. 이런 현상이 벌어진 까닭은 장르라는 의미장이 매체와 서사의 발전에 따라 창작자-소비자들에 의해서 끊임없이 재정의되고 재호명되었기 때문이다. 우리가 장르를 비평하기 위해선 우선 장르라는 것이 어떤 의미를 가지고 있는지 점검해야 한다.

고전 비평에서는 장르를 시와 소설과 같이 창작자의 창작물을 전달하는 거대한 형식적 틀을 부르는 것이었으나 근대에서 장르는 창작물을 공통 화소단위로 분류하는 하위 범주의 명칭으로 변화한다. 이를테면 현실세계에 존재하지 않는 이물(異物)이나 마법 등이 등장하면 해당 작품을 판타지 장르로, 지위격차가 다른 두 명의 사람이 만나 성애적 감정을 토대로 성장하는 사랑을 보여주면 로맨스 장르로 인식하는 것이다. 여기서 이물이나 마법과 같이 독서하는 독자에게 즉각적으로 의미를 전달하고 다양한 의미로 확장되어 해석하게끔 하는 문학적 언어와 달리 특정 방식으로 단시간내에 독서를 강제하는 경제적 독해의 최소단위를 코드(Code)라고 하고, 이러한 코드를 '판타지', '로맨스', '무협' 등 공통분모로 엮은 코드집합을 장르의 관습(Convention)이라 부른다.

이러한 구조주의적 장르 이론은 화소 단위의 협소한 독서방식에서 나아가 본문 전체를 독해하는 양식을 좌지우지하기 시작하였다. 예를 들어

'남자는 여성에게 꽃다발을 주었다'가 화소 단위의 분석에서 사랑을 상징하는 '꽃다발'에 의해 로맨스 장르의 문장으로 독해되는 것이 기존의 독법이었다면, 독해 이전에 '이 문장은 추리소설에 나오는 문장입니다'라는 전제가 주어졌을 경우 꽃다발은 사랑의 상징이 아니라 범인의 알리바이를 증명하는 도구, 또는 괴도의 예고장이 담겨 있는 매개체 등으로 독해가 강제되는 방식으로 변화한 것이다.

그러나 앞선 구조주의 독법은 오로지 창작자와 창작물을 제공하는 전달자, 출판사나 저널리즘의 일방향적인 계도로서 이루어지는 방식이었다. 현대의 소비자들은 이러한 소비의 양식에서 벗어나 자신들이 "이 소설은 호러물이라고 출판되었지만 로맨스로 볼 수 있겠군." 등의 장르 월경(越境)을 자유롭게 진행하고 있으며, 다양한 장르적 코드들을 관습 바깥에서 조합하며 해시태그(#)를 통한 분해-조립를 실행한다. 이렇듯 현대 한국에서 장르라는 요소가 해체와 재맥락 사이의 유희 문화로서 작동한 것은 한국에서 장르가 형성된 배경과 연관이 있다.

2) 한국 장르의 형성

한국의 장르문학은 1980년대 후반에서 90년대 초 교육정책과 광통신망 정책에 의해 전국적으로 보급된 컴퓨터와 인터넷 통신의 발달과 연관되어 있다. 당시 PC 통신이라고 불리던 나우누리, 하이텔, 천리안 등을 사용하던 사람들은 전화선을 모뎀과 연결해 명령을 통해서 통신 공간으로 접속할 수 있었던, 디지털 리터러시를 가장 빠르게 받아들였던 얼리어답터들이었고 동시에 풍족한 여가와 소비로서 자신을 표현하려는 소비 주체인 젊은이들이었다.

주로 20-30대의 젊은 청년들은 리얼리즘을 표방하는 기존 문학계의 이데올로기를 거부하고 자신들이 컴퓨터나 만화 대여점 등을 통해서 소비하던 일본의 게임, 유럽의 만화영화, 또는 80년대 한국의 문화지형도를 이끌었던 순정만화 등의 서사적 특징과 재미 요소를 소설로서 구현하고자 했다. 이러한 당대 상황은 당시 주류 문학의 담론 바깥으로 밀려나 있던 주변부 문학이 인터넷 공간으로 집중될 수 있는 계기가 되었다.

대본소 시장의 저질화로 인해 한 차례 몰락했던 한국 무협 시장이 PC통신 공간에서 재편되었으며 여성의 안전한 포르노그라피로서 작동했던 할리퀸 로맨스가 신체 없는 가상의 공간인 PC통신 속으로 녹아들었다. 과학적 상상력을 발현할 수 있는 실험공간으로서 SF 작품들이 하나둘 창작되었으며, 완전한 가상공간에서의 모험을 다룬 판타지 소설들이 현실 세계의 어려움을 도피하며 상상력의 나래를 펼쳤다.

이러한 개별 작품들이 '장르'라는 이름으로 구조화 될 수 있었던 것은 아이러니하게도 IMF의 영향이었다. 국내의 저널리즘은 80년대부터 소자본 창업이 가능한 사업 아이템으로 대여업을 추천하였다. 경제위기와 특정 상품의 매출을 분석하는 방식은 경제학에서 말하는 소위 '립스틱 효과'인데, 대여점 역시 경기불황의 랜드마크 중 하나였다. 전국에 약 3만 점포까지 확장되었던 도서 대여점은 신인의 작품도 별다른 게이트키퍼를 거치지 않고도 전국 3만여의 점포, 약 30만에서 100만 가까운 독자들에게 소개되었고, 약 1만 명에 달하는 장르 작가들이 전국적으로 우후죽순 생겨나기에 이르렀다.

이러한 결과물은 아카데미 내부의 순문학이나 또는 출판사들이 저널리즘과 함께 마케팅으로 상업결과를 뽑아내는 대중문학과는 다른 제3의

문학이었다. 작가들은 자신을 '키치'로 정체성화 하였고, 그들은 문학을 창작한다는 사명감보다는 복제 가능한 놀이문화를 즐기고 유희하는 것으로 간주하였다. 장르에 걸맞는 작법이나 비평, 이론이 따로 존재하지 않는 것도 장르의 창작 행위를 뚜렷한 미학적 성취를 거두기 위한 문학 활동이 아니라 유희의 영역으로 간주하게끔 하는 것에 영향을 끼쳤다.

장르 시장은 빠른 시간 동안 급격하게 비대해졌다. 교보문고의 도서 데이터베이스를 바탕으로 분석해보면 93년부터 네이버 웹소설이 서비스를 시작한 2013년 1월까지 출간된 판타지 소설의 종수가 약 2만 권에 달한다. 로맨스나 무협, 추리나 공포, 거기에 라이트노벨 등과 같은 하위 장르를 포함하면 그때까지 출간된 도서의 종수는 4만여 종에 달한다. 그러나 양적 성장은 질적 성장을 담보하지 않는다. 도서의 종수는 늘어났으나 불황은 더욱 심해져서 2008년 금융위기 상황에서 전국 도서 대여점은 약 5000~6000여 개의 점포로 줄어들었고, 2018년을 기준으로 전국의 점포는 만화카페 등 변형된 형태를 포함해서도 약 2600여 개에 지나지 않았다. 정작 도서를 유통하고 소비할 시장공간이 줄어든 것이다.

당시 장르문학을 쓰던 작가들은 출간을 통해 생계를 유지할 방도를 마련하고자 하였고 이는 금융결제 시스템과 멀티태스킹이 융합된 복합 매체인 '스마트폰'의 발명과 함께 웹소설이라는 형태로 완성되었다. 현재 한국의 장르문학은 소수의 인쇄매체와 함께 스마트폰을 이용한 절대다수의 플랫폼 이용자들을 통해서 소비되고 있다.

3) 장르비평 글쓰기의 방법

장르비평은 개별 작품에 대한 비평에서 그치지 않고, 그 작품이 어떤 의미장 안에 속해 있는지 그 계보를 짚는 작업을 뜻한다. 즉,《해리 포터》나《반지의 제왕》, 또는《드래곤 라자》와 같은 개별 작품의 의미만을 분석하고 해석하는 것은 엄밀한 의미에서 개별 작품의 비평일 뿐, 장르비평이라고 할 수 없다. 그들이 왜 '판타지'라는 장르로 묶이는지, 그 판타지라는 장르는 어떻게 형성되었고, 그 계보 속에서 이들 작품이 계승한 공통점이 무엇인지, 또는 차별을 두어 갖게 된 특이점이 무엇인지 찾아내는 것이 필요하다.

특히 한국의 장르비평은 이러한 문화적, 역사적 계보를 살피는 것이 더욱 중요하다. 앞서 살펴보았듯 한국에서 장르는 자연 발생적인 것이 아니라 서구나 일본의 주변부 청년문화(youth sub-culture)에서 유래하여 당시 젊은 이들이 대중의 문법과 달리 유희적으로 소비한 마니아 문화이다. 이것이 스마트폰이라는 매체를 통해 거대한 시장을 형성하고 있으나, 본질적으로는 20만 정도의 독자가 소비하는 마니아 문화라고 할 수 있다. 장르의 창작과 소비는 창작자와 소비자라는 개별 정체성에 의해서 따로따로 이루어지는 것이 아니다. 프로슈머 개념의 작독자 팬덤(Fandom)은 늘 창작과 독서를 함께하며 그것으로 유희·소통한다.

결국 장르비평이 규명하려고 하는 것은 동시대의 청년들은 무엇을 유희의 대상으로 소비하며 복제하고, 관습화하는가, 그 시각에 대한 것이다. 리처드 도킨스가 문화가 복제되기 위한 최소단위로 제시한 밈(Meme)은 장르에서 소비하는 코드(Code)와 다르지 않다.

이를테면 로맨스 소설을 통해서 독자들이 원하는 것은 서로 다른 지위에 놓인 사람들이 정서적 유대를 통해 동일한 지위로 올라가는 것이다. 이러한 구도를 통해 여성의 성장을 시대와 소통하며 그려내고 읽어내는 것이다. 판타지 소설은 말할 수 없고 볼 수 없는 형이상학적이고 추상적인 영역을 괴물이나 마법 등의 효과를 통해서 말할 수 있고 볼 수 있는 것으로 구현해 그것을 정면에서 문제시하고 맞서는 것을 말한다. SF작가인 아이작 아시모프가 로봇 3원칙을 먼저 이야기할 수 있었던 것은 인간 중심 사회에서 벗어나 기계와 로봇이 인간과 공존하는 그런 세계의 모습을 진단했기 때문이다. 알파고와 이세돌의 바둑 대결 이후 인공지능에 대한 적대, 또는 공포감을 희석시키며 물(物)과 물(物)의 관계에서 포스트휴먼 담론을 펼친 것도 SF 작품들이다. 그것들이 끊임없이 장르로 창작-소비하는 것은 사회에 대한 날것 그대로의 모방이자 현실을 전복시키려는 시도이다. 장르비평이 주목해야 할 지점은 바로 여기에 있다.

장르 비평의 이해를 돕기 위해 '로맨스'라는 장르의 중요한 서사 구조 중의 하나인 '신데렐라 플롯'에 대한 다음 글을 읽어보자.

> 그러나 웹소설 시대를 맞이하게 되면서, 로맨스소설 속에서 오랜 시간 군림해오던 저 구조가 점점 바뀌어가고 있다는 사실에 우리는 주목할 필요가 있다.
>
> 일단 형식적인 측면에서, 웹에 올라오는 소설은 종이책과 같이 볼륨이 어느 정도 보장된 상태가 아닌, 편수 단위로 끊겨져 독자들에게 전달된다. 작가가 구상한 이야기 전부를 전달하기 위해서는 각 편수마다 독자를 끌어당기는 요소가 들어가 있어야 한다. 독자의 '중도하차' 한계선은 개인마다 다르겠지만 대부분 '고구마'라고 부르는, 서사 전개 중에서 답답한

구간이 지속되면 독자는 읽기를 멈추게 된다. 소설에서 고구마는 갈등을 유발하고 해결을 지연시키는 장애물들 때문에 발생한다. 그러니까 로맨스에서는 의심(사회적 시선)과 신분차이 등이 고구마의 요인이겠다.

구조적인 측면에서도 저 장애물은 너무 상투적인 존재가 되어버렸다. 로맨스의 독자들은 이미 해피 엔딩의 결말을 예상하고 읽는다. 언젠가 저 장애물을 뛰어넘고 여주인공은 사랑을 쟁취할 것이다. 그런데 무엇하러 저 갈등을 지속하는가. 그것도 몇 십 년 전부터 우려먹은 돈 문제를 가지고? 독자들의 바람은 분명하다. 그리고 작가는 그 바람을 쉽사리 외면할 수 없다. 소설 속 등장하는 우월한 남성인물은 독자들의 염원이 이입된 여주인공의 것이다. 그가 가지고 있는 가치들까지도 말이다. 고구마, 그러니까 두 남녀의 사랑을 방해하는 장애물들이 약화된다.

최근 드라마 제작에 들어간 〈김비서가 왜 그럴까〉(정경윤, 2013.04 첫 출간)와, 네이버 웹소설 〈결혼은 운명이다〉(이지연, 2013.12-2014.03 연재)의 경우를 보도록 하자.

두 소설 속 남자 주인공은 재벌가의 자제들이고 여자 주인공은 그들의 비서다. 두 인물 간 신분격차의 문제는 소설 초반, 인물들의 전사를 소개하는 과정에서 깔끔하게 정리된다. 남주인공은 좋은 집안에서 태어나 높은 지위를 가지고 있지만 그만큼 성격이 까다롭다. 이들을 다룰 수 있는 사람은 여주인공이 유일하다. 남주인공이 여주인공에게 구애해도 다른 주변 인물들은 놀라워하지 않는다. 도리어 여주인공이 그 구애를 마뜩잖아 한다는 사실에 놀라워한다.

2018년 1월 연재를 시작한 네이버 웹소설 〈반드시 해피엔딩〉(플아다)

역시 신분격차의 갈등을 매우 가볍게 처리한다. 작품 초반(제 4화)에 이런 구절까지 등장한다.

"드라마에서 보던 눈치와 핍박과 돈봉투 신공을 생각하며 마음을 굳게 다졌던 연우는 예상보다 훨씬 유연하게 흘러간 결혼 준비가 신기하기만 했다."

그렇다. '돈 봉투'로 표상되는 신분차이라는 장애물 효과는 희박해졌다. 이는 남주인공과 주변 인물들의 '의심' 역시 옅어지는 결과를 낳는다. 돈은 사랑을 얻으면 당연히 가지게 되는 것이다.

아니, 이제는 굳이 사랑을 통해서 얻을 필요도 없어졌다. 여주인공의 신분은 과거에 비해 매우 다양해졌다. 여전히 남주인공보다 상대적으로 낮은 위치에 있거나 동등한 소설이 우세한 편이긴 하지만, '걸크러시' 여주인공이 인기를 얻는 것처럼 이제 여주인공이든 남주인공이든 어느 쪽이 높은 계급에 속해 있는지 상관이 없어졌다.

이제 독자들은 신분상승의 과정에서 나타나는 지난한 수난사를 참고 기다리지 않는다. 대신 여주인공은 높은 계급, 부유함, 신비한 능력을 소설 시작부터 미리 가지고 있거나 예전보다 더 빨리 가지게 되었다.

이제는 사랑을 물을 때

여주인공과 남주인공의 계급이 서로 다양하게 엮이면서, 로맨스는 다양한 연애의 양상을 그려낼 수 있게 되었다. 이제 로맨스는 '신데렐라 플롯'에서 벗어나, 돈이 아닌 사랑의 문제에 집중적으로 골몰하게 되었다. 로맨스 속의 주인공들은 '알콩달콩한' 소소한 갈등을 벌일 뿐, 신분의 문제에 심각해질 필요가 없다. 대신 사랑을 하거나 사랑을 받는 방식의 문제를 더 심도 있게 다루게 되었다.

누군가는 이런 문제를 지적할 수도 있겠다. 로맨스는 낭만적 사랑에 대한 판타지만 높이고 여성에게 사랑의 문제가 매우 중요하다는 사실을 부각, 세뇌시킨 장르문학이라고 말이다. 그렇다. 여성에게 사랑의 문제는 무척이나 중요하다. 그렇다고 해서 사랑을 버려야 하는 것일까? 되레 사랑하지 못하게 하는 현실을 지적해야 하지 않을까?

사적 영역이 여성의 일로, 공적 영역이 남성의 일로 분류된 결과다. 문제는, 사회가 점차 사랑과 같은 정서적 영역을 평가절하하기 시작했다는 것이다. '나'와 '너'가 서로를 보살피며 감정을 주고받는 것이 바로 사랑이다. 한 쪽이 상대방에 대해 무관심하거나 저평가로 일관한다면, 두 사람 간에 사랑이라는 것이 제대로 지탱이 될 리가 없다.

벨 훅스는 고집스럽게 주장한다. 그런 때일수록 더 사랑해야 한다고, 그리고 사랑이 무엇인지 가르치고 서로 주고받아야 한다고 말이다.

로맨스를 읽고 있는 우리가 서로를 바라보며 패배감에 사로잡힐 이유는 없다. 오히려 사랑에 대해 깊이 생각해 본 적 없는, '경계선' 바깥의 이들을 바라보고 통탄해야 할 것이다. 독자들은 이미 충분히 사랑에 대해서 이야기를 나누고 있다. 일차적으로 로맨스의 독자들은 다양한 페어의 커플들을 작품을 통해 만나게 된다. 그리고 그들이 어떻게 이상적인 관계를 꾸려 나가는지 확인한다.

웹소설이라는 매체적 특성은 여기에서 빛을 발한다. 작품이 플랫폼에 연재될 경우, 소설 한 회마다 댓글을 달 수 있는 시스템 덕분에 독자들은 즉각적으로 인물들에 대해 피드백을 남길 수 있다. 독자들은 주인공들의 잘못된 사랑 방식에 대해 꾸짖기도 하고, 바람직한 부분에 대해서는 칭찬을 남기기도 한다.

댓글에 담긴 의견들은 작품에 대한 평가로만 그치는 것이 아니다. 독자들은 사랑 앞에서 우리의 모습이 어떠해야 하는지 스스로의 생각을 전달한다. 예전처럼 '소설은 소설일 뿐'으로 가볍게 넘어가지 않는다. 독자들의 이런 움직임은 다른 독자는 물론 작가에게도 영향을 미친다.

로맨스는 사랑의 성취로 결말을 마무리한다. 그 이후의 삶에 대해서는 다루지 않는다. 사랑의 성취가 대부분 결혼이라는 점, 그리고 그 이후에도 낭만적인 사랑의 연장을 에필로그와 외전의 형식으로 '꿈꾸듯' 그려낸다는 것은 여전히 비현실적인 로맨스의 약점을 그대로 드러내는 것 같다.

그러나 뭐, 어떤가. 2018년 지금, 한국의 현실을 다시 떠올려보자. 우리는 마음껏 사랑조차 할 수 없다. 사실 이 시대에 사랑을 한다는 건 사치라고 할 수 있다. 연애도, 결혼도, 출산도 사치다. 지금의 우리가 사치라 부를 수 있는 것. 사랑과 돈을 아무런 걱정 없이 향유하는 것은 이제 상상으로만 맛볼 수 있다. 그 상상에서 우리는 박탈감만을 느껴야 할까?

소설 속 주인공에게 건네는 말은 사실 우리 자신에게 건네는 말일 수 있다. 사랑이 눈앞에 있을 때 그것을 올바르게 이어나가기를! 소설에서만 만나던 로맨스가 내 눈앞에 펼쳐지는 날, 우리의 삶은 조금이나마 살만한 것이 될 테니.

- 손진원, 〈사랑과 돈, '사치'의 이중주 — 로맨스에 등장하는 '신데렐라 플롯'의 변화에 대하여〉, textreet.net, 2014.4.25.

연습문제 2

• 한국 최초의 SF는 1907년 일본 유학생들이 발행했던 〈태극학보〉에 실린 「해저여행기담(海低旅行埼譚)」이다. 이는 쥘 베른의 소설 《해저 2만리》를 번안한 것으로, 당시 유교사회에서 외세의 과학기술을 쉽사리 받아들이지 못함을 아쉬워하는 마음에서 이루어진 것이다. 과학 이론을 가져오는 것이 아니라 과학소설을 번안해 들여옴으로써 일본 유학생들이 성취하려고 했던 의도가 무엇이고, 이때 소설에서 구현된 '과학'은 어떤 의미를 갖고 있는지 생각해보자.

• 90년대 후반부터 2000년대 초반까지 출간된 한국 판타지 소설은 '중세 유럽'이라는 가상의 공간으로 입시 제도에 스트레스를 받은 청년들이 탈출하는 서사가 주였다. 이는 당시 소설을 창작했던 작가들이 10대 후반에서 20대 초반이라는 연령대였기 때문인데, 이렇게 구현된 판타지 공간의 '중세 유럽'은 작가와 독자로 하여금 어떻게 소비되었을지 고민해보자.

3

기계비평의 이해와 실제

1) 기계비평 글쓰기의 목적

현 시점에서 '기계비평'은 전위적인 지식이다. '지식'은 한 사회가 마땅히 공유해야할 당위성을 가진, 그러한 가치가 내재한다고 판단되는 사실들을 의미한다. 기계비평을 통해 생산해 낸 지식이 무엇인지 특정하고, 이를 우리 모두가 공유해야 하는 당위를 설득하는 일은 아직 쉽지 않다. 이 점에서 전위라 함은 첨단이라는 뜻보다는 불안정하고 실험적이라는 뉘앙스가 더 강하다. 게다가 '기계비평'이 다루는 지식의 분야가 그야말로 혼종적임을 감안해 볼 때, 이 지식은 분과학문체계로 이루어진 학문장을 당혹스럽게 할 가능성이 높다.

오늘날 기계는 또 하나의 자연이다. 우리는 기계를 사용하는 것이 아니라 기계 속에 살고 있다. 기계는 단순도구가 아니라 인간의 신체에 육박하는 인공보철물로서 작동하며, 인간의 의식과 인성을 근본적인 차원에서부터 바꾸고 있다. 여기서 내가 태어나기 전부터 기계는 있었다는 이른바 기계의 선험성이 성립한다. 이런 의미에서 기계들을 고찰하고 비판하는 작업은 시·공간을 성찰하는 작업과 다른 것이 아니다. 그동안 기계를 오로지 그 즉각적인 사용가치를 검토하는 방향(오류와 효용성 점검)으로만 비판했다면 기계비평 에세이를 통해서 기계를 사용하면서 변경된 우리의 실제 삶과 의식을 성찰하는 훈련을 꾀하자. 이 점에서 이 챕터에서는 미디어-기술 환경에 대한 현상학적 고찰의 훈련을 목표로 한다.

2) 기계비평은 무엇을 논평하는가?

새로운 글쓰기 방식으로서 '기계비평'은 다음과 같은 지식을 발명하고, 소통하고자 한다. 첫째, 기계를 만들어낸 역사적 지식이다(기계의 역사적 맥락). 둘째, 물건으로서의 기계 자체에 대한 공학적 지식이다(기계의 기술사(技術史)). 셋째, 기계에 대한 인간의 사용경험에서 나오는 지식이다. 이는 단순히 기계 사용자의 경험만을 말하는 것이 아니라, 기계가 사용되면서 애초에 설계됐던 가치가 탈구되고 새로운 가치와 기능이 덧씌워지는 것을 말한다.

진정한 기계의 문화사라는 것은 세 번째 지식에서 성립한다. 이 지점에 도달해야만 '기계비평'이 성립한다. 이는 연표나 기록으로 쉽게 서술될 수 있는 기술의 역사가 아니라 인간의 경험이 기술적 환경과 어떻게 공명하여, 상호간 영향을 주고받아 왔는지에 대한 기민한 비평적 분석이 필요한 일이다. 예를 들자면 버스, 기차, 화물선, 사진기, 스피커, 복사기, 인터넷, CCTV, 아두이노, 항공모함, 미사일 등의 우리의 현실을 구성하는 기계들을 치밀하게 분석하는 것이 가능하다.

'테크네(techne)'라는 어원의 쓰임새에는 기술과 예술이 혼합된 뜻 외에도 허를 찌른다는 의미도 포함되어 있다고 한다. 고대의 시인 호머는 '테크네'라고 불렸으며 창조적인 말로써 일상의 규범성을 돌파하는 자였다. 이는 테크놀로지가 밖으로 뛰쳐나가려는 지향성을 가진 힘임을 상기시킨다. 기계비평은 기술과 예술이 구분되고 분화되는 근대적 범주를 허물고, 테크네 본연의 의미를 살릴 수 있는 글쓰기다.

3) 기계비평의 사례와 가능성

① 질문의 방식들

기술과 정치

기술이 그 자체로 순수하고 자율적인 것이 아니라 언제나 인간의 정치와 긴밀히 결탁해 왔다는 관점을 깨닫는 것은 어렵지 않다. 이는 기술의 진보란 실상 전쟁기계의 발달과 함께 한다는 것을 통찰할 때 자연스럽게 깨닫게 된다. 예를 들면 복사기, 인터넷, 미사일, 항공모함, 사진기 등의 기계가 이와 같은 맥락속에서 분석가능하다. 현대전이 요격미사일 시스템이나 항공모함의 재원을 둘러싼 허수의 수치만으로 실체 없이 가상의 전쟁을 벌이는 일에 가깝다는 것 즉 전쟁이 점점 더 극장정치의 차원에서 벌어지는 시뮬라크르에 가깝게 되었다는 폭로는 대중들에게 전쟁기술과 국제정치의 문제에 대한 감각을 일깨우는 계기가 된다. 또한 빅데이터와 디지털 감시기술로 인해 생겨나는 각종 사회 문제에 대해 해당 분야 기술전문가들이 '우리는 기술자니까 기술에 대해서만 이야기하겠다'고만 하고, 인문학자들은 '우리가 뭘 알겠나'는 식으로 개입하지 않으려 한다는 탓에 네트워크 관련 기술이 점점 지배체제에 부합하는 이데올로기 장치로 전용당하고 있음을 지적한 것은 새로운 방식의 이데올로기 폭로로서 그 가능성을 갖는다. 이를 미디어와 이데올로기를 혼합한 미디올로지의 영역이라고 명명해 볼 수 있겠다. 이 같은 관점은 이공계 학생에게는 기술이 그 자체로 순수하지 않음을 주의해 볼 수 있게 하고, 인문계 학생에게는 오늘날 기술에 대한 무지와 무관심이 왜 문제이며, 적극적인 해석의 응전이 왜 필요한가에 대해 역설할 수 있다.

신체의 변형 및 확장으로서 기술적 대상

산업혁명 이후 근대의 기계들은 인간의 신체의 기능을 비약적으로 확장하고 변형시켰다. 예를 들어 사진기의 발명은 단지 시각적 기계의 발명에 그친 것이 아니라 인류에게 전례 없이 새로운 시각적 감각을 이식한 것이다. 또한 기차와 철도 시스템의 발명은 인류에게 전례 없는 속도의 감각을 선물하며 강박증적 인간의 탄생에 큰 영향을 끼쳤다. 이를 바탕으로 기계와 인간의 문제에 대한 거시이론적 접근이 가능하다.

기계와 인간은 단순한 도구와 사용자의 관계가 아니라 행위자 연결망(브르노 라투르)에 의거해, 인간 자신도 커다란 기계의 시스템 안에 놓여있다고 평가할 수 있다. 이제 우리는 인간과 기계 사이의 네 번째 불연속이 신체적 측면에서 조차 깨어질 날이 오고 있다는 전망을 세울 수 있는 시기에 와 있다.

새로운 예술표현의 매개로서 기술적 대상

백남준은 새로운 캔버스로서 TV를 매개로 비디오 아트를 발명했다. 전통적인 예술의 재료를 사용하지 않는 예술창조방식이 가시화되고 있고, 이 같은 기술적 매개 위에 인간의 표현에 대해 탐구할 필요가 있다. 예를 들어

사운드 아트라는 장르는 스피커와 전파탐지기를 통해 비가시적인 것을 포획하려는 작업을 담고 있다. 또한 컴퓨테이셔널 씽킹의 방식이 곧 새로운 사물인식의 방식으로서 예술가에 의해 급진적으로 제시되기도 한다. 기계언어를 가르치고 배우는 행위를 통해 아마추어의 기계창작(메이크 문화)을 용이하게 만드는 작업이 곧 퍼포먼스로 소개되기도 한다. 이 같은 예술가의 노력으로 우리는 기계의 쓸모와 용도는 제작자가 아니라 사용자에 의해서도 결정될 수 있다는 가능성을 알 수 있다.

② 만물에 대한 관심과 사회적 개입으로서 기계비평

기계비평 에세이를 통해 우리는 기술의 재배치를 통해 이 세계에 직접 개입할 수 있는 다양한 방식에 대해 꿈꿔본다. 하지만 이 상상력은 노력해야 가까스로 쟁취할 수 있는 가능성이 아니라 이미 존재하는 잠재성으로 제시된다. 단지 억압되었을 뿐이다.

예를 들어 '시민기술'이라는 개념은 당시의 촛불시위 정국과 맞물려, 시민 스스로 기술의 이해를 도모하고, 정책에 개입하고, 새로운 사회적 배치를 상상하는 일의 중요성을 깨닫는 계기로 만들 수 있다. 또한 '테크노페미니즘'적 관점은 페미니즘의 열망과 필요성을 과학기술문화의 지형도 안에 어떻게 논의할 수 있는 지 질문하는 장이 될 수도 있다. 레프 마노비치가 제시한 '소프트웨어 비평'이라는 관점을 세워볼 수도 있겠다. 소위 4차 산업혁명시대라 과잉수사된 작금의 현실에서 컴퓨터 언어를 배우고, 하나의 사고방식으로 삼는 일의 진짜 아름다움과 쓸모에 대해 논의가 가능하다. 한편 '전지구적인 환경위기와 인류세'같이 점차 제어되지 않는 온난화 문제를 인류세의 관점에서 살펴보고, 미세먼지, 플라스틱 대란, 물 부족 등의 환경위기를 자연과 인간의 이분법이 아니라 공진화의 관점에서 해결할 수 있는 지문는 한 방식도 기계비평의 확장주제라고 볼 수 있다. 이 같은 실천적이 개입이 가능한 주제들을 통해 '기계비평'은 기계들에 대한 단지 인문학적인 해석이 아니라 우리들의 기계들의 시스템에 대한 반성과 그 너머 자연이라는 기계 시스템이라는 관점까지 확보하게 할 수 있을 것이다. 기계비평은 기술을 반성하면서 동시에 가속화시켜 현재와는 다른 기술사회를 꿈꾸는 능력에 기반한다. 가속주의자들의 다음의 언급은 기계비평이 현 자본주의 사회 안에서 어떤 태도로 자신의 입장을 세우는지 잘 보여주고 있다.

> 우리의 기술 발달은 자본주의에 의해 해방되었으나 꼭 그만큼 억제되어 있다. 자본주의적 사회가 넘어서지 못하게 막아놓은 능력에 대한 믿음, 그 능력을 발휘해 해방될 수 있고 해방되어야 한다는 기본적인 믿음이 가속주의다. 오늘날 우리가 처한 제약을 극복하려면, 전 지구적 사회를 아우르는 합리적 투쟁 이상의 목표를 좇아야 한다. 19세기 중엽에서 신자유주의 시대의 여명에 이르기까지, 많은 이들이 사로잡혔던 꿈, 즉각적인 신체 형식의 한계를 넘어 팽창하려 했던 호모 사피엔스의 꿈을 가속주의 운동으로 회복해야 한다. 오늘날 이런 전망은 순박했던 시절의 유물로 여겨지지만, 우리 시대 상상력의 심각한 결여를 진단할 지적인 척도이자, 마음과 몸을 일깨우는 미래의 약속이기도 하다.
>
> – Alex Williams · Nick Srnicek, Manifesto for an Accelerationist Politics, 2013.

기계비평 글쓰기는 기술과 인간을 결합하여 기존의 분과학문의 체계를 넘나드는 새로운 지식을 발명한 것처럼 보이지만, 실은 이미 존재하는 다양한 잠재성을 억압하고 특정한 방향으로만 욕망과 자본의 흐름을 유도하는 현 사회를 의심하는 법을 가르칠 수 있다. 가로지르는 힘은 '지식'이 아니라 '능력'에서 나온다.

아마도 글쓰기 교양교육으로서 '기계비평'은 그 방대한 영역과 방법론을 더 정리하고 세분화하는 작업을 필요로 하게 될 것이다. 하지만 산재한 난점들에도 불구하고 해석하는 행위를 멈추어서는 안 된다. 그것이야말로 진정한 대학의 교양이 포기해서는 안 될 빛나는 가치이기 때문이다. '기계비평'은 소위 인문학의 위기 담론을 돌파할 수 있는 가장 멋진 발명품이 될 것이다.

이 같은 문제의식을 통해 '세계'란 근본적으로 '연결되어 있는 만물'을 뜻한다는 점 재환기해야 할 것이다. 하나의 기계는 단순한 발명품이 아니며, 그것이 배치되어 있는 사회적 맥락과 기술적 토대, 그로 인한 의미의 발생, 수용자에 의한 변용, 다시 새로운 발명 혹은 배치로 이어지는 연속성 속에 있다. 경계를 가로지르는 일은 기존에 쳐 놓은 경계선이 실은 별 근거 없음을 선언하면서 시작할 수 있을 것이다.

참고문헌

김시태,《문학의 이해》, 태학사, 2010.

이재복,《우리 시대 43인의 시인에 대한 헌사》, 작가, 2012.

이재복,《2018 작가가 선정한 오늘의 영화》, 작가, 2018.

김준현,《웹소설 작가의 일》, 한티재, 2019.

아니스 바와시, 매리 요 레이프 지음, 정희모, 김성숙, 김미란 외 옮김,《장르 역사 · 이론 · 연구 · 교육》, 경진출판, 2015.

텍스트릿 지음,《비주류 선언》, 요다, 2019.

손진원, 〈로맨스소설 읽기 : 여성 욕망의 실현, 그리고 새로운 사랑을 꿈꾸다〉,《고대대학원신문》, 2018. 4.

손진원, 〈사랑과 돈, '사치'의 이중주 -로맨스에 등장하는 '신데렐라 플롯'의 변화에 대하여〉, textreet.net, 2014.

이지용, 〈SF연구는 새로운 세계를 만드는 것이다〉, 웹진 크로스로드, 2016. 4월 통권 127호.

이융희,《한국 판타지 소설의 역사와 의미 연구》, 한양대 석사학위논문, 2018.

Alex Williams · Nick Srnicek, 〈Manifesto for an Accelerationist Politics〉 2013. http://criticallegalthinking.com/2013/05/14/accelerate-manifesto-for-an-accelerationist-politics/

집필진 (가나다순)

강경화 한양대학교 창의융합교육원 부교수로 재직 중. 한국 현대문학을 전공하고, 한국의 문예비평사와 비평이론을 탐구하였음. 그동안 비평가의 비평인식과 존재론적 측면을 탐색하는 데에 집중적인 노력을 기울였으며, 실제적인 글쓰기 교육에도 깊은 관심이 있음. 《한국문학비평의 인식과 담론의 실현화 연구》, 《한국문학비평의 실존》, 《한국 현대문학의 이면과 탐색》, 《한국 문학비평의 인식과 지향》, 《계절의 그리움과 몽상》(산문집) 등의 저서와 다수의 공저가 있음.

김양희 한양대학교 창의융합교육원 부교수. 시인. 한국 현대시를 전공하고, 현재 대학 글쓰기 교육 및 전후 한국 현대시 연구에 관심을 두고 있음. 주요 논문으로는 〈플립 러닝(flipped learning)을 활용한 대학 글쓰기 수업 운영 방안 연구〉, 〈전후 신진시인들의 '세계' 인식과 '시'의 이념—『세계전후문제시집』(신구문화사, 1962)을 중심으로〉, 〈박태진 시론 연구〉 등이 있으며, 시집으로 《한밤의 퀼트》, 《얘들아, 모든 이름을 사랑해》 등이 있음.

김태경 한양대학교 창의융합교육원 부교수, 한국어문화원 원장으로 재직 중. 한국공공언어학회 부회장 역임. 국어학자로서 한국어의 음운 체계와 언어 습득, 음성 인식 등 자연언어처리를 위한 음성 코퍼스(corpus) 구축 및 검색 시스템 개발 연구를 주로 수행함. 저서에는 《국어 자음 변동 원리와 제약》, 《국어의 음운 체계 습득 과정》, 《구어 능력 발달 연구》, 《초중고등학생의 구어 어휘 조사》(공저), 《취학 전 아동의 문법 능력 발달》(공저) 등이 있음.

박기수 한양대학교 문화콘텐츠학과 교수, 문화평론가, 문화콘텐츠전략연구소장으로 재직 중. 문화콘텐츠 스토리텔링 전문가로서 실천 중심의 연구에 힘쓰고 있음. 문화콘텐츠 스토리텔링과 함께 문화콘텐츠 향유 전략, 문화콘텐츠 비평, HCI기반 스토리텔링 등을 중심으로 산학연계를 통한 실천적인 학문의 구축에 주력함. 《애니메이션 서사구조와 전략》, 《アニメは 越境する》, 《문화콘텐츠 스토리텔링 구조와 전략》, 《윤태호》, 《강도하》, 《미야자키 하야오 애니메이션 스토리텔링 전략》 등 25권의 저서가 있음.

이명연 한양대학교 창의융합교육원 강사. 시인, 문학평론가. 발표와 토론을 포함한 말하기에 대해 주로 강의했고, 시(詩)와 비시(非詩)의 사이에 대해 오랜 기간 연구 중임. 2004년, 『문학과 창작』 시 부문 신인상으로 등단했으며, 2005년, 『한국 문학평론』에 〈살아남은 자의 두 가지 살아남는 방식—1950년대 전봉건 시에 나타난 도시의 두 모습〉을 발표, 평론가로 등단했음.

이재복 한양대학교 한국언어문학과 교수, 미래문화연구소장으로 재직 중. 문학평론가로서 '몸'을 화두로 삼아 문학은 물론 동서양 문명과 문화 전반을 아우르는 비평을 수행하고 있음. 저서로 《몸》, 《비만한 이성》, 《한국문학과 몸의 시학》, 《현대문학의 흐름과 전망》, 《한국 현대시의 미와 숭고》, 《우리 시대 43인의 시인에 대한 헌사》, 《몸과 그늘의 미학》, 《내면의 주름과 상징의 질감》, 《벌거벗은 생명과 몸의 정치》 등이 있음.

아카데믹 글쓰기

한양대학교 ERICA 국어교육위원회 편

펴낸날 2020년 2월 20일 초판 1쇄 · 2026년 2월 20일 초판 4쇄

펴낸이 이기정 · **펴낸곳** 한양대학교출판부 · **출판등록** 제4-7호(1972.2.29)

주소 서울 성동구 왕십리로 222 · **전화** 02.2220.1432-4 · **팩스** 02.2220.1435

홈페이지 press.hanyang.ac.kr · **이메일** presshy@hanyang.ac.kr

편집 박민지 · **디자인** 안광일 · **표지사진** 서동호 · **인쇄** 네오프린텍

값 22,000원

ISBN 978.89.7218.655.7 (93710)